中國共產黨百年史

中国共産党、その百年

革命、開放到專政，共產黨特質的世紀追尋

石川禎浩

瞿艷丹——譯

推薦序

從中國共產革命七十年到中國共產黨百年史

——石川禎浩《中國共產黨百年史》序

中央研究院院士　陳永發

一九九一年，剛出版《延安的陰影》，我的（中央研究院）院長吳大猷先生邀請劉廣京和張玉法兩位院士寫一部普及型的中國近代史。他們兩位前輩建議從十八世紀乾嘉年代寫起，一本是關於清帝國，一本是關於民國，再一本關於中共，並特別建議邀請我參加，由我負責中共部分。他們是長輩和長官，我無法說不。接下工作以後，覺得要寫七十年的中共歷史，自己雖然對中共建國以前的部分有些底子，但主要限於抗戰時期的江淮和延安兩地，還有很大一部分歷史沒有弄清楚，遑論中共建政以來四十多年的歷史了。對中共建政以來四十年的歷史，也不是完全陌生，但是在我寫博士論文的那個年代，有一個不成文的默契：學歷史的注意中共建國以前三十年，學社會科學的注意以後幾十年。所以對後四十年歷史雖然略有所知，卻遠遠不具備寫這四十年歷史的學殖，迫切需要補課，沒有五年時間，恐怕難以為功。我心裡這麼想，但沒對劉、張兩位院士表明，蒙著頭就投入準備工作了。

當年，聯經出版社的劉國瑞先生每年都為吳院長做壽，邀約幾位朋友小聚，記得答應寫書邀約後，他一定在邀約張玉法先生同時，也邀請我參加。最初他說是吳院長九十大壽，我也相信無疑。五年下來，吳院長應該九十五歲了。我雖然為他壽登耄耋而感到歡欣，更為他精神抖擻而高興，但想到他馬上壽登期頤，卻不得不有點擔心：千萬別在他長期臥床以後還沒有繳卷。我拼命趕稿，到第七或八年的時候，終於忍不住了，特別帶著未完成稿，到廣州街科導會的吳院長住處看望他，向他老人家請罪，請再多給我點時間，一定完成。為證明自己沒有混日子，還送他厚厚一份稿子。沒想到他聽我陳詞以後，竟然一點也不怪罪，更以體恤後輩的口吻，要我不要緊張，慢慢來，把東西寫好最重要。終於趕在一九九七年他生前繳出了稿子。事後也才知道他還要三年，才會過九十三歲生日。

當時，我不知道吳院長是清華大學外交史學者蔣廷黻先生的崇拜者，對後者一九三八年出版的《中國近代史》情有獨鍾，記憶猶新。只知道蔣書薄薄一冊，提綱挈領，文筆流暢，從外交史入手，有條有理地敘說中國在鴉片戰爭以後如何浪費掉寶貴的二十年光陰，批評當年的對外主戰派，為主和派翻案。吳院長大概一個晚上就把全書看完了，對中國近代史有深一層的基本認識。知道這一點後，才領悟到，我寫出來的《中國共產革命七十年》原來並不是他想要的書，太厚了，沒辦法讀。但他是一流的物理學者，卻特別尊重其它學門的專家。既然我根據自己的想法寫出那麼兩大本的厚書，再怎麼不以為然，就閉口不說了。但事後瞭解他的原始期望以後，我還是深感歉疚。當年如果知道他希望我們寫的是蔣廷黻那樣的一本書，就不應該貿然答應劉廣京和張玉法兩位院士的邀約。更大的遺憾是，我不知道劉廣京先生的身體狀況當時已經不好，不可能就清朝部分寫一本像我一樣的大書了。張玉法院士是第一個繳卷的人，也是厚厚一大疊稿子。廣京院士，雖然知道體力已難以支撐，卻總覺得騎虎難下，非寫一個同樣的大稿子不可。然而歲月畢竟不饒人，在我們兩人的稿子付梓以後，他仍無法完成前約，身體反而因為我們無心加諸在他身上的壓力所打倒，不久離開人世。每次想到這件往事，我總是感到遺憾而自責不已。

我之所以想到以上往事，是因為這次看到石川禎浩的《中國共產黨百年史》，篇幅雖然比我的《中國共產革命七十年》小很多，恐怕連三分之一都不到，但所跨年代比我要長，足足增加了三十年。在這三十年期間，世事變化極大，中國搭上全球化的順風車，從世界最落後的國家之一蛻變為人人稱羨的世界第二大經濟體，無論國防還是科技，也都有令人刮目相看的表現。美國總以為自己是古典時代的民主城邦雅典，此時已視中國大陸為同在伯羅奔尼撒半島上的專制斯巴達，而對其進行關稅和貿易戰爭，並組織各種各樣的同盟，在外交、軍事、科技和情報各方面進行制裁和打壓。同一時間，蘇聯解體，大量檔案外流。中國大陸因為政治一度寬鬆，也曾出現大量資料和新作，石川禎浩能夠看到的各種資料，比我當年不知多了幾倍。他在如此劇烈的世界變局中，又在各種新資料大量釋出的新時代，如何寫出一本很好的中國共產黨百年史，真是一個無比艱難的挑戰。

然而，石川禎浩接受了這一挑戰，以有限的篇幅，勾勒出中共的百年歷史，言簡意賅不說，還圖文並茂。他的作法是大量壓縮材料，同時詳古略今，以大多數的篇幅談中共建國前三十年，但由於他把敘述重點放在今天共產黨繼承的歷史基因，尤其是蘇聯基因和毛澤東基因，所以讀者不會覺得有什麼重要疏漏，反而可以在很短時間得到一個清楚和系統性的完整認識。其實中國共產黨的誕生、成長、奪權、建國、蛻變，確實都有清楚和深刻的列寧主義和史達林主義印記：即便今天告別（石川的用語是遠離）了社會主義革命，也不能不無視於其繼續宰制中國。石川禎浩在中國大陸留學過，曾四處旅行，對中共歷史更有過精湛的研究，又融合日本和其它國家學者的研究心得；認同馬克思主義的理想面，卻實事求是，就事論事。敘事中有不少兩岸中國讀者所沒聽過的故事和論斷，譬如中共的偉大開端並不是那麼偉大，早期黨員沒有一個有在工廠和田地勞動的經驗，當時中國連工人無產階級都沒有幾個人；共產黨員和國民黨員一度難分難解，毛澤東曾經是國民黨的代理宣傳部長；土地革命和社會主義革命並不是歷史的必然發展，而西安事變所以和平落幕，須歸功於史達林的干預，事變前史達林還否決了中共批准的張學良入黨申請。對毛澤東犯下的大躍進、文化大革命錯誤，以及鄧小平改變世人對中國觀感的六四天安門事件，雖然都無詳細討論，但均扼要敘述，勇敢直面。石川禎浩對習近平市場經濟的列寧主義也有清楚描繪，對其以中華民族偉大復興自誓，更是憂心忡忡，害怕口號背後的極端民族主義成為未來世界禍害。

石川禎浩是講故事能手，在這本小書中，他更用幾首在共產黨人中廣為流傳的歌曲，譬如國際歌、國民革命軍歌、三大紀律八項注意、流亡三部曲、我的家在東北松花江上，義勇軍進行曲和東方紅，說明中共歷史上的變化。我是一個五音不全的人，幾乎唱不完全一首歌，根本無法想像石川禎浩如何以音樂寫史。讀完全書以後，不得不對他融歌曲於歷史敘事的作法，驚嘆不已，也欽佩不已。石川禎浩這本書簡短、條理、有可讀性，應該達到了吳院長期望的標準。我當年不能為中共建黨以來的七十年寫出一本具有可讀性的小書，三十年後的現在卻看到石川禎浩完成吳院長的心願，實在高興。石川中共黨史中的一些論點，吳院長即便無法認同，但對其求真求實和誠實公正的寫作態度，想必點頭稱是；而對其敢於批評二戰前日本扭曲的民族主義，願意對中國共產革命中表現出來的理想主義和愛國主義給予同情理解，應該也會給予讚譽。

這本書雖然是翻譯之作，但譯筆勝任。全書人名不多，年代不多，沒太多的專門術語，容易讀，有營養，開卷有益。只消幾個晚上，就能對已有百年歷史的中國共產黨有一些基本而且正確的認識，相信吳院長在世，一定愛讀，也相信它能引發讀者進一步閱讀相關著作的動機。很高興有機會為讀者推薦。

陳永發

二〇二二年十一月三十日

中文版序

邁入第一〇一年的中國共產黨

日文版《中國共產黨百年史》自去年（二〇二一年）六月出版以來，已經過了一年多。本書出版後不久，中共就在七月舉行了建黨一百週年的盛大慶典；接下來的十一月，召開了第十九屆六中全會，通過了有關黨的歷史的新決議〈關於黨的百年奮鬥重大成就和歷史經驗的決議〉。這決議滿篇都是習近平政權的成就何等偉大，從此，習的權威也能與毛澤東和鄧小平相提並論。再加上中國嚴格控制了新冠疫情、順利召開了北京冬季奧運會……

可是，正當一切看起來都非常順利的時候，在共產黨成立第一〇一年的二〇二二年，中國內外接連發生了超出預料的大事件，黨和領導人又面臨著新的考驗。國內強行推行「清零政策」，然而在向西方先進國家展示了更早控制住新冠疫情之後不久，不斷變異的病毒就迅速在各地蔓延，彷彿是嘲笑黨的權威那般。官方採取的對策是輪番封城。國際大都市上海也被封城整整兩個月，此舉震撼了全世界。解封之後，給社會和經濟帶來的餘震依然在持續。此外，冬奧會閉幕之後，俄國對烏克蘭發起進攻，這令中國在國際的立場變得非常為難——很快地人們開始討論，東亞世界會不會發生同樣的變故，中國對臺灣實施武力統一的可能性有多大，更讓圍繞著臺灣問題的中美關係一下子變得很糟糕。此刻，這種不容樂觀的狀況仍在繼續。就這樣，在國內外的危機和困難中，在對過去成就的自負和社會的緊張氛圍中，黨召開了第二十次全國代表大會。定於一尊的領導人習近平順利連任，繼續其已超過十年的政權運行。看來這個黨非要站在聚光燈下不可。

再說回我這本講了黨百年歷程中很多逸聞的小書。日文版面世之後，有幸得到很多好評。更榮幸的是，還獲得了每日新聞（亞洲調查會）的「亞洲・太平洋賞特別賞」和第二十五屆「司馬遼太郎賞」。前者是頒發給亞太地區研究著作的學術獎項；後者不問類型，頒發給與歷史相關的文學、非虛構、學術類作品，冠以日本國民歷史作家司馬遼太郎的名字。當然，我寫這本書的確花了大力氣，但如果沒有這幾年中國共產黨的「努力」和「活躍」，我的小書肯定也不會受到這般關注和評價。從這個意義上來說，我或許應該朝著北京的方向合掌一拜。

但是，這本書卻不能在中國大陸出簡體版。要是在十來年前，中共度量還比較大的年代，或許還能在北京哪家黨史相關的出版社做出來。但是，在出版、新聞管制益發嚴苛的中國媒體空間之內，本書已不被允許存在。因為日文版腰封上用了橡皮章版畫家佐藤 MARIKO 創作的毛澤東、習近平頭像，這好像被視為大不敬，中國大陸著名的書評網站「豆瓣」上曾添加過此書條目，但很快就被刪掉了。接下來，介紹本書標題和內容的資訊也被「和諧」了。也就是說，在中國，用普通方法是無法獲知本書內容的。給中國朋友寄過去，有大半也被海關沒收了。

去年，還有好幾部充滿個性的研究著作回顧了中共的百年歷程。在日本有高橋伸夫的《中国共産党の歴史》（慶應大學出版會），英語圈有黨史大家托尼・塞奇（Tony Saich，哈佛肯尼迪政府學院教授）的《從反叛者到統治者：中國共產黨的一百年》（*From Rebel to Ruler: One Hundred Years of the Chinese Communist Party*，哈佛大學出版社），還有著名的毛澤東研究專家齊慕實（Timothy Cheek，加拿大英屬哥倫比亞大學教授）編纂的《中國共產黨：十個人的一世紀》（*The Chinese Communist Party: A Century in Ten Lives*，哥倫比亞大學出版社），都是極見功力的著作。只不過，在未來一段時期，這些書籍也不大可能被譯介到中國大陸。黨史雖被擺在所謂「四史」的第一位，但遺憾的是，這個黨史並不是研究，而是成了學習的對象。國外已有從不同角度切入的中共黨史研究，但在中國，對此卻沒有任何響應。而且，中國國內的黨史研究者甚至不知道，自己的黨在國外是如何被研究的。這就是建黨一百年之後，中共所創造的社會。

因此，當臺灣商務印書館向我提出本書繁體版的出版計畫時，於我而言不啻久旱甘霖，又或雪中送炭。在此，我要鄭重感謝臺灣商務告知我出版此書中文版的意義與可能性。同樣地，也要向本書譯者瞿艷丹表示滿心的謝意，她明白曉暢的譯文，為本書注入了全新的生命力。為了避免成為生硬難讀的黨史教科書，我在撰寫本書時努力用了不少戲謔的表達。翻譯這樣的文章並不容易，瞿艷丹以她出眾的譯筆（她現在是京大人文研究所的非常勤研究員，研究中國近代醫療史，而在中文文學領域，她還以作家蘇枕書的身分為人所知）和精準的理解為基礎，在短時期內完成了十分流暢的譯稿。再補充一點，本書原是面向日本讀者而撰寫，因此有些地方是為了方便日本讀者理解而寫，但對於中文讀者來說卻稍嫌冗餘（或者說不言自明）；反過來，也有些地方是日本讀者熟知，但對中文讀者而言則需要一些補充說明。對於這些地方，瞿艷丹都作出了細緻周到的調整，從這個意義上來說，她不僅是本書的譯者，或許還近乎本書的共同執筆者。過去二十多年來，我的翻譯工作都拜託給袁廣泉先生（原江蘇師範大學副教授）。袁先生是學界知名的翻譯家，在二〇二〇年英年早逝，我失去了在中文世界表達觀點的重要聲音。但如今，我又得到了幾乎不遜於袁先生的生力軍，能把自己的心血之作以中文版面世，真是深覺欣慰。

如前所述，本書原是面向對中國感興趣的日本人而寫。因此，書裡應該還留有一些譬喻或解說，是對漢語圈讀者而言不必要或多餘的敘述。我與譯者雖已重新思考材料的取捨選擇，但難免有漏網之魚，祈請讀者多予諒解。

由於俄羅斯入侵烏克蘭，國際政治局勢一度動盪多變。我當然希望這場戰爭儘早終結，同時也期望，這種多變的局勢與緊張對立，不要波及臺灣海峽和東海、南海區域，這裡本應是和平的海域；而各國與各民族之間富協調性的相互交流，能在充滿對立和敵意的時代真正保存下來。為了促進相互交流與理解，期望本書能稍盡綿薄之力。最後，面對不斷膨脹的中國共產黨的陰影，臺灣的讀者朋友們在閱讀本書之後有何感想？期待大家賜予批評和意見。

石川禎浩

二〇二二年十一月一日

目錄

序言

中國的統治者

近代以來，中國內陸地區的湖南省就以革命家輩出而聞名。特別是省會長沙西南方向的湘潭、寧鄉一帶，簡直就是專門出產革命家的聖地，毛澤東、劉少奇、彭德懷等中華人民共和國的元老級人物都出身於此。這三人雖在加入共產黨之後才彼此相識，但各自的出生地相距不過三、五十公里。因此，這一帶被稱為「偉人故里」，連結這三處的路線俗稱紅色之旅的「黃金三角」，每天都有大量遊客到此參觀。

「黃金三角」中有個叫寧鄉花明樓的地方，那是劉少奇的故鄉——這位悲劇人物曾擔任國家主席，在文化大革命時受迫害而死。在他故居旁的紀念館裡，陳列著夫人王光美在他平反後捐贈的各種物品，當中也開闢了一個空間，復原了他擔任國家主席期間在中南海的臥室。對於這間一九六〇年代初使用過的臥室，讀者一定會覺得很奇怪，因為這張床沒有腳，只是把床墊直

圖 0-1 劉少奇紀念館，中南海臥室的復原展示室

接放在地上。劉少奇為什麼會用這麼奇怪的床？陳列室內有如下說明：

> 少奇同志長年為國操勞，廢寢忘食，以致患上了嚴重的失眠症，每晚都要服用安眠藥才能入睡。有一次他服完藥以後，迷迷糊糊之間竟然從床上摔了下來。光美同志和工作人員看他年事已高，非常擔心，就整夜守護在他身邊。後來為了減少工作人員的麻煩，由睡高床改睡地鋪。

紀念館的這段說明，應該是為了讚頌劉少奇為國為民宵衣旰食的精神。當時的安眠藥效力很強，服用後去床上的過程中就可能倒在半路，參觀者肯定會覺得很佩服，國家領導人的工作怎麼會辛苦到這個地步？也自然服膺於劉少奇的勤勉。不過，這無腳床的故事，卻可以為人們思考這個國家的政治提供不少啟發。

事實上，經常服用安眠藥的不只有劉少奇。當時中共中央的領導人很多都需要安眠藥，比如周恩來，又比如鄧小平。因為很多重要的會議都在半夜召開，生活作息非常不規律。當時，黨的中樞機構——中央政治局——的會議就時常從深夜開到凌晨，會議上確定的文件經常在凌晨兩、三點發出。為何要在半夜開會呢？因為長年習慣半夜活動的毛澤東在成為國家領導人之後，也沒有改掉這個習慣，而毛本人也離不開安眠藥。

當然，毛經常在白天進行日常公務或會見，其他領導人主要也是在白天工作。於是，包括毛在內的共產黨領導人都不得不集體依賴安眠藥。但據說除了毛之外，其他人在晚上十二點前都不能服用。[1] 因為如果吃了藥，毛又來了緊急開會的電話，那麼想起來也起不來，就算努力趕到毛跟前，也會在會議上睡大覺。劉少奇把床墊放在地上，無疑是這各種因素的綜合結果。

圖 0-2　劉少奇

由此可見，當時黨內毛的意向之重大，不僅在於政策決定等方面，還深刻影響到其他人的生活作息。

因此，平常為毛服務的祕書們就非常辛苦。我們來看看當時中央辦公廳負責人楊尚昆的日記——該部門是負責中央領導人日常活動的祕書部門。楊在改革開放時期曾擔任國家主席，日記顯示，他的下班時間差不多每天都在凌晨兩點，若有政治局會議，就要到凌晨三點。而起床則在上午十點左右，這些都是配合毛作息的結果。或許是這個緣故，楊尚昆在日記裡經常記錄自己身體欠佳。

當然，要說劉少奇勤勉，也絕非誇張。不單是劉，像毛澤東、周恩來等共產黨其他領導人也都非常刻苦。也許有人說，掌握著國家命運的人們勤勉刻苦不是天經地義嗎？但他們也是人，肯定會有這種壓力：由於自己的判斷或決策，讓許多國民受到影響，甚至可能喪失性命。事實上，劉少奇在擔任國家主席前後，就已經因為毛澤東大躍進政策的失敗，而發生了餓死數千萬人的慘劇。傳統中國社會的為政者擁有「毋苦民」的強烈意識，而共產黨則更加旗幟鮮明地標榜為人民服務。在劉少奇心中，自始自終都承擔著這份做為統治者深刻的心理壓力，以及絕不容許失政的自我強迫。

然而，這種統治模式是共產黨自己理所當然的選擇。既然認為一黨獨裁的政治是正確的，其他政治勢力都有名無實，那麼就不能把責任轉嫁給任何人，就算想轉嫁也沒有對象。極端而言，共產黨領導人為了獨裁而必須背負的，不正是迫使劉少奇不得不睡地鋪的那股壓力嗎？

當時的國家政治體制不存在任何可能更替政權的結構，並且由少數領導人發號施令，這種執政風格到現在也沒有任何變化。想來，如今的習近平無疑也身處這股無可逃避的壓力之中，正如當年劉少奇所感受到的那樣。當然，今日的中國遠比飽受貧困與飢餓折磨的時代富強，擁有世界排名第二的經濟實力，還提出了「一帶一路」的全球化經濟開發構想，如今已經是高唱「中國夢」的時代。儘管如此，若問習近平的壓力是不是比前幾任領導人減輕了不少，顯然也未必。新冠疫情蔓延給全世界帶來前所未有的災難，中國領導人被追究責任，這是近乎鎖國的毛澤東時代所沒有的考驗，也是實現了國際化的中國所須承擔的重大責任。

那麼，既然設計了沒有替代者、也不承認替代者的舞台，還必須遵照規則導演，而主演也只有自己，那麼不管是劉少奇還是習近平，只要他們身處權力寶座，就必須做好覺悟，親自背負這些壓力。而且，他們也應意識到這壓力並非只要達成某些特定目標、就能從中解放那麼簡單，而是一旦背負了就永遠無法卸下的重擔。

中國共產黨自建黨以來不到三十年就奪得天下，之後統治中國長達七十餘年，冷戰終結後依然維持著超巨型執政黨的地位，如今恐怕沒有誰能否認其存在與責任之重大。自今回溯百年，共產黨誕生之初，包括毛澤東、劉少奇等大多數元老，究竟有幾人能實際預料到，數十年後他們會承擔統治中國的大任呢？更何況百年後的共產黨是以如今的形式，維持著獨裁體制……反過來說，從中共成立百年後的今天回顧往昔的共產黨，又有多少人能想像得到它曾經是什麼模樣呢？不僅歷經百年的中國共產黨發生了很大的變化，圍繞著這個政黨的內外局勢在這百年間也發生巨變，因此要想像它從前的樣貌，就變得相當困難。

不過，無論情況如何變化，有一點不容置疑：今天的中國共產黨是承繼自百年前誕生的那個組織。這百年間雖偶有分裂的危機，但它既沒有改名，也沒有解散。中國共產黨的樣貌發生這般巨變，當然也可解釋成是黨努力隨時適應世界與中國的情勢，自己作出了種種變革。好聽點說是適應能力強，往壞處講也可以說是沒什麼原則。是非評價自然多種多樣，但不管怎樣，正如中國共產黨的存在已大到不可能繞開它的歷史去討論百年中國的歷史，我們顯然也不可能繞開這百年間世界與東亞的歷史，去討論中國共產黨的發展歷程。

本書在中共建黨百年之際，對該政黨的歷程加以回顧，但並不是一本鉅細靡遺描繪其歷史的貫時性教科書。當然，討論還是大致沿著時間軸展開，但在描述該政黨的歷程時，將選取今日共產黨所繼承的各種黨的屬性——即共產黨特有的性質——並結合各個時代的話題來推進論述。就像本書一開始從劉少奇睡地鋪的逸話講起，略窺黨的領導者與經營風格等「屬性」，本書嘗試從具體的事物出發，探索共產黨獨有的特徵從何而來，又表現在何處。本書的敘述著重在中國共產黨執政之前的時期，至於獲取政權之後的發展，特別是二十一世紀之後的內容則相當簡略，這是因為今日共產黨的種種「屬性」，有許多地方都可以追溯至早期時段。儘管比重略不平衡，但需要再次強調，我並不想寫一本概論式的、事無巨細的黨史教科書。

另外，為了幫助讀者理解中國共產黨活動的各個歷史時期的時代特徵，本書嘗試選取一九二〇年代至二十一世紀間中國的各種「流行歌」，對當中與共產黨相關的部分作簡短解讀，附在某些章節後面。共產黨是在怎樣的時代中活動，在其執政後，中國又出現了哪些新的社會情況？在那裡的人們如何生活，音樂家們又度過了怎樣的人生？這些附錄正可做為參照。當然，所選歌曲都出於我個人的標準，或許其中也混入了一些稱不上是「流行歌」的曲子，但我都是從能反映社會情況的考量下作出選擇，祈望讀者諸君理解。

好了，差不多該開始進入正題了。再喋喋不休下去，恐怕就趕不上黨的百年慶典了。

1——此據余秋里回憶，見何建明《奠基者》，作家出版社，二〇一〇年，一七八頁。

第一章

革命政黨的啟程

1 「中國共產黨」之起源

「中國共產黨」這個名稱的誕生，到今年（二〇二一年）剛好一百年——本來想這麼說，但事實上，在比那更早的十多年前，「中國共產黨」這五個字就已經出現於神州大地上。那是一九一二年三月末，也就是辛亥革命之後，中華民國剛成立三個月的時候。宣統頒布退位詔書還不足一月，上海的《民權報》刊出了「中國共產黨」的黨員招募廣告。一個月後的四月二十八日，奉天（今瀋陽）的日系報紙《盛京時報》也有一則題為「共產黨出現」的報導，刊登了即將在南京召開成立大會的「中國共產黨」的政治綱領（圖1-1）。但報導中這位叫「無吾」的人物所組織的「共產黨」，似乎只是紙上政黨而已，並未留下什麼具體活動的資料。

且看《盛京時報》刊出的綱領，裡頭羅列了「贊戴共和政府、破除財產相續制度、土地收回國有、建設社會工場、提倡平民教育、平均勞動時間」等語，看上去還滿有模有樣的。這個「中國共產黨」雖然只是個空殼政黨，但我們可以知道，在一九一〇年代初期的中國，已開始使用「共產黨」這一名稱，還有「勞動」「國有」「財產」等社會主義相關語彙，並在公開發行的報紙上堂堂正正地刊登募集黨員的廣告。考量到共產黨素有的革命祕密組織形象，這點還是讓人略感意外。

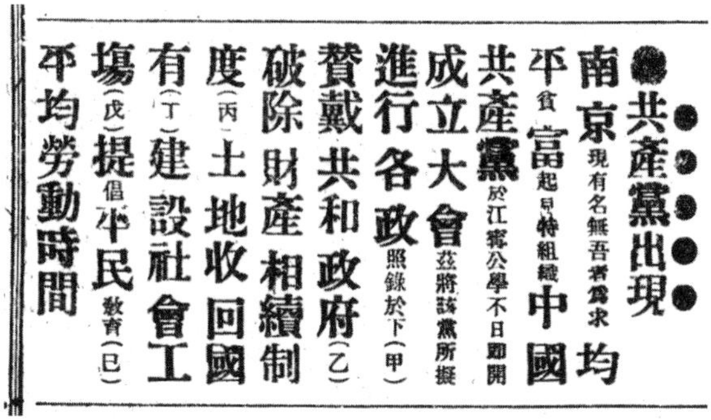

●共產黨出現●●●●●

南京現有名無吾者為求均平貧富起見特組織中國共產黨於江寧公學不日即開成立大會茲將該黨所擬進行各政照錄於下（甲）贊戴共和政府（乙）破除財產相續制度（丙）土地收回國有（丁）建設社會工場（戊）提倡平民教育（巳）平均勞動時間

圖 1-1　《盛京時報》所載有關「中國共產黨」的報導

要誕生所謂的「共產黨」，這個國家就必須有社會主義、馬克思主義等思想的流行。而且，若沒有一定規模的無產階級勞動者、也就是所謂的「普羅列塔利亞」（proletariat，普羅大眾）來支持相關活動，那麼也必然成不了什麼氣候。很難想像當時剛剛脫離了清朝統治的中國，已存在這樣時髦的階級。但若問當時的人們是否聽說過社會主義，的確是有一定的知識被譯介至中國。比如一九〇二年，清末著名的政治家及學者梁啟超，就曾介紹馬克思是「社會主義之泰斗」。據他所言，馬克思主張今日社會是多數弱者被少數強者壓制，必須通過土地或資本的公有制來解決這一切。雖然只是泛泛之談，但可知當時的人們已開始使用中文討論社會主義的梗概。

這些社會主義的理論，似乎是轉譯自同時代的日文版書籍，由日本傳入中國。一八九八年戊戌變法失敗後，梁啟超逃亡到日本，積極展開言論活動。透過梁啟超及留日學生的介紹，日本翻譯的西洋新思想或新概念的詞彙被直接挪用為漢語詞彙，並流通於中國，這在當時極為普遍。Society 的「社會」是如此，Principle,-ism 的「主義」亦然。也就是說，「社會主義」一詞的概念是從日本傳播過來的，不論在中國還是日本，「社會主義」的含義都相同。[1] 方才介紹的「中國共產黨」綱領內容，日本人也可以看得懂，就是因為有這樣的歷史背景——吸收了來自日本的大量語彙。事實上，在真正的中國共產黨成立前後，中國早已出版了包括〈共產黨宣言〉在內的一些馬克思主義文獻，其中很多就轉譯自同時代的日文版書籍。

再說無產階級，其實當時不僅存在，而且有相當的數量。據說共產黨成立之際，中國全境約有兩百萬名工人（其中上海有五十萬名左右）。這個數字是一九二五年毛澤東宣稱的[2]，但他不是這方面的統計專家，這個數字的資料來源在哪？先不說統計依據很可疑，毛澤東之所以將這些工人稱為近代工業的無產階級，是為了說明因為有如此規模的工人，所以黨也開始了活動。* 而根據日本幾乎同時期的國勢調查可知，所謂近代部門的工人約有兩百萬人，數字剛好與中國規模相當。但若比較兩國當時的工業化程度，兩國的無產階級人數是不可能相同的，中國當時的無產階級人數應遠遠小於毛所宣稱的數字。

此外，這些工人群體與馬克思設想的有一些——不，有相當大的差別。馬克思設想的工人，是在近代化設施的工廠等生產環境裡從事僱傭勞動、除了出賣勞動力之外別無所有的群體。但對主導成立共產黨的知識分子來說，這樣一群「工人」或「普羅列塔利亞」，實在是相當難以想像的存在。身處城市的知識分子與工廠、礦山等勞動現場完全絕緣，對他們而言，「工人」一詞能聯想到的是「工作的人」，也就是日常生活的人力車夫，或者離自己更近的、家中的僕傭。一九二〇年，武漢某位打算展開共產黨運動的知識分子，就在學習會上對著同志們這樣說：

無論在學校，還是在家庭裡，自己和傭人應該平等相待。不借助別人而能夠做到的事，就不用吩咐傭人，而應該自己來做。

儒教傳統不認可體力勞動的積極意義，知識分子在這種價值基準中浸淫日久。對他們而言，自己的事自己做，由這樣的小事出發，逐漸改變意識——這便是共產主義運動的第一步。當時，連最努力聯合「無產階級」的人都是這種觀念，那普通的知識階層就更加不能接受了：開闢今後新世界的居然是大字不識、缺乏教養的車夫或傭人們。退一萬步講，即便能夠接受，那也是將社會主義理解成一旦建立由「無產階級」指導的社會，就變成了由僕傭指導主人的離譜世界。一九二七年，梁啟超曾給年過三十的女兒詳細說明，如果共產黨得勢，世界會變

＊ 註一：這一觀點後來被公式化，即中共的創立是「馬克思列寧主義與中國工人運動相結合的產物」，今日亦為黨的官方見解。在建黨百年慶祝之際，在各種說明裡應該也能看到這一說法登場。

成什麼樣子（當時共產黨一邊與國民黨合作，一邊在中國南方擴展勢力，住在天津的梁啟超對這一切頗感警惕）：

我們家裡的工人老郭、老吳、唐五三位，大約還不致和我們搗亂。你二叔那邊只怕非二叔親自買菜，二嬸親自煮飯不可了。（一九二七年一月）

「老郭」等三人都是梁家的傭人，他們被稱為「我們家裡的工人」。雖然跟前面那位武漢的共產黨員立場不同，但一聽到「工人」這個詞，雙方腦海中浮現的形象是完全一樣的。不同的是，在梁啟超看來，如果變成了共產黨的天下，那主人就必須自己完成一切家務。這只是具體頭疼的問題不同罷了。

梁家的情況且擱一邊，類似的誤解還包括「共產」一詞。既然「共產主義」意味著私有財產、也就是自己的財物被強制充公，那麼隸屬於丈夫的妻子也會成為「公」物；這種將「共產」強行理解成破壞倫理道德的「公妻」的想法甚囂塵上，令眾人戰慄。

平心而論，不論是無產階級的本質或規模，還是社會主義理論的接受程度，實在不能說百年前的中國已然具備讓共產黨自然誕生的條件。但一九二〇年代之初，中國共產黨還是誕生了。因此也有評論家頗不懷好意地稱之為「早產兒」。但這一時期不僅中國，日本以及日本殖民下的朝鮮，也都先後成立了共產黨，並展開活動。

前文曾列舉了中國和日本無產階級的人數，而且日本人數更多。明治時期以來，日本也不斷引介和研究馬克思主義，這是不爭的事實。但若考察東亞各國共產黨的成立順序，會有意外的發現。日本共產黨召開第一次大會，是在中共成立後的一九二二年；而朝鮮的共產黨（高麗共產黨）第一次大會則在一九二一年五月，比中共第一次大會早了兩個多月，這有點不可思議。

如果共產黨成立時間的早晚，可用來說明馬克思列寧主義的傳播及工人運動的發達程度，那麼東亞的發展順序應該是日本、中國、朝鮮。但現實卻正好相反，這到底是什麼原因？又或者，這種時間上的差別是可以無視的「誤差」，那麼可以說，中日朝三地幾乎同時期誕生了共產黨？即使是這樣，背後也應有其理由。

自不用說，這一切的誘因是俄國十月革命的衝擊，以及之後共產國際積極經營東亞所致。正因為有俄國共產黨（布爾什維克）與共產國際的介入，中日朝三地締結共產黨的時間才會呈現微妙的落差，或者說某種共時性。更粗略地說，當時的世界各國只要一定程度接受馬克思主義，再擁有一小群無產階級群體，共產黨就能在當地誕生。「擁有無產階級」也不一定是必要條件，看高麗共產黨的例子就知道；毋寧說是心理上對革命有親近感，加上與俄國的地緣距離，才決定了該地建黨的時期。也就是說，正因為有共產國際，才有了共產黨。若把各國的共產黨比喻為嬰兒，那麼無論是不是「早產兒」，這個因俄國革命而生的世界革命組織，在共產黨誕生之際，無疑都扮演了助產士的角色。

再從其他面向來說明這點。方才介紹了在辛亥革命後不久誕生的「中國共產黨」。但現在的中國共產黨當然不會承認這種滑稽可疑的政黨，也不會有研究者將這紙上談兵的政黨當作中共的起源。為什麼呢？自然是因為這個「黨」只是個空殼，但不僅僅是如此。事實上，共產黨有個不成文的規矩：不論是中國共產黨還是其他的共產黨，都要在一九二〇年初得到共產國際的承認，以「支部」的形式誕生，才是**真正的**共產黨。

做為參考，且看一九二〇年共產國際第二次大會上通過的〈加入共產國際的條件〉（一九二〇年八月六日通過）、也就是「二十一條」裡，是如何規定「共產黨」這一名稱的：

> 凡是願意加入共產國際的黨都應該稱為：某國**共產黨**（第三國際即共產國際支部）。名稱問題不只是一個形式問題，而且是具有重大意義的政治問題。（著重號原有）
>
> （《共產國際第二次代表大會文件》，中國人民大學出版社，一九八八年，第七二五頁）

簡而言之，「共產黨」這一名稱是必須的，由隸屬共產國際的組織使用；此外，各國共產黨則自動成為等同於共產國際支部的存在。再者，即便世界各國再優秀的共產主義者成立組織、並冠名曰「共產黨」，但僅具備這些條件，也不能真正成為「共產黨」。我們不將一九一二年出現的「中國共產黨」視為今日中共之前身，正是因為默認這個共通概念。在共產國際的運作下誕生的中國共產黨，繼承了怎樣的血統？這些血統現在依然保持著嗎？且見下節分解。

2 共產國際——中共DNA之來源

一提到共產黨，就想到共產主義；一提到共產主義，就想到馬克思主義。本來應該大致說明一下馬克思主義的要點，不過若要認真解說，再長的篇幅恐怕都不夠。再說，馬克思主義式的分析，對於預測當前中國共產黨的政治動向到底有多大幫助，筆者也不無懷疑。要是讓馬克思本人聽到了信奉該主義的後繼者們如今高唱「中國夢」而展開活動，恐怕會覺得是惡作劇；要是還聽到了「中華民族的偉大復興」云云，恐怕更是要昏倒了。能幫助理解「中國夢」或「偉大復興」的思想，是班奈迪克．安德森（Benedict Anderson）的《想像的共同體》（*Imagined Community*），而非馬克思主義。粗略懂點馬克思主義，對於理解今日的共產黨而言雖不算是干擾，但肯定會蒙蔽觀者的視線。

另一方面，對於身為國際共產主義組織的共產國際，我們還是應該作一點最簡單的說明。如果組織和人一樣也有ＤＮＡ，那麼今日的共產黨在組織原理與活動原理方面所繼承的，與其說是馬克思與恩格斯，不如說直接來自共產國際。承襲自共產國際的ＤＮＡ到底有何特徵？接下來我將簡單概述共產國際，讀了這些內容，希望諸君能夠理解，共產國際的ＤＮＡ才是中國共產黨的本質所在。某種意義上來說，這些ＤＮＡ經歷了建黨後的百年光陰荏苒，仍絲毫未變。

一般所說的共產國際（Comintern），是英文 Communist International 的簡稱，即共產主義者的國際聯盟組織。共產主義者國際聯盟從馬克思的時代（十九世紀中後期）就已存在，不過馬克思主義時代的聯盟（第一國際）和後來的聯盟（第二國際）都未能實現國際性的聯盟合作，始終有名無實。一戰之後的一九一九年，在莫斯科成立的共產國際吸取了前兩次的失敗經驗，算起來是史上第三回，因而被稱為「第三國際」。

這個共產國際有幾項特徵，首先是以成功實現革命的列寧（Vladimir Lenin）所領導的俄國共產黨為中心；其次是對過往聯盟只是各國共產主義者的拼湊（說好聽點是尊重各國共產黨的自主性）作出反省，並推行集權式的先鋒主義及紀律主義，強力對各國共產黨下指導棋。只有這種具備俄國共產黨特徵的實踐性馬克思主義，才能被稱為列寧主義，或是布爾什維克主義。此前在共產國際內部頗有勢力的德、英、法等國的社會主義政黨，都因為是否要加入這種新的組織而發生分裂，並重整組織。譬如在馬克思的祖國德國，曾經是第二國際核心的德國社會民主黨（及其系列黨派）就因理念不同而未加入共產國際，從該政黨分裂出的激進派便組成了德國共產黨，加入共產國際。

與之相對，在中國並未像其他國家那樣發生社會主義黨派重組。因為中國國內在建黨之前，原本就幾乎沒有共產主義運動的歷史與積累，與共產國際成立前的國際共產主義運動近乎毫無關涉。也就是說，對中國的社會主義者而言，這個布爾什維克風格的國際共產主義運動與共產國際，是個全新的唯一選擇。因而在中國，共產主義思想從一開始就被理解和接受為與布爾什維克主義近乎同義的思想。可以說，諸如中央集權式的組織原理、鐵的紀律所代表的顯著先鋒主義、中央與各支部之間明確的上下層級關係，這些被視為今日中國共產黨的活動特徵，其源頭全部來自共產國際，或者共產國際的核心存在——俄國共產黨。

此外，現在加入中國共產黨時，要作出如下宣誓：「執行黨的決定，嚴守黨的紀律，保守黨的祕密，對黨忠誠……隨時準備為黨和人民犧牲一切，永不叛黨。」發誓將自己當成黨組織內部的小齒輪，奉獻一切、絕對服從。入黨之際宣讀誓言，這是從馬克思時代就有的行為，當時也已有「嚴守黨的祕密」、「執行黨的決定」等內容。但馬克思時代的誓言，在這些義務條款之前，還陳述了對主義的信仰內容，如「信奉財產公有原則為真理」、「以話語和行動促進該原則的宣傳與實現」；另一方面，當時的誓言對於紀律、忠誠（永不背叛）、犧牲等絕對服從的意識則相對稀薄。

所謂的「鐵的紀律」、「絕對服從」成為黨的組織原理（即DNA），是在列寧的布爾什維克時代——國際共產主義運動進入共產國際時代之後的事。如此，現今入黨宣誓的精神到底是接近馬克思主義，還是接近共產國際的思想，就一目了然。共產黨這個巨大政黨如今之所以仍堅持祕密主義，同時以違反紀律等名目實現領導人的更迭或淘汰，正是由這種DNA而來。

繼承共產國際這種DNA的，不僅共產黨。在中國，全國性規模的青年團體——共產主義青年團（共青團），其歷史可上溯至一九二〇年；全國性規模的工會組織——中華全國總工會（總工會），其歷史可上溯至一九二五年（前身為一九二一年），這些下層或外部組織也曾隸屬於類似共產國際那樣的國際組織；青年團的上層組織是「共產主義青年國際」（略稱青年共產國際），總工會的上層組織是「赤色職工國際」，總部都在莫斯科，組織和營運方針與共產國際相同。現在共青團有八千多萬名團員，總工會則是擁有超過三億名會員的巨大組織。前者以學校為中心，後者以生產工廠為中心，都擁有強大的動員能力。兩個組織的形成過程均與共產黨相同，因此直到一九四〇年代為止，都受到來自莫斯科上級團體的強大影響。

此外，延續二十四年的共產國際，其歷史前後也發生了很大的變化。當列寧死去、史達林（Joseph Stalin，中國譯為斯大林）主導之後，共產黨受到的許多影響也變得更加顯著。史達林的特色是更為權威和獨裁，他假設存在了一個試圖顛覆社會主義體制的資本主義及帝國主義勢力，需要有相應的策略，故而強調組織及意識形態防衛。前面已經說過，對於中國共產黨而言，共產國際相當於助產士；那麼撫養、培育、引導其人格形成的保育員，就是史達林。據說毛澤東晚年特別想追求不同於史達林的共產主義世界，但想要擺脫中共成立以來數十年間紋刻下來的共產主義印象，絕非易事。

共產國際於一九四三年解散，在那之後的中國共產黨不再是隸屬於某個國際組織的政黨，而老本家的蘇聯共產黨則走下了執政黨的位子。但在經歷了冷戰終結、昔日的社會主義陣營諸國紛紛脫離共產主義體制之後，中共依然極認真地護持著百年前的觀念，將之視為根本精神。也就是說，回顧中國共產黨歷史之際，首先應該要認識這點：自始至今，布爾什維克主義一直都是共產黨種種活動的基礎所在。

專欄① 〈國際歌〉——永遠的抗爭歌曲

「全世界無產者，聯合起來！」將〈共產黨宣言〉結尾這句話所象徵的國際性團結意義反映到歌曲中的，是革命歌曲〈國際歌〉。這首歌源於法國巴黎公社統治時期（一八七一年），歐

仁·鮑狄埃（Eugène Edine Pottier）撰寫的歌詞後來被翻譯成各國語言，歌詞開頭在日本是「起て！飢えたる者よ，今ぞ日は近し。覚めよ，我が同胞，暁は来ぬ」，在中國是「起來，饑寒交迫的奴隸，起來，全世界受苦的人」。現行的中文版〈國際歌〉譯詞出於蕭三之手，他是毛澤東年輕時代的友人，也是共產黨文化活動的指導者。

在二十世紀，凡有革命運動之處，必會響起這首歌，各國共產黨的全國代表大會（簡稱黨代會）或活動中，都會儀式性地齊唱這首歌。在共產國際的會議紀錄中，亦可見到這樣的場景描寫：演講者發表完演說，響起了「暴風雨般的，經久不息的掌聲」的同時，「代表們合唱〈國際歌〉」、「雄壯的〈國際歌〉響徹四方」。一九一八年至二次大戰期間，〈國際歌〉甚至還曾是蘇聯的國歌。

當然，這首歌在中國也是共產黨的代表歌曲，現在的黨代會上一定會唱。回顧歷史，在一九二二年前後，蘇聯留學歸來的黨員們偶然帶回了唱〈國際歌〉的風氣，並迅速在黨內流行開來。同時期的紀錄裡，中國派往共產國際大會的青年黨員目睹莫斯科會場內的大合唱，據說也大為感動。在那之前，中國還沒有在政黨活動中合唱的傳統，鼓舞士氣的〈國際歌〉因而別具魅力。

這首〈國際歌〉原本就是挺身對抗壓迫、尋求正義與解放的歌曲，因此能夠超越時代，傳唱至今；在反抗共產黨的不當統治與獨裁之時，也被追求真正解放的人們當成團結頌歌。一九八九年，天安門廣場上反覆唱響的〈國際歌〉，正是具有這樣的意味。歌裡唱道，「起來，饑寒交迫的奴隸」、「這是最後的鬥爭」，在當時的中國，這首歌竟成了對抗共產黨的顛覆歌曲，對共產黨而言實在是恥辱。六月三日晚間至四日凌晨，戒嚴令發布後，人民解放軍在北京市區發動軍事鎮壓，戒嚴部隊無情地掃射沿街抵抗的市民，進逼天安門廣場。至此，廣場上堅守到最後一刻的學生們高唱〈國際歌〉撤離，組隊返回學校。那時，他們唱著〈國際歌〉回應沿途的聲援；市民們也高唱〈國際歌〉鼓舞學生。

那一年，筆者還在京都大學就讀研究生院，過去在中國留學時，曾學會用中文唱〈國際歌〉。在聽說了北京的鎮壓事件之後，京大發起了支持民主化、反對中共獨裁的集會。散會後，一百多名與會者在校園內展開遊行，大家很自然地唱起〈國際歌〉。在那之後過了三十多年，如今京大校園內發起的大規模遊行中，或許已不會出現〈國際歌〉的旋律了。早在一九六〇年代末學運時期，〈國際歌〉也曾是大家耳熟能詳的曲子，很多人都會唱。中國留學生用漢語唱，日本學生用日語唱……滿腔熱血的歌聲，能將相隔很遠的同志們串聯起來。〈國際歌〉當中，正蘊含著一股讓人們湧起這種情緒的力量。

3 黨的結成——國際共產主義時代

馬克思之名在中國為人所知，是進入二十世紀之後的事。最初，他的姓名有「麥喀士」、「馬格斯」、「馬克思」等多種譯法，一九二〇年代初，共產黨成立前後，「馬克思」做為確定的譯名逐漸被普及。他與恩格斯合著、應該也是最被廣泛閱讀的〈共產黨宣言〉中譯本（全本），也誕生於一九二〇年，距離原著出版（一八四八年）已經七十多年。而日譯全本（譯自英文版）則由堺利彥於一九〇六年完成，事實上中譯本主要是根據該日譯本翻譯，並參考英文版作若干補訂。中譯版出自青年陳望道之手，他當時在上海協助陳獨秀編輯《新青年》雜誌。

說到《新青年》，這是日本高中世界史教科書上也會介紹的著名啟蒙雜誌。該雜誌於一九一五年創刊，以主張批判儒教、發起文學革命、催生了民國時期新文化運動這樣的嶄新契機而為人所知。以主編陳獨秀為首，魯迅、李大釗、胡適等新文化分子展開了對傳統的批判，到了一九一九年左右，這份啟蒙雜誌急速向社會主義傾斜，並主張中國也應效仿俄國革命，發起社會主義運動。這是陳獨秀的最終結論。這樣的激進立場讓陳獨秀受到雜誌同仁的諸多質疑，導致他脫離編輯部，並為當局所忌恨。他逃離政府的監視，從北京移居到上海，雜誌的編輯部和發行所也隨之遷滬。為了補強編輯團隊，陳望道等活躍於上海的年輕人前來加盟，共產黨就是由這些以陳獨秀為核心而集結的年輕人們成立的。《新青年》以「新文化運動」雜誌而聞名，但卻不太有人知道它後來成了共產黨的早期機關報。

圖 1-2　中國共產黨早期領導者陳獨秀（1879-1942）

提起早期的共產黨領導者，首先當然是以新文化運動領導者而聞名的陳獨秀。辛亥革命前就有留日經歷的陳獨秀，在青年群體中擁有莫大的影響力。若沒有他，那麼共產黨成立之初肯定會發生領導人之爭等種種曲折。共產黨剛開始活動時，雖然是同志分散於各地的全國性政黨，但組織並未出現明顯的分裂或對立，得以完整保存，正是因為具高知名度和全國性人脈的陳獨秀擔任領導、推進組織化的緣故。其他幫助陳獨秀的人士，南方有譚平山等人，北方（京津等地）則有北京大學的教授李大釗等人，他們協力成立了早期的地方組織。李大釗亦有留日經驗，一九一九年他在《新青年》發表〈我的馬克思主義觀〉解釋並評論該思想，助燃了青年們對社會主義的熱情。

李大釗的這篇〈我的馬克思主義觀〉，以日本河上肇等人的馬克思主義研究為基礎而寫成。此前在中國，以李大釗為首的馬克思主義研究並不興盛，而在鄰國日本，一戰結束後對社會主義研究的嚴厲控制稍見緩和，為了解決社會問題，馬克思主義研究在評論界和大學內部開始復甦。其中的代表性人物，學界有京都帝國大學經濟學教授河上肇等人，評論界有明治維新以來的社會主義者堺利彥及後輩山川均等人。中國發表的社會主義及馬克思主義相關文章，很多都是翻譯、改編自這些日本的社會主義論文。這也是因為建黨初期的成員多半有留日經驗的緣故。

為何社會主義突然變得如此受歡迎？首先得考慮的是俄國革命的影響。一九一七年秋，俄國爆發十月革命，這起事件被報導成某種現代的不可思議現象。而一旦列寧等革命派排除接踵而來的各國干涉，實際展開以社會主義為目標的國家治理，這就意味著馬克思曾經期待、或說預言的巨大變革，終於出現在現實世界，全世界將逐漸發生巨大改變——這起受人矚目的重大事件很快地傳諸各國。社會主義和馬克思主義曾經被視為紙上空談，但如今已不再是夢想。如此說來，經歷了漫長專制體制的中國，不也可以實現某種社會主義運動嗎？無論如何，俄國革命是源於馬克思主義的革命，那麼想了解其實際情況，勢必得先翻閱馬克思主義文獻，於是馬克思主義迅速受到關注。中國的情況與日本相似，之前的禁令稍得緩和，一九一九年標榜社會主義、馬克思主義的刊物稍見流行，並逐漸博得人氣，在中國流傳開來。

接下來，〈蘇俄第一次對華宣言〉的內容傳至中國，使得中國人對蘇俄的印象為之一變。一九一九年七月，蘇俄政府以代理外交人民委員加拉罕（L. Karakhan）的名義，對中國發表公開宣言，核心內容是無償歸還帝俄時期自中國不當獲取的權益。俄國曾經在帝國主義強權中無出其右，如今居然破天荒表示要主動無償歸還過去掠奪的權益，中國人大多感激不已。將那個國家改造得這般徹底的社會主義革命，到底是什麼？被尊為始祖的馬克思，他到底有哪些主張？任誰都想知道。這時日文文獻就成了重要的引介。粗略言之，一九一九年之後的兩三年間，在中國發表有關馬克思主義的文章及書籍當中，內容比較堅實的，大約有一半都來自日文文獻。

不過，這份號稱無償歸還帝俄時期不當權益的宣言，卻並未如約實施。因為蘇俄逐漸考慮到本國利益，不論在國防或經濟層面上，蘇俄都必須繼續保有貫穿中國東北至俄羅斯遠東地區的鐵路利權。*不過，在這種企圖逐漸顯露之前，〈蘇俄第一次對華宣言〉的確被視為蘇俄的新精神。

就在全世界逐漸蔓延對俄國革命的共鳴之際，一九二〇年春，有俄國共產黨員自蘇聯遠東地區被派往中國，那就是魏金斯基（Grigori Voitinsky）。他曾在北美當過幾年工人，此番為調查在東亞展開共產主義運動、反帝國主義運動的可能性而來到中國。可以看到，從春天至夏天，

---

* 註二：宣言中放棄的權益包括義和團賠款、領事裁判權等已被中國回收的部分。

他在北京、上海一帶接觸了李大釗、陳獨秀等頗具聲望的激進派知識分子，敦促他們為了共產主義運動而結成組織。當時，原本以引介理論為主的陳獨秀正好在嘗試更進一步的實踐性活動（比如發傳單給工人），因而回應了魏金斯基的動員，在這年夏天開始著手準備成立政黨的具體手續。依陳獨秀之請，陳望道也在同一時期開始翻譯〈共產黨宣言〉。同樣地，當時在湖南活動的毛澤東也在上海與陳獨秀見面，據說與陳對話後，毛確立了對共產主義及馬克思主義的信仰。

在與魏金斯基接觸後約半年，陳獨秀等人於上海一帶的活動，早就在事實上揚起了黨旗。一九二〇年十一月發行《共產黨》雜誌與擬定〈中國共產黨宣言〉，可以證明這點。《共產黨》是在上海展開建黨活動的陳獨秀等人向黨內同志發行的月刊，創刊號文章〈世界消息〉裡明確寫著「我們中國共產黨」。這是共產黨成員在出版品上自稱「共產黨」的最早例子。而創刊日十一月七日還是俄國革命紀念日。從外觀上也能看出來，這本雜誌有意識地高舉共產黨大旗。封面上方標註大字「The Communist」，其下為卷首語（圖A），在當時的中國是相當少見的格式。這也是因為雜誌模仿了當時英國共產黨機關刊物《共產黨》（*The Communist*）（圖B）。此外，同時期完成的〈中國共產黨宣言〉內容也與《共產黨》創刊號發刊詞一致。總而言之，具備了自稱「共產黨」、以此為名的機關誌、以及〈宣言〉等三個條件的組織，無疑在一九二〇年十一月的上海已然誕生。

THE

COMMUNIST

共產黨

第一號　一九二〇年十一月七日　實價一角

A

The COMMUNIST August 26, 1920

THE COMMUNIST

An Organ of the Third (Communist) International

(PUBLISHED BY THE EXECUTIVE COMMITTEE OF THE COMMUNIST PARTY)

Vol. I. No. 4　THURSDAY, AUGUST 26th, 1920　TWOPENCE

BACK UP THE MINERS!

By THOS. BELL

B

圖 1-3

一九一九年中，中國的報刊雜誌開始解釋何為共產主義；到隔年秋天，實質上黨的運作已然開始，建黨速度極快。其主要原因之一，是前文已經說過的，中國並沒有可回溯至十九世紀或二十世紀初期的社會主義運動前史。反言之，正是因為沒有這些前史，蘇聯式的實踐型馬克思主義、也就是列寧主義，即被視為唯一的社會主義模式，沒有碰上任何阻礙就被接受了。

中國共產黨創黨之所以迅速，還因為有魏金斯基的存在與幫助。且看圖C，這是《新青年》雜誌一九二〇年秋天刊出的一期，也就是陳獨秀等人開始準備建黨之際的封面。仔細看，從地球

C

D

圖 1-4

兩側伸過來的兩隻手，不知為何在大西洋上握在了一起。這個一眼看上去有點奇特的構圖源自美國社會黨的標誌（圖D），若明白這點，那麼下面的故事就能夠說明一切了。也就是說，曾經在移民北美時期（一九一三～一九一八年）加入美國社會黨的魏金斯基向陳獨秀的團隊提供了美國社會黨刊行的社會主義相關英文文獻，陳獨秀等人對這些文獻所附上的社會黨圖案理念產生共鳴，便將之沿用到自己發行的雜誌上。

要在中國習得從未有人實踐過的「共產黨」活動方式，最簡單的做法就是模仿別國的做法。如果是機關誌，那就找到相應的格式，再加入中國本土的內容。當然，最好是模仿俄國共產黨的宣傳品，但遺憾的是沒有人懂俄語。就像學習馬克思主義理論時那樣，使用日文文獻就不存在翻譯人才難找之類的問題；但還是很遺憾，日本的社會主義（馬克思主義）理論研究那般興旺，水準也不低，但涉及社會主義運動或共產黨組織活動該如何進行的實踐層面知識，就無法從日文文獻中獲得。因為在日本，被容許的只有理論，若是有人翻譯或出版有關實踐方法的文獻，立刻就會被逮捕。

就這樣，若要從書中學習運動的做法，能夠依賴的就只有共產國際、或是與俄裔移民相關的英語圈國家左派政黨刊行的出版品了。作出這些指導方針的魏金斯基，後來到一九二〇年代中期還經常訪問中國，堪稱早期支援中共活動的重要人物。他在設計了建黨路線後，便於一九二一年初返回莫斯科，之後彷彿是要接替他一般，一九二一年六月，荷蘭共產主義者、共產國際的活動家馬林（Maring，本名：Sneevliet）來到上海，並敦促共產黨創建小組盡快召開黨代會（第一次）。於是，一九二一年七月下旬，來自中國各地的十三名中共黨員，以及共產國際派來的兩名外國人，在上海租界李漢俊（共產黨員，有留日背景）家中祕密舉行了第一次全國代表大會（簡稱一大）。按照如今中共黨史界最權威的說法，這十五名與會者分別是：

李達、李漢俊（上海）、董必武、陳潭秋（武漢）、毛澤東、何叔衡（長沙）、王盡美、鄧恩銘（濟南）、張國燾、劉仁靜（北京）、陳公博（廣州）、包惠僧（陳獨秀指派）、周佛海（日本）、馬林、尼克爾斯基（共產國際）。

關於一大與會者名單與會期，與會者的回憶和現存文獻之間存在若干齟齬，專家也各執己見。筆者曾對此加以考證，撰成《中國共產黨成立史》一書，如今，我認為會期與代表者名單是這樣的：會議紀錄（俄文文獻）稱中國的與會者為十二人，不包括前面名單中的何叔衡。也就是說，何叔衡為了出席會議來到上海，但看起來會議結束前已離滬返湘。包惠僧並非陳獨秀所指派代替自己與會的代表，而是做為廣州的代表。大會於七月二十三日開幕，中途因上海租界警察突擊搜查，最後一天的會議（八月三日）遂轉移至上海郊外，在嘉興南湖的遊船內召開，並順利落幕。

圖 1-5　中共一大會址紀念館

中共建國後，在上海確認並復原了曾召開過第一次全國代表大會的建築物場址，如今是一棟非常宏偉的紀念館（圖 1-5）。但最應該被紀念的大會本身的資料，特別是當時的資料，卻寥寥無幾。當時似乎有過會議紀錄，但並未被保存下來，連與會者名單也不曾留下。主要由與會人士撰成的回憶錄，內容也很曖昧，特別是開幕和閉幕日期，都是模糊不清的記述。

現在，中共將七月一日定為建黨紀念日，但這個「一日」怎麼說都是紀念日，而不是歷史上中共一大的實際開幕日。姑且把七月一日定為紀念日的人，也就是實際上出席了一大的毛澤東，他曾這樣說明：一九三八年，當時有必要制定黨的創立紀念日，因為記不清開幕到底是哪一天，乾脆把七月一日定為創立「紀念」日。大會的場所和出席者名單暫且不論，日期通常最容易被忘記。

結果，沒有一名出席者確切記得一大的會期。也就是說，當時聚集到上海的代表們，不論是來自北京還是廣東，都是千里迢迢到上海參加大會，然而整個會議期間，與會者似乎都缺乏一種自覺，也就是這場會議將成為歷史上非常重要的日子。這點倒是真切反映了當時共產黨員的意識。如今的中國，在電影或電視劇中表現創立共產黨等歷史事件時，通常登場人物的種種行動，都彷彿明確認識到此後發生的中國革命具有重大歷史意義，但至少就一大而言，在當時，與會代表沒有一人有如此透徹的認識。因為要是有那樣的人，肯定至少會在日記還是書信裡會留下簡單的紀錄，說自己參加的這場會議是何等重要。

保存至今的一大相關文獻，留有當時在會議上通過的綱領和決議，我們可藉此了解當時人們對共產黨的認識。就內容來看，大會當時黨員們的展望還相當幼稚，比如組織工人，在革命軍隊的支援下，推翻資本家階級的政權，將生產資料私有制變為公有制，諸如此類的敘述。不得不說，這些展望對於當時剛剛開始蹣跚學步的非法政黨中國共產黨而言，實在為時尚早，但當時這群血氣方剛的幹部黨員似乎很多都懷著這樣的氣概：要是不進行社會主義革命，那還叫什麼共產黨？

一大通過的文件之所以會有這種對剛成立的政黨來說不切實際的過高理想，大約是因為直接挪用了做為參考用的其他先進國家的共產黨文獻。〈綱領〉參考了一九二〇年十二月翻譯、刊於《共產黨》（第二號）雜誌上的〈美國共產黨綱領〉。比較二者就可以清楚看到，包括入黨條件、組織規定等內容，無論是形式還是措辭，基本上都是模仿美國共產黨。

另外，〈決議〉顯然也參考了同一期《共產黨》雜誌上翻譯並刊載的〈美國共產黨宣言〉。譬如一大上討論的、跟其他黨派斷絕關係這點，在〈美國共產黨宣言〉中也有明確的規定：「本黨無論在何種情況下，都毫無妥協地堅持階級鬥爭，拒絕諸如勞動黨、社會黨……等不信奉革命階級鬥爭的團體和黨派。」中共召開一大之前已取得了美國共產黨的大會文件，並悉數翻譯出來，應有充分的可能援引到自己召開的大會上。也就是說，中國共產黨參考了手邊的美國共產黨章程與綱領，完成了一大的綱領草案和決議草案，其結果就是會議文件上的這些遠超當時中共實力的目標。

儘管有共產國際的兩名外國代理人與會並召開會議，還是決定出了這樣超出實情的方針，實在有些不可思議。因為在中共召開一大前一年，於莫斯科召開的共產國際大會上便已確立了這樣的方針：除了歐美等經濟發達國家之外，合理的方式是先擺脫殖民體制，爭取民族獨立和經濟自立，以此動搖帝國主義的資本主義體制。而馬林等人也出席了這場大會。

恐怕是出自一些實務上的理由，中共一大才會通過如此冒進的方針。首先，研究美國共產黨文件的中國共產黨員們認識到，共產主義運動是世界性的，也是人類史上的普遍性運動，於是才照搬了先進國家的黨綱。再者，大會期間曾有可疑人士闖入（密探），參會者們感覺危險，便火速丟下這些外國旁聽者，撤離上海，在浙江的景區完成了最後一天的會議。也就是說，在給出符合中國實情的修正意見之前，由於突發事件，黨代會就結束了。無論如何，共產國際派出代表與會，讓黨代會得以順利召開，中國的共產主義運動還是順利拉開了序幕。

在討論早期共產黨歷史時，黨與共產國際的關係及所受影響，是非常重要的問題。對於黨和共產國際的關係，這裡不妨再作一些補充說明。中共召開一大之際，若把視線轉向遙遠的莫斯科，就會發現就在中國這場大會的一個多月前，剛剛召開了共產國際第三次大會。共產國際一九一九年的第一次大會和一九二〇年的第二次大會上，就有所謂的「中國代表」出席了這兩次大會。當時中俄之間的交通因西伯利亞干涉戰爭和內戰等原因被切斷了，因此這位所謂的「中國代表」，其實是定居俄羅斯的華人移民。從中國本地派出代表參加共產國際的大會，最早是一九二一年的第三次大會，張太雷等來自中國的活動家第一次出席會議，他們後來參與了共產黨的革命活動。不過，當時張太雷並非共產黨正式派出的與會代表，這位對俄國革命懷有共鳴、來到俄羅斯的青年，發揮語言能力和交際能力的同時，也間接與中共和共產國際的活動產生了聯繫，因而獲得認可，以中共代表的名義出席大會。

圖 1-6　參加共產國際第四次大會（1922 年）的各國共產黨員。前排左一為陳獨秀，左三為片山潛（日本共產黨），後排左二為瞿秋白，左四為羅易（印度共產黨員，國民革命時期做為共產國際的代表來到中國）。他們究竟是用什麼語言交流的呢？

當時，俄國遠東地區和西伯利亞尚留有內戰留下的秩序崩壞傷痕，要穿越這片區域前往莫斯科，絕非輕鬆的旅途。在這種情況下，共產國際遂將辛苦前來的這位中共左翼青年當成代表；中共一方對此也沒有特別的意見，張回國後，中共將他收入組織，充當與共產國際交涉的角色。共產國際與中共的關係，就是依循這樣的權宜而開始的。不過，一旦蘇聯國內的混亂逐漸平息，體制趨於安定，這種只有早期才可能出現的牧歌式關係也逐漸消亡。對共產黨員而言，莫斯科成了學習革命理念和技術的場所，是革命的聖地，那裡還開設了培養亞洲革命活動家的教育機構，中國有很多青年前去留學。

在共產國際這種國際機構活動，需要一種技能，與在國內指導革命運動或鬥爭不同，那就是運用外語溝通。共產國際雖標榜是無國界工人的國際組織，其活動也以德、法、英等多國語言進行，但實際上身為東道國的俄語，以及擁有社會主義運動傳統的德語，才是實際的通用語言。然而不論是俄語還是德語，在中國都是小語種，而且與西洋各國的黨指導者理所當然都會好幾種外語不同，東亞的知識分子未必需要精通外語。舉個例子，連陳獨秀那種當上北大教授的知識分子，也不擅長用外語交流，在莫斯科活動或與共產國際代表交流時都需要翻譯。

結果，本土派的指導者與共產國際溝通時屢屢產生誤會，此外那些留學莫斯科、精通俄語和馬克思主義的海外派也總是為所欲為。對此感到不快的中共幹部甚至曾對專門任用擅長俄語的年輕黨員的共產國際顧問這樣抱怨：「對待黨完全像對待翻譯供應機關一樣。」（蔡和森〈關於中國共產黨的組織和黨內生活向共產國際的報告〉（一九二六年二月十日），《中央檔案館叢刊》，一九八七年第二至三期）此外，這群中共幹部宛如鸚鵡學舌般宣傳共產國際指令，也常常被形容成「斯大林留聲機」。（陳獨秀〈告全黨同志書〉（一九二九年十二月十日），《陳獨秀著作選》第三卷，上海人民出版社，一九九三年，第一〇二頁）「翻譯供應機關」也好，「留聲機」

也好，這些形容都忠實反映了中共做為共產國際支部的特點——這種組織方面的制約，往往與語言方面的制約一同顯露出來。

如此，中共與共產國際的關係，恰如全球性跨國企業的中國分公司與海外總公司。因此，若不參考共產國際的動向，則無法說明中國共產黨的活動，而當中還存在文化與語言的鴻溝，以及聯繫兩者的通訊、交通方面的制約。受這些情況左右，兩者關係很容易存在不安定的一面。本書後文凡有機會，也將談談直至一九四三年共產國際解散為止，與中共的這份不安定關係所帶來的影響。

專欄② 流行歌曲成立之前——未曾傳唱的國歌

中國共產黨誕生時，中國還是中華民國，中央政府設於北京。當時還沒有傳唱全國的歌曲，就連國歌的普及也尚且遙遠。北京政府命令影響的範圍非常有限，連通用語言還沒有統一。

中國國歌的歷史始於一九一一年，清朝公布的〈鞏金甌〉。「金甌」的英譯是「Golden Vase」，即完美無缺的金杯，是中國的古典詞語。正如日本戰時的〈愛國進行曲〉中亦有一句「金甌無缺無動蕩，吾國日本」，經常被比喻為完整無缺、堅如磐石的國體。「鞏」即「牢固」之意，適於稱頌完美無缺的安泰之國。但就在制定、公布這首國歌的一週後，便發生了武昌起義。辛亥革命爆發後，一九一二年清朝就滅亡了。這首歌頌王朝永續的歌曲，諷刺地成為了大清帝國的輓歌。

隨後成立的中華民國也制定了幾次國歌，雖然選用了反覆推敲的曲子，卻沒有哪首被確定下來。反覆制定國歌這件事本身，也正是政權弱勢與政局不穩的表現。中共一大召開時的國歌是〈卿雲歌〉，歌詞曰「卿雲爛兮，糺縵縵兮。日月光華，旦復旦兮。日月光華，旦復旦兮」，典出《尚書大傳》，曲譜出自音樂家蕭友梅之手。蕭曾留學德國，獲得博士學位，是英才中的英才。曲調甚為優美，但並未廣為流傳。

國歌所代表的國家象徵，很多是來自於民族國家形成之際的「民族記憶」或「共同經歷」。譬如法國革命時期的革命歌曲〈馬賽曲〉，後來就成了法國國歌。但辛亥革命並未動員全體國民，也沒有能引發「民族記憶」與「共同經歷」的激烈內戰或外國勢力干涉。宣統帝與革命派交涉後退位，又過了幾年，還曾有過極短暫的復辟。如此這般，弱勢政權即便想由上而下創造出「官方國家象徵」，也不太可能順利實現。

另一方面，清末民初之際，日本的音樂教育與歌曲被介紹至中國，中國的小學會教授重新填詞的明治曲調。譬如日本有名的〈旅愁〉，旋律來自美國音樂家約翰・奧德威（John Pond

Ordway）的作品，被填上日文歌詞。之後〈旅愁〉傳入中國，由李叔同填上中文歌詞，成為膾炙人口的〈送別〉，民國至今的畢業典禮上都會頌唱。就這樣，與傳統音階不同的西洋音階和曲調，逐漸改變了中國人的樂感。不論國歌還是流行歌，要誕生出一首風行全國的歌曲，接下來只需要等待一場伴隨著音樂發生的、將全國人民都捲入其中的大事件。

4 國共合作——相似的同志

共產黨召開一大，名符其實地展開了革命活動；不過當時以「革命」政黨自居的，並非只有共產黨。中國當時還有遠遠早於共產黨就開始革命運動的老牌政黨，那便是孫文率領的中國國民黨。其歷史可上溯至前清的一八九四年，孫文成立興中會，比共產黨成立早了二十多年。這個政治組織經歷了中國同盟會、中華革命黨等階段，之後改稱中國國民黨（以下簡稱「國民黨」），於一九二一年的時點，依然在孫文的指導下高舉「革命」旗幟，以打倒中央政府為目標。他們的據點在中國南方的廣東省，勢力雖沒有遍布全省，但據說還是擁有二十萬名以上的黨員。比起當時黨員尚未過百的共產黨，可以說是巨人般的前輩。

創黨之初，很多共產黨員都很厭煩國民黨。要求對孫文個人服從也就罷了，明明標榜「革命」，但這個政權卻充滿權謀與妥協，只要能奪取中央政權，與立場、主義都不同的軍閥聯手也無所謂。實際上，在中共一大也討論了相關議題，對其他政治勢力應採取怎樣的立場，也就是聯合戰線以及與其他黨派之間的政治同盟問題。從決議中可以看到，結論採取了強硬的態度：「對現有其他政黨，應採取獨立的攻擊的政策。在政治鬥爭中，在反對軍閥主義和官僚制度的鬥爭中，在爭取言論、出版、集會自由的鬥爭中，我們應始終站在完全獨立的立場上，只維護無產階級的利益，不同其他黨派建立任何關係。」對於已經和其他黨派保持關係的黨員，則規定「必須與企圖反對本黨綱領的黨派和集團斷絕一切聯繫」（綱領）。這裡提到的「其他黨派」，應該就是國民黨。

就這樣，共產黨站在道德制高點——只有我們才是真正的革命家，在幾個城市組織了工人運動，一兩年間就奠下了相當基礎，也指導了罷工等運動。不過，當時的工人力量薄弱，軍閥也極為蠻橫殘暴，比如一九二三年二月，共產黨領導京漢鐵路總工會發起的大罷工，就遭遇了軍閥勢力的武力鎮壓（以事件發生日期命名為「二七大罷工」）。對此已有預料的共產國際，在大罷工不久前便力圖與孫文的國民黨形成統一戰線，並指示共產黨員加入國民黨，以解決中國當下問題。這年年初，蘇聯向孫文派出了外交官越飛（A. Ioffe），探討支援孫文革命的可能性。

這樣的聯合關係之後仍持續，因為蘇聯在東亞的外交方針，首先是抑制來自日本的軍事威脅。也就是說，為了減少可能來自日本的壓力，有必要在近鄰諸國發展以中國為首的親蘇政權，做為蘇聯的防波堤。就當時的國力而言，中國不可能很快誕生超越日本的強大政權，因而蘇聯希望至少在現實中樹立一個承諾蘇俄特殊利益的政權，不受日本或歐美控制，所以致力於聯合革命家孫文。當然，共產黨也有民族主義性質指向，但在蘇聯看來，很難相信他們能很快壯大實力，取得政權。

派出越飛就是出於這種意圖。接受了蘇聯支援申請的孫文，在一九二三年一月發表〈孫文越飛聯合宣言〉，確立聯俄方針。與此並行，蘇聯利用共產國際的管道，敦促剛成立的中國共產黨協助國民黨的工作。不單是外交戰略方面如此，考慮到中國社會經濟的狀況，也必須與國民黨合作，因為只有極少數年輕人在奮鬥，要實現共產主義的理想實在不容樂觀。

但當時，很多年輕黨員正是對孫文的革命運動感到絕望才創立了共產黨，因而對這一方針表示強烈抗議。而且這個合作關係並非是兩黨在對等立場上合作，而是要全體共產黨員都以個人身分加入國民黨。如此不合常理且屈辱的規定，使得抗議更加激烈。共產黨領導人陳獨秀也屢屢致書共產國際，要求重加斟酌，但最後還是只能遵從共產國際的方針。當時，派遣到中國的共產國際代表是馬林。他見中共幹部反對如此強烈，便暫回莫斯科，又攜帶一封要求遵從馬林指示的書信返回中國，試圖壓服幹部們。同時也說服國民黨擺脫過去的孫文專權，由黨員代表大會討論並通過綱領與章程，將黨的運作風格蛻變為近代化模式。對國民黨的改造工作，除了馬林，還派出了鮑羅廷（M. Borodin），擔任國民黨的政治顧問。

如此，國民黨也接受了蘇聯派來的顧問獻上計策，進行黨內改造，結果國共兩黨的合作就成了非常相似的同志聯合。孫文與越飛的〈聯合宣言〉中稱，革命俄國的蘇維埃制度不適用於中國，但對於借用蘇聯共產黨的運作模式這點，似乎並無躊躇。一九二四年制定的國民黨章程就參考了蘇聯共產黨黨章，後來國民黨發表的本黨組織原理「民主主義的集權制度」，也可以說是借用了共產黨的制度。參與國民黨改組工作的一位共產黨幹部甚至乾脆說：「原稿是從莫斯科第三國際執行委員會寄來的俄文稿……是我譯的。」（秋白〈三民主義倒還沒有什麼〉《布爾塞維克》第八期，一九二七年十二月）

以下就來介紹國共兩黨幾個相似點。首先是依據會議和文件而進行的政黨運作方式。包括政黨在內，所有組織在運作時都必須舉行會議並留下文件，換言之，沒有會議就不可能有組織運作。只是，做為政黨活動的重要一環，定期召開代表大會以確立決策步驟、制定相關規定，像這樣理當明確訂立的政黨必要手續，在中國，是直至這一時期的國共兩黨才首度提出。或許很難置信，孫文領導的國民黨在此之前從未開過黨代會。國民黨首次確定會議章程，是在國共合作剛剛起步的一九二四年。

一般來說，政黨會議當中最被重視的，當屬從全國各地召集代表、定期召開的全國代表大會。在黨員很少的時期，以較短週期召開大會還不算難；隨著黨的壯大與活動範圍的擴大，要在特定場所召集眾人就變得不那麼容易，選出代表也需要更多時間，因而召開大會的週期就變得更長。創立不久的共產黨最初每一至兩年便召開一次黨代會，決定重要事項（現在是五年一次）。黨員規模在幾百到幾千人之間，較短週期內召開全國大會尚有可能，但到了一九二七年，與國民黨關係破裂之後，共產黨的活動重點轉移到農村地區的武裝鬥爭和城市的地下鬥爭，要在安全的環境下召開政黨會議就愈發困難。因此就出現了像一九二八年第六次大會那樣，在國外（蘇聯）召開的情況。一九三〇年代以後，黨與軍隊的活動範圍更是分散至全國各地，加上抗日戰爭爆發等情況，黨代會在很長一段時期都沒有召開。第七次大會要等到十七年後的一九四五年才召開。

當然，這段期間並非沒有召開討論黨的全面活動的會議。擁有僅次於全國代表大會決定權的，是大會上選出的中央委員所召開的全體會議，即中央委員會全體會議。全國代表大會的作用是選出中央委員，這些中央委員再互相選出中央常務委員。在下次大會召開前，就由中央委員全體會議，以及全體會議閉會期間數名中央常務委員（又稱中央政治局常務委員）的頻繁會面，來處理日常黨務。這是民主集中制，所謂的「黨中央」，名義上是黨中央委員會，事實上是中央政治局常務委員會所體現的一切。這一制度在國民黨也完全一樣，如今共產黨仍繼續堅持。

此外，該會議的編號方式也是國共兩黨共通，一直延續至今。以「某屆某中全會」為名排列下來，比如共產黨確定改革開放政策的會議就叫「十一屆三中全會」，是很獨特的計數方式。這裡的十一和三，意思是由第十一屆黨代會上選出的中央委員召開的第三次全體會議。國民黨現在雖是臺灣的在野黨，但也在二〇二〇年七月召開了第二十屆四中全會。

不過，雖說國共兩黨都重視會議，但共產黨對會議的偏重程度是國民黨無法相比的。譬如一九二四年的國民黨黨章裡雖訂立了關於會議的條款，但僅止於有關全國大會的規定，並未像共產黨那樣（譬如一九二二年第二次大會制定的章程），連末端組織的活動都要規定——規模僅數人的支部召開會議之義務，以及召開的頻率（每週一次）。即便實際的決定是在廊下或密室內進行，又或是事前決定重要方向，共產黨組織的決定都必須在正式會議上公開。因為黨的重大路線方針轉變，比如八七會議、遵義會議、十一屆三中全會，常常都是與大會一道被提及。

會議結果一方面要向上級報告，同時也要向下級傳達，這時就要寫成文件，因此當然會累積龐大的文件。比如一九四九年之前各地共產黨組織留下的文件，後來以省市地區為單位，編纂成《某某革命歷史文件匯集》。以我手邊的《河北革命歷史文件匯集》第九冊為例，就全國範圍而言，該地區（省委）在這一時期（一九三二年七月至九月）的活動絕對不算活躍，但僅僅這三個月留下的文獻就超過了五百頁，多達二十四萬字。像這種省級地方組織的資料，光一九四九年之前的部分，合計據說都超過五千萬字。單純計算從黨成立的一九二一年到一九四九年，這二十八年間僅僅地方組織，平均每天就要留下五千字的文件。即便是紙上文章，有關每天的活動也能留下這麼多文件，在中國歷史上，像這樣的組織只有共產黨。在會議上作決定、由文件傳達決策，這種機制賦予了共產黨其他組織無法擁有的凝聚力；到了人民共和國時期，這種機制逐漸擴大至黨外的一般社會。

此外，共產黨與國民黨提出的主義不同，雙方都有各自獨立的意識形態。共產黨當然是馬克思列寧主義，國民黨則是孫文的三民主義。這些主義不僅是實現政治的方針，還是全部政治乃至世界觀、人生觀的基礎，是唯一的絕對真理。特別是孫文對自己主義的信心還相當不一般。他自負地宣稱，三民主義之一的「民生主義」涵括了馬克思主義和共產主義，層次更為高遠，他更認為如果年輕的共產黨員也加入國民黨，那麼比起不合中國國情的馬克思主義，這些人肯定會被更優秀的三民主義感化（圖1-7）。

前面已經說過，國民黨和共產黨的合作（國共合作）是一種不合常規的方式（黨內合作），共產黨員以個人身分加入國民黨，擁有雙重黨籍。其背景除了因為當時兩黨規模懸殊，也是因為孫文有著這樣的優越意識。另一方面，對共產黨員來說，三民主義云云不過是僅適用於中國、非驢非馬的資產階級思想。雖然受共產國際的指示加入國民黨，但要像其他國民黨員那樣發誓效忠孫文及其主義，心裡肯定想著拉倒吧、饒了我吧。而國民黨內反對接納共產黨員、拒絕與蘇聯合作的人也絕不在少數。

就在兩黨各自不滿的情況下，以一九二四年一月在廣州召開的國民黨第一次代表大會為起點，國共合作正式拉開序幕。但意外的是，對於共產黨來說，這一做法的益處相當之大。其一，雖然是地方政權，但國民黨當時在廣東是擁有勢力的執政黨，加入其中並出任職務的共產黨員也能領工資。以早期中共財政基礎而言，維持一定數量的專職黨員並非易事。而現在只要披上國民黨的外衣，就能領到錢款，養活家人。

圖 1-7　孫文向國民黨員說明三民主義（民生主義）之際所繪概念圖。共產主義右側畫了小小的「集產主義」。

譬如合作之初的一九二四年，毛澤東就擔任國民黨的候補中央執行委員和宣傳部代理部長（部長是汪精衛）等職務，周恩來則被任命為當時設於廣州郊外的國民黨軍官學校（黃埔軍官學校）政治部主任，校長是蔣介石。也就是說，不論毛還是周，這一時期他們都在國民黨要人身旁，與之頻繁碰面。

此外還有一點好處。很僥倖的是，國民黨方面並不知道到底哪些人擁有雙重黨籍，只有共產黨方面才知道。這麼一說確實如此，對國民黨而言，著名的共產黨員固然是認識的，但如果新入黨的年輕人自己不主動說，那麼就不可能判別得出誰是共產黨，誰是單純想加入國民黨。*實際上，在國共合作開始前，不少國民黨的幹部就很擔心，認為接納共產黨員會招致國民黨被他們奪取。對此，一九二四年國民黨第一次全國代表大會上，共產黨高層領導李大釗這樣辯解：中共是第三國際這一世界組織在中國的支部，雖說要加入國民黨，但組織不可能脫離共產國際；而既然做為個人加入了國民黨，那麼當然遵守本黨章程及紀律，絕不會有在黨中建黨的行為。（〈北京代表李大釗意見書〉）

但是，就算國民黨要求共產黨不加隱瞞，上報雙重黨籍者，也不可能期待有哪個共產黨員真正照辦。而且麻煩的是，實際上在國民黨內積極活動的，並不是那些已嘗盡甜頭的老一輩國民黨員，而是做為新血剛加入的共產黨員。這些共產黨員紛紛在國民黨新體制（聯俄、支持群眾運動）之下全新組織的軍官學校，或在組織群眾運動（農民運動、工人運動）的領導人們參加的進修機構工作，成為國民黨不可或缺的存在。

值得注意的是，共產黨巧妙且高效率地利用這些黨外活動，做為一種手段，在這時期建立了「黨團」，展開活動。所謂的「黨團」（fraction），即政黨（特別是左派政黨）在大眾團體或其他組織內部建立的同黨派小集團，往往掌握組織主導權，或是事前協商以試圖誘導決策。從國民黨的大會開始，包括各種會議和支部，共產黨員都建立了這種黨團，根據事先安排的行動，取得具特定目的的成果。但在國民黨看來，這顯然是在黨中建黨，即所謂的寄生政策，也讓他們對共產黨活動抱有懷疑。這些黨團，後來也逐漸成為共產黨在黨外合法活動或內部組織滲透的重要武器。

若踏出國民黨勢力範圍一步，共產黨就是非法組織。因此，指揮能夠相對公開活動的工人或青年組織也很重要。共產黨的工會組織由第一屆黨代會之後組成的中國勞動組合書記部帶頭領導，一九二二年五一勞動節在廣州召開第一次全國勞動大會，一九二五年五一勞動節召開第二次全國勞動大會，成立中華全國總工會。據說成立之際加入的工會有一百六十六個，工人有五十四萬名。以鐵路、礦業、海運等行業為中心籌組並擴大工會，但當時在徵募工人時很仰賴

＊ 註三：這就導致海內外媒體雖然有報導國民黨的「赤化」，但就連高層領導人中誰是共產黨員也無法判斷。有時連汪精衛、宋子文都被分析成是「中共祕書長」「中共財政主任」。參考〈中国共産党内部組織及び職員表〉《外事警察月報》第六一號，一九二七年七月。

同鄉關係，各種中間團體（所謂的幫會）也頗有勢力，因而要發展出具備近代化理念的工人運動並不容易。

另外，以青年為對象、與黨差不多同時期誕生的「中國社會主義青年團」，因為是半公開組織，所以成為了共產黨動員人力的得力外圍團體。青年團後來被定位為加入中共前的預備組織，主要工作是招募黨員，不過在成立之初與共產黨的界線比較模糊，有時還會領導比黨更為激進的鬥爭。這兩個組織如今仍然存在，即「中華全國總工會」「中國共產主義青年團」，其歷史可以上溯至共產黨成立之初。正如它們都在廣東召開了早期的全國大會一樣，與在廣東擁有勢力的國民黨合作，的確給共產黨帶來了種種便利。

再提一點，共產黨在廣東試辦的活動中還包括農民運動。一提到農民運動，就會想到毛澤東領導的那些特別有名的運動，而在此之前，還有一些先驅例子，那就是在廣東東部的海陸豐一帶展開的活動。領導者是出身當地大地主家庭、有留日背景的青年黨員彭湃。廣東一帶村落之間的群體鬥爭（械鬥）一向頻仍，彭湃一方面減免自家農田的佃租，同時將械鬥過程中弱勢群體的防衛與抵抗等要點納入農民運動，嘗試獨特的運動模式，成果相當可觀。也就是說，如果能將在地社會的矛盾巧妙運用到運動中，農村地區也可以爆發出巨大的革命能量。日後海陸豐地區成為共產黨樹立政權的舞台，種子正是這一時期由彭湃所播下的。

5 國民革命——最初的革命體驗

國共合作開始後一年多，推動此事的孫文病逝於北京。孫文之死，意味著決定在國共合作中吸收共產黨員的偶像級領袖殞落，這也造成了國共關係的動盪。而在某種意義上解決了這層問題的，是一九二五年上海以工人鬥爭為開端而爆發的反帝國主義運動（五月三十日，租借警察向抗議遊行隊伍開槍，由此爆發的反英運動）——五卅運動。上海的這場反帝運動很快蔓延到國民黨政府所在的廣州，又至香港，導致「東方之珠」香港被封鎖（省港大罷工，「省」即廣東，「港」即香港），事態進一步升級。國共兩黨站在了推動抗英的同一立場上，有了共同的敵人，也避免了兩黨裂痕的進一步擴大。

正如共產黨在國民黨旗下擴張實力那樣，國民黨也吸收了這類反帝國主義的民族主義運動能量，同時接受蘇聯包括軍事援助在內的物質與人力支援，急速擴充勢力，特別是軍事實力。其中，國民黨為訓練軍隊和將領而設立的軍官學校，教官是從蘇聯派來的軍事專家，培養出一支模仿蘇聯紅軍、為主義而戰的革命軍——「國民革命軍」。而這所軍校內，當然也有共產黨送去的人員。有名的如林彪、徐向前、劉志丹等人都曾是同學，後來成為紅軍將領；這群人在日後將與校長蔣介石的門生——國民黨的杜聿明、胡宗南等老同學兵戎相見。

孫文死後，國民黨內部由率領黃埔軍官學校將士的蔣介石掌權。原本國民黨大多依附於有軍事影響力的地方軍閥，因而處理政務的文官幹部，會比管理軍務的黨幹部更容易獲得高位。比如辛亥革命之前就追隨孫文的汪精衛、胡漢民便是典型。孫文死後，國民黨轉向以汪精衛為中心的集團領導體制，並於一九二五年七月成立「中華民國國民政府」。國民政府在統一立法權、行政權、司法權的同時，也明確主張在國民黨指導與監督下展開政務。其中逐漸表現出相當存在感的，就是蔣介石，以及在各級活動中表現積極的共產黨員。

蔣介石在視察蘇聯時，曾經覺得這些俄國革命家的援華行為，背後有蔑視中國的意思。面對日益壯大的中共以及蘇聯的影響力，蔣介石加強了警戒，同時將孫文的遺願當成自己的使命，即盡早開始中國統一戰爭。因為是從南方的廣東向北方發起的軍事進攻，故稱為北伐。對此，共產黨方面擔心軍事優先方針會導致蔣介石勢力進一步強大，因此呼籲應優先穩固廣東地區的統治，以及匡正當地的社會問題。

圍繞北伐與否產生的這些摩擦，後來發展成了非常複雜的陰謀事件，還將蘇聯軍事顧問捲入其中。那就是因擅自移動中山艦而爆發的戒嚴騷動，即以孫文之名命名的「中山艦事件」（一九二六年三月）。蔣介石判斷，中山艦未經命令擅自出航，是共產黨與蘇聯軍事顧問企圖綁架自己的陰謀，故在廣州發布戒嚴令，監視共產黨與蘇聯相關人士。這可以說是某種小型軍事政變，是蔣介石的暴走行為；但蘇聯顧問們也頗認可逐漸累積實力的蔣介石，因此選擇繼續支持他，未加抵抗，還同意了蔣盡早開始北伐的要求。蔣介石不僅沒受處分，反而還獲得領導權，成為國民政府軍事委員會主席，更在七月北伐前就任了國民革命軍總司令和國民黨中央執行委員會常務委員會主席。後者是國民黨的最高職位。

另一方面，這一時期共產黨被迫作出種種妥協，譬如同意國民黨的「整理黨務案」（限制共產黨員在國民黨內部的活動）。共產黨領導階層，即陳獨秀等人強烈排斥蔣介石形同政變的武力威脅，但莫斯科當局（即以史達林為首的俄國共產黨及蘇聯政府）希望維持並發展國共關係，不容許對蔣作出反擊或處罰之類的強硬方針。因此共產黨的設想是，北伐過程中可以在後方從事群眾運動（農民運動與工人運動），那麼北伐就不單只是軍事擴張而已；而若北伐軍事失敗，也可藉此打擊蔣介石的威信。因而決定協助北伐。

北伐開始的一九二六年中，共產黨已經成立了五年，黨員數終於超過一萬人（同時期的國民黨員超過三十萬人）。黨員組成是工人占六六％，農民占五％，其餘為二九％，工人大幅增加，早期以知識分子為中心的狀態大為改善。年輕有為的共產黨員有的成為北伐主力國民革命軍將領，有的則是後方或從旁支援的要員，活躍於各方面。尤其引人注目的，是在農村地區有關農民運動（農民協會）的策略。受到共產國際指示，要求多關注農民，中共遂於一九二三年

中國共產黨黨員數統計表（1921-1949）

年	黨員數（人）	中共大事記
1921	53	第一次全國代表大會（上海），亦有 57 人之説
1922	195	第二次全國代表大會（上海）
1923	420	第三次全國代表大會（廣州）
1925	994	第四次全國代表大會（上海）
1926	11,257	
1927	57,967	第五次全國代表大會（武漢）
1928	40,000	第六次全國代表大會（莫斯科），亦有 13 萬人之説
1937	40,000	抗日戰爭爆發
1940	800,000	
1942	736,151	延安整風開幕
1945	1,211,128	第七次全國代表大會（延安）
1949	4,488,080	人民共和國建國

出典：本表據郭瑞廷主編《中國共產黨黨內統計資料彙編（1921-2000）》（黨建讀物出版社，2000 年）、歷年黨內資料及發給共產國際的報告作成。

第三次大會上通過了〈農民問題決議案〉，重視農民問題，之後在國共合作的體制下，還舉辦了農民運動講習所。這種策略終於得到了實踐的機會與舞台。一九二七年七月，「北伐宣言」和國民革命軍動員令宣告了北伐的正式開幕，此時的農民運動者們則在當時北伐進攻沿線的湖南、湖北一帶組織農民協會。

如此，從湖南進入湖北的北伐國民革命第一軍得到了農民們的支持和參與，戰局得利，瞬間攻克長沙，到十月已奪得武漢。也就是說，北伐軍只花了短短三個月就深入長江中游一帶。最初對北伐抱有強烈不安的史達林，此刻也非常興奮，大喜表示「漢口將很快成為中國的莫斯科」。(〈斯大林給莫洛托夫的信〉(一九二六年九月二十三日),收入中共中央黨史研究室第一研究部譯《共產國際、聯共(布)與中國革命檔案資料叢書》第三卷,北京圖書館出版社,一九八八年,第五三七至五三八頁)事實上,一九二七年初,國民政府從廣州遷至武漢時,武漢甚至一時被稱為「赤都」。但從這時開始,革命運動中的不和諧與混亂日益浮上檯面。武漢、九江等設有列強租界的城市爆發了激烈的反帝運動,要求收回租界。民眾與青年們正如

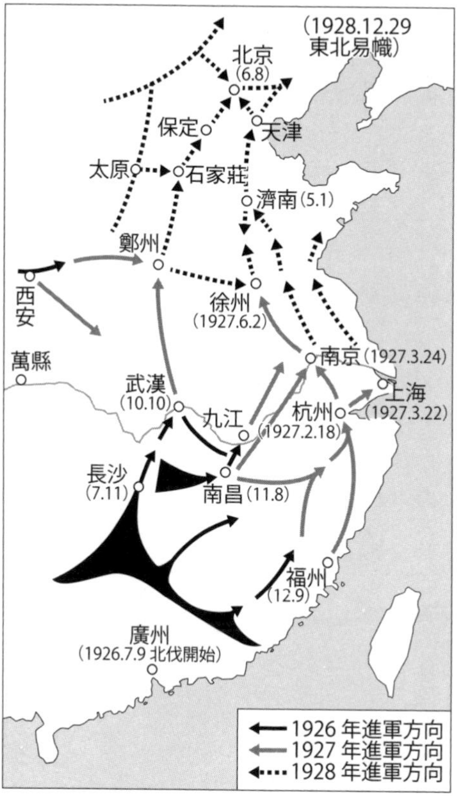

圖 1-8　北伐相關地圖

國民革命軍軍歌裡唱的那般勇猛，高舉「打倒列強，打倒列強，除軍閥，除軍閥」的反帝國主義大旗，事態進一步升級。在南京還發生了大規模動亂（三月二十四日），民眾先是以暴力襲擊外國僑民，引發之後英美等國軍艦的報復性砲擊。簡言之，運動瞬間發展出了政府（革命政權）無法控制的暴力事件。

以南京為首，到一九二七年三月末，長江下游的上海、杭州等經濟發達地區也被國民革命東路軍占領。在這片戰場上，共產黨的勢力雖無法與湖南、湖北地區相比，但也呈現出相當的力量。當中最受關注的是上海的武裝起義。一九二六年末開始，共產黨一面配合國民革命軍進逼，一面利用旗下的工人組織，嘗試發起武裝起義。次年三月的巷戰之後，事態進一步發展，甚至掌握了租界之外的區域控制權。指導武裝起義的是周恩來，這一時期的上海完全可稱為是一座「革命城市」。

上海擁有中國最大的租界，若武力回收租界的風潮蔓延至此，勢必會造成大規模衝突。租界內擁有利權的列強，比如日本，就開始向上海輸送艦艇與陸戰隊，以備回收租界等突發情形。與此同時，還加強了對國民革命軍領導人蔣介石的斡旋。另外，面對日益激化的工人運動，身為目標對象的企業家們也希望蔣能加以應對。原本就對共產黨抱有戒心的蔣介石認為，在南京的國民革命軍襲擊外國人事件，背後就是共產黨在暗中運作，遂開始以武力手段徹底排除共產黨。四月十二日進駐上海的國民革命軍，以仲裁工人糾察隊（共產黨指揮的工人自衛組織）與親國民黨的青幫武裝為名目，沒收雙方武器，並對要求交還槍械的工人請願隊伍發起槍擊屠殺。這場武力襲擊事件被中共稱為「四一二反革命政變」，蔣介石則以清除黨內不純的敵對分子為由，稱之為「清黨」。共產黨早就對蔣介石存有強烈戒心，但對於蔣先發制人的行動還是應對偏遲。

共產黨遲於應對，有幾條理由，其中最關鍵的是蘇聯領導人史達林的干預。一年前的中山艦事件也是如此，莫斯科方面認可蔣介石的實力，彷彿像是屈服於他的威勢一般。這次事件也是，史達林認為最優先的事項是國共合作的延續，應努力維繫與蔣的關係。當然也有人警告他，蔣決心反共只是時間問題，但面對這些擔憂，史達林表明態度：「蔣介石是右派，可能不同情革命，但他現在聽我們的指揮，不會發生政

圖 1-9　史達林於 1927 年 4 月 8 日贈與蔣介石的肖像照，親筆云「致中國國民革命軍總司令蔣介石先生　做為國民黨勝利和中國解放的紀念　史達林上」

變。我們應該把這些人利用到底，就像擠檸檬一樣，擠乾才扔掉。」（史達林〈在聯共（布）莫斯科機關積極分子會議上關於中國大革命形勢的講話〉（一九二七年四月五日），《黨的文獻》，二〇〇一年第六期）他甚至還給蔣寄去了自己的親筆簽名肖像照（圖1-9）。這是四一二事件四天前的事。史達林想儘量維持與蔣的信賴關係，但想法實在太天真。他同時也制止中共過度刺激蔣介石與各國列強，擔心強行回收租界會招致列強干涉，導致革命失敗，還命令中共減少槍械儲備與攜帶。

從結論而言，其實是蔣徹底利用了蘇聯和共產黨。由於史達林誤判形勢，使得共產黨的反帝、反蔣行動受到制約，以致於共產黨對四一二事件沒有作出任何有效的準備或對策。因此從十二號開始，短短幾天內，上海、南京等地被國民黨拘留、逮捕的共產黨員就超過一千人，僅上海一地，夏天就有三百名中共黨員（被視為黨員者）遭到殺害。其中還包括陳獨秀的兩個兒子（陳延年、陳喬年）。

當然，武漢的國民政府（國民黨中央）激烈反對這種做法，不但撤銷蔣的所有職務，甚至還開除黨籍。但自認天命所歸的蔣介石，反而在南京國民黨中央執行委員的支持下，組織起國民黨中央政治會議和中央軍事委員會，甚至於四月十八日在南京成立了另一個國民政府，由胡漢民出任主席。也就是說，當北伐推進至長江流域時，革命已然喪失向心力，有共產黨員參與其中的國民黨出現了分裂。

四一二事件後，武漢當局仍然延續國共合作體制。但以往僅針對敵人的群眾運動逐漸脫離控制、不斷擴大與升級，共產黨已然無法控制，呈現騎虎難下之勢，只能放任事態發展。武漢國民政府勞工部長和農政部長的幕僚團隊中，任用了蘇兆徵和譚平山兩位共產黨員，就這點來看，國共關係還是呈現對等發展，但這兩人並沒有重整社會秩序的力量。在這種情況下，有個人抱持肯定的態度看待農民運動的爆發性能量，那就是毛澤東。他剛從湖南視察了農民運動，之後來到武漢。當時的他是前一年十一月剛創設的中共中央農民問題委員會委員長。

在湘鄂地區目睹了農民運動之激烈的毛澤東，面對「過火」的質疑，他在〈湖南農民運動考察報告〉中這樣斷言：「革命不是請客吃飯……革命是暴動，是一個階級推翻一個階級的暴烈的行動。」也就是說，不論是國民黨還是共產黨，雖然高舉「國民革命」的旗號，但都未能理解「革命」的涵義，如果是雅致、從容不迫、文質彬彬，那麼就沒有必要強調是「革命」。因為做不到，所以才要革命。農民運動不乏激烈與過火之處，而毛應該在其中看到了中國革命的能量與可能性。

但是，從肯定的角度看待農村混亂情形的，只有毛澤東等少數派。當時目睹國民革命現場的共產黨文化人胡愈之，後來如此回憶那種瘋狂與混亂：「土豪劣紳往往不問姓名，就被戴上高帽子遊街，也有當場經群眾審判後立即槍決的。」3

問題是，被貼上「土豪劣紳」標籤、成為群眾運動箭靶的富農、地主及小商人，卻也是國民革命軍（或國民黨高層）將領們的出身家庭。國民革命軍驅逐眼前的敵人，占領武漢之後，暫時停止北上，革命軍之前瞄準敵軍的槍口，這回轉向了破壞秩序的群眾運動與助長其氣焰的共產黨。一九二七年春，武漢國民政府控制下的各地區軍隊叛亂即出於此。「打倒喧賓奪主的共產黨。」原本應該維護武漢政府的國民革命軍部分軍隊高喊口號、發起叛亂，武漢陷入恐慌，進一步招致了混亂，事態持續發酵。

在這樣的危機事態中，武漢的國民黨高層首腦（核心人物是孫文的後繼者汪精衛）為何不與共產黨分道揚鑣，他們躊躇的理由到底是什麼？當然，共產黨雖說胡來，但若沒有他們的活動能力，武漢政權不可能如此順利地成立。共產黨員人數雖說僅占國民黨員的一小部分，但他們吃苦耐勞，不怕出力。還有一個考慮，那就是蘇聯方面的動向。武漢政府的最大困境，是財政危機導致的經濟疲弊。做為經濟重鎮的江南地區已被蔣介石奪走，而農村地區的稅收也指望不上，武漢政府病急亂投醫般作出了一些經濟對策，比如實施「現金集中條例」（禁止白銀和現洋出口，現銀和現洋可以兌換官鈔）等等。但即便如此，也無法確保必要收入最低標準的十分之一，最後只能寄託蘇聯的緊急經濟援助，因此不能與共產黨斷絕關係。

就在同時，共產黨也因遠方莫斯科的指示而疲於奔命。就在五月末，共產國際還傳達了指示（〈斯大林五月指示〉），下令堅決進行土地革命、武漢政府與國民黨重新改組、武裝兩萬名共產黨員及五萬名工人農民加入國民革命軍、處罰武漢的反動將領等等，這些都是國民黨不可能接受的政策，卻要求共產黨與武漢政府的左派人士合作推動。共產黨負責人陳獨秀在覆電中表示，雖然「指示」非常正確且重要，自己也完全同意，但對於實際執行，還是列舉了各項困難。顯然這是很得體的拒絕。但是，莫斯科對此回覆，「我們沒有任何新方針……重申我們的指示」（〈聯共（布）中央政治局會議第一一二號（特字第九〇號）記錄（一九二七年六月二十三日）〉，《共產國際、聯共（布）與中國革命檔案資料叢書》第四卷，北京圖書館出版社，一九九八年，第三四九頁），簡直完全無法溝通。

這時發生了意外事件。被派至武漢的共產國際代表羅易（M. N. Roy）把這份指示交給汪精衛過目。時間是六月初，也就是剛剛收到指示的時候。據羅易表示，給汪精衛看這份「指示」，是為了向他表示信任；而汪也以將必要援助迅速送達為條件，同意了這份「指示」。這「必要的援助」，正是武漢方面盼望的、來自蘇聯的援助金。但是，資金最後也沒有來。因為遠在莫斯科的史達林直到最後都不信任汪精衛，而是一味減少承諾的款項。

如此一來，國民黨就沒有任何理由聯合共產黨了。不，共產黨簡直就是麻煩。既然汪精衛已經這麼想，那麼這份「指示」正好是與共產黨切斷關係的好藉口。七月十五日，汪精衛在國民黨中央會議上「暴露」了這份「指示」，宣稱發現了共產黨陰謀的證據，黨內幹部對指示內容一片譁然，在取得眾人同意後，汪決定解除與共產黨的關係。這就是「武漢分共」的大致情況，而過去幾乎沒有被留意的細節——汪精衛從收到羅易的指示到「暴露」為止，實際上約莫有一個多月的時間——敏銳的讀者朋友一定已解開了這個謎團。沒錯，這一個多月，正是汪精衛等武漢國民黨人士試探內外政治、軍事情勢之深淺，等待蘇聯答覆援助款——這是最後的期待——所需的時間。

於是，一九二四年以來勉強持續的國共合作，給國共雙方都留下了莫大的成果與問題，前後經歷約三年半，終於落下帷幕。武漢國民政府清除共產黨之後，很快與南京的國民政府合流，並於接下來的一九二八年重啟北伐。最終，蔣介石領導的南京國民政府實現了全國統一。而對共產黨來說，國民革命是建黨以來僅五年就早早取得的一場最初的全國性實踐經驗，雖然最終付出了很多犧牲，還被驅逐出武漢，但也有機會展示身為強大政黨的存在感，就這點來看還是意義非凡。這就是革命的第一幕。

專欄③　中國最早的流行歌——〈國民革命歌〉

中國歷史上最早的流行歌是哪一首，向無定說。這是因為「什麼是流行歌」，也沒有明確的定義。*筆者認為，中國史上最早的流行歌是一九二六年至一九二七年間，國民革命軍北伐之際沿途傳唱的〈國民革命歌〉。其一，這首歌在短時間內就具備了全國範圍內傳唱的共時性；其二，這首歌反映了民族國家形成過程中的共同體驗。當然，在那個沒有電視也沒有廣播的年代，歌曲只能靠人聲來傳播。懷抱某種志向的團體帶著這首歌走遍全國，透過全國範圍的大行軍，創造出了流行歌。從南方廣東出發的國民革命軍歷經兩年之久，最終抵達北京，這段旅程足以起到傳播的作用。

說起來，有關日本最早的流行歌，也有好幾種說法。明治維新之際，倒幕戰爭時傳唱的〈徹底奮鬥歌〉（トンヤレ節）就是其中之一。這首歌流傳自倒幕派的薩摩、長州軍，也就是新政府軍的流行歌。它與新政府軍一起從京都大學移動至江戶，又至東北，伴隨著明治國家的建立。考慮到這一流行過程，中國與之對應的正是〈國民革命歌〉。「打倒列強，打倒列強，除軍

* 關於流行歌定義之難，貴志俊彥《東アジア流行歌アワー》（岩波書店，二〇一三年，第七至十六頁）亦有說明。此書關心唱片的普及，以經由唱片流傳的歌曲為對象展開研究。

閥，除軍閥。國民革命成功，國民革命成功，齊歡唱，齊歡唱」，歌詞極簡單，非常生動地反映了國共合作之下孕育起來的國民革命精神。

不過，聽到這首歌的旋律，一定會覺得意外，因為日本也有一首相同旋律的〈靜靜的鐘聲〉（静かな鐘の音）。如今有一首兒歌〈石頭剪刀布出什麼〉（グー・チョキ・パーで何作ろう），曲調來自悠閒的法國民謠〈雅克弟兄〉（*Frère Jacques*），中國現在也有一首內容差不多的童謠，即〈兩隻老虎〉。給這首旋律悠閒的曲子填上革命歌詞，變成一首宣傳歌曲的人，據說是一九二五、一九二六年某位擔綱國民革命軍政治教育工作的共產黨員。不過，我們並不知道他為什麼會選中〈雅克弟兄〉。

當時的國民黨否認北京政府為中國正統政權，因而不承認〈卿雲歌〉是國歌，但又沒有替代方案。於是，這首人人都會唱的〈國民革命歌〉就成了正式國歌制定之前的暫定國歌。那是一九二六年七月的事，北伐差不多剛開始。隨著北伐順利進展，〈國民革命歌〉日益流行，自然出現了這樣的意見：再怎麼「暫定」，用法國民謠的曲調做國歌實在不成體統。於是國民黨迅速開啟制定正式國歌的行動，然而國民革命高潮過去後徵集的候選作品，雖然都算出色，但皆無打動人心的絕對魅力，因而遲遲不能確定。

因此，國民黨領導的國民政府採取了權宜之計，決定以國民黨黨歌（歌詞是孫中山對黨員的訓示）代替國歌，歌詞有「三民主義，吾黨所宗」，這在當時也招致了很多反對。國歌雖然是定了下來，卻百呼不應，國民的迴響很不理想。沒過多久，一股至為強烈的民族經歷與記憶橫掃了一九三〇年代的中國。那就是日本的侵略與亡國的危機，在這之中將誕生出未來的國歌——〈義勇軍進行曲〉。

6 共產黨的政治文化——「全新生活方式」的衝擊

一九二七年，國民革命經歷了激情與混亂，最終走向國共分裂，這一年在中國近代史上是激烈動盪的一年。群眾運動的熱情格外高漲，在秩序趨於崩壞的湘鄂一帶，革命運動令人想起大約半世紀前，同樣將華中地區捲入巨大動亂的太平天國（長毛賊）之亂。因為如果說太平天國是信奉特異宗教（異端基督教）的狂熱團體，那麼這回的國民革命軍就彷彿是披著國民黨外衣的共產主義團體。人們對革命運動抱有戒心，這種負面印象甚至是致使武漢政權崩潰的原因之一。

導致該種負面印象的關鍵謠言之一是「婦女裸體遊行」事件。一九二七年三月，在國民黨統治的武漢，一則新聞宣稱，女性將裸體在街頭遊行或被迫遊行，這則帶著獵奇與恐怖色彩的新聞在國內迅速傳開，震撼了許多人。若歸入國民革命軍統治，為什麼女性要裸體遊行？其脈絡與前文提及的「共產＝公妻」思路無甚差別。也就是說，國民黨如今由共產黨領導，共產黨倡導男女平等，不論男女都能當兵，當然女人也不必遵守禮法；不僅如此，反而還要禁止她們遵守禮法，甚至要浩浩蕩蕩到街上裸體遊行（或命令她們遊行），以此做為女性解放的象徵，來宣示世界已煥然一新。

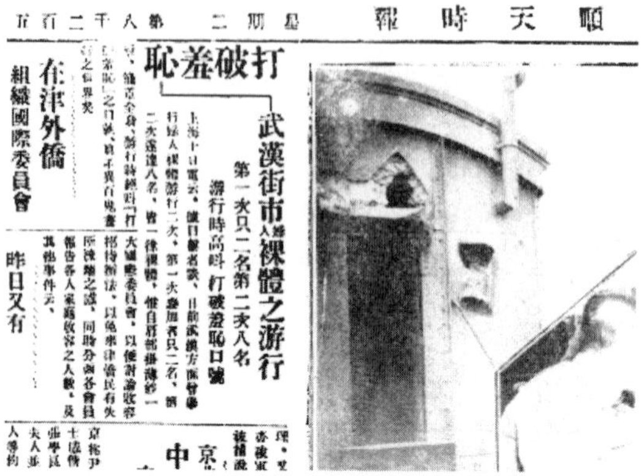

圖 1-10　北京的《順天時報》亦報導了武漢的婦女裸體遊行（1927 年 4 月 12 日）。

武漢的革命政權反覆辯解並無這樣的事，但新聞也不是完全誤報（圖 1-10）。當然，武漢的革命政權並未組織或實施這樣的裸體遊行；據說是當時試圖引起混亂、動搖革命政權的勢力慫恿妓女裸露胸部，混入了遊行隊伍。[4] 也就是說，這是為了給武漢政權烙上負面印象而策劃的露骨陰謀。只是我們也必須留意，在怎樣的背景下，這種奪人目光的新聞會與前文一系列臆測和妄想聯繫起來，形成一股極為真切的感受，被民眾理解並散布？也就是說，背後存在著導致這些解釋的社會脈絡。這是與國民革命同時進行並逐漸擴大、圍繞性別問題而產生的革新機遇，以及與之相伴的反撲。

伴隨女性參加社會活動而產生的種種矛盾與糾紛，在更日常的情況下，則屬「剪髮」行為。長期以來，中國女性的髮型雖有改變，但一般都是長髮。面對這種傳統，從五四運動時期開始，就有提倡女性解放的聲音，剪掉象徵女性特點的長髮、改為俐落的髮型（短髮）、穿上洋裝，這些變化逐漸流行。共產黨正誕生於這樣的時代轉捩點。真正的男女平等只有在社會主義的世界才能實現，也有年輕女性懷著這樣的理想，離開家庭，加入共產黨。她們在參加國民革命活動的過程中剪掉長髮，以示決心。

然而，「剪髮」帶來的震撼十分巨大，僅僅剪掉頭髮就被視為「不遵守傳統道德」、「否定貞操觀念」的決心，因此周圍的家人和親戚大半激烈反對。當時社會各階層對於共產黨的討論、紛爭與對立，與其單單視為是政治思想或革命運動層面的問題，不如說這類習俗或生活方式之類的問題波及範圍更廣、影響更大。於是，有「赤都」之稱的武漢彷彿受到了革命熱情的洗禮，剪髮由個人意願轉變為社會風潮，現實中還出現了婦女團體推進剪髮運動、強迫女性接受的情形。

到了這地步，謠言會朝著「裸體遊行」的方向發展，也是再自然不過的事。也就是說，國民革命時期甚囂塵上的轟動新聞「裸體遊行」，正是這種圍繞著全新性別機遇而產生的社會全面矛盾，結合了人們對共產黨員的猜疑和好奇心，乃至走向極端的一種變形模式。這種不安透過謠言等契機瞬間爆發擴散，更吞噬了年輕的革命政權。

不僅如此，特別是早期共產黨的活動，就扮演了傳統文化革新者乃至破壞者的角色，因而招致一些人的反感，被認為是褻瀆人倫；另一方面，新派年輕人也期待其成為實踐全新行動原理的政黨。早期共產黨會如此急遽發展及活躍，不止於政治活動層面，還因為它宣示了某種「全新生活方式」。接著就來看一看當時到底是怎樣的時代，剪髮行為背後的封建家庭規範是何等深刻，父母包辦婚姻又是怎樣的理所應當。

共產黨誕生的一九二〇年代初，正是提倡自由戀愛結婚、甚至打破婚姻制度的時代，當時（一九二一年）某所學校六百三十名左右的學生（相當於現在的大學生），針對戀愛和婚姻議題，留下了這樣的調查結果。六百三十名學生當中，已經結婚或訂婚的有三百六十五人，接近六成；其中自由戀愛的僅十一人（三％）。[5] 也就是說，在考入大學之前，半數以上的年輕人已由父母許嫁、婚配或定親。遵從父母之命，正是儒教最大的德行——「孝道」。

反對這種風氣的年輕人們逐漸意識到，僅僅改造傳統家庭觀是不夠的；資本主義是諸惡根源，若不打倒，就不可能實現社會改造，也不可能實現男女平等，因此他們才傾心於社會主義和共產主義。不僅男女平等，還有否定家父長制度和「孝道」、改造傳統宗族社會，最終實現中國國內各民族之間的平等，要根本解決這一切問題，在資本主義的社會無論如何是不可能的。這樣的認知迅速流行。該主張不只是毛澤東、周恩來等共產黨第一代年輕人支持，更是得到了廣泛普遍的共鳴。自共產黨成立到國民革命的這段時期，就是在這種意識之下，努力將現實一點一點變得更為激進的時期。剪髮自不必說，像共產黨這樣男女同在一處活動的方式本身就很稀奇，當時的人們無不投以好奇的目光。

一九二七年國共分裂前夕，共產黨黨員的女性比例發展至約一〇%，考慮到同時期國民黨女性黨員只有三%左右，這個比例可以說相當高。提到共產黨，總是會想到運動、革命活動、方針、路線等政治層面的議題，然而其政黨文化亦涉及此類價值觀之革新，以及對新型人際關係的探索。

然而也不消多說，加入共產黨或革命活動，並不意味著真的能來到男女平等的世界；戀愛和結婚不再是家族或家長的事，而成為個人必須應對的問題。所以在現實中，男女黨員之間矛盾不斷。對此，黨的領導人惲代英曾有過這樣的訓誡，可視為反映共產黨員特有邏輯的一個例子：

你的朋友當真是馬克思主義的信徒，一定知道在經濟制度未完全改造以前，是沒有美滿的戀愛生活可言的。馬克思主義者並不反對戀愛，他們願意犧牲一切以謀改造經濟制度，使人人得著美滿的戀愛。但馬克思主義者為了要改造經濟制度有時要犧牲一切（包括戀愛在內）。

（〈馬克思主義者與戀愛問題〉，一九二五年七月）

以上就是在說，真正的女性解放只有在社會主義和共產主義的世界才可能實現，還下了結論，表示戀愛也必須為了「改造經濟制度」作出犧牲。要真正解決種種社會問題，必須等待革命成功，因此這段期間必須優先進行革命運動。這樣的傾向也表現在共產黨員實際對待女性解放問題的態度上。再來看看前面介紹過的毛澤東名作〈湖南農民運動考察報告〉，文中也談到了隨著農民運動而迎來高潮的女權運動。毛先說明，當然應該打倒不合理的男性優先制度，但「不正確的男女關係之破壞，乃是政治鬥爭和經濟鬥爭勝利以後自然而然的結果。若用過大的力量生硬地勉強地從事這些東西的破壞，那就必被土豪劣紳借為口實……來破壞農民運動」。也就是說，眼下的重要課題是推進農民運動，提醒女權運動絕對不可以給農民運動帶來壞影響。農民運動「過火」無所謂，但必須控制女性解放運動的「過火」。

因此，不論是這一時期還是後來，共產黨對女性解放的定位都僅止於協助推動重要政策或運動的次要位置。在革命成功之前，必須忍耐各種不合理；到了革命成功的某個階段，又要準備下一階段的革命，依然必須繼續忍耐。就因為這樣，問題的解決被無限拖延，也得放任種種不合理。這種強行「永遠擱置」的邏輯不限於女性解放的問題，亦不限於中國，應該是二十世紀共產主義運動最終盡失人心的重要原因；因為它原本標榜的，是人類終極救濟的理念。

這些理念方面的問題且不論，包括黨內運作和人際關係在內，共產黨領導階層事實上也是男性社會。多數情況下，女性黨員的地位屢屢受配偶（伴侶）地位的拖累，或是只能擔任婦女部長等特定職位。這種傾向到人民共和國時期依然存續。

一九二七年國共合作的破裂，被視為共產黨革命運動的挫折或失敗，究竟何以至此？當然要揪出「戰犯」，追究責任。當時共產黨內部對於黨的領導失誤，有如下的說明。因為對國民黨過於軟弱、妥協，故而喪失了民眾的支持，未能取得運動的主導權。用共產黨的話來說，就叫「機會主義」（Opportunism），日文叫「日和見主義」。由於過度配合形勢而喪失了主體性，以左右言之，算是右傾（保守），於是就叫作「右傾機會主義」。

一九二七年夏，被批判犯下這種錯誤的，就是陳獨秀。不過，陳明明一開始就說過要重新考量與國民黨（蔣介石）日益矛盾的關係，也要重新思考國共合作一事；但共產國際（史達林）並未理睬。然而莫斯科並不理會這種辯解。那麼身在莫斯科、總是下達「正確方針」的史達林本人，又是怎麼看待中國問題的呢？他寫給親信莫洛托夫（V. M. Molotov）的書信（一九二七年）中有非常生動的說明：

> 我不想苛求中共中央。我知道，不能對中共中央要求過高。但是，有一個簡單的要求，那就是執行共產國際執委會的指示。
>
> （〈斯大林給莫洛托夫和布哈林的信（一九二七年七月九日）〉，《共產國際、聯共（布）與中國革命檔案資料叢書》第四卷，北京圖書館出版社，一九九八年，第四〇七頁）

態度之傲慢，簡直就像說，反正教給你們什麼都不會做，只告訴你們理論也是浪費；這就是革命成功者對中共的認識。中共領導人陳獨秀多次請求重新調整國共合作的方式，史達林卻視若無睹，反而因為自己三個月前對蔣介石的幼稚判斷給中共帶來了莫大損失，但他在這方面的反省是一點兒也不會有的。

事實上，當時在莫斯科也有理解陳獨秀的人，那就是與史達林對立、對中國革命危機也有不同認識的托洛茨基（Leon Trotsky）。他很早就對蔣介石的「背叛」提高警戒，也主張中共應超越國共合作的框架展開運動，但這些意見都遭到史達林的封殺。然而史達林在國共合作破裂後，卻徹底變臉，彷彿前面一切都未發生過似的，下令在中國實行托洛茨基所說的蘇維埃革命，把一切責任都推給了堅守自己指令的陳獨秀。

陳獨秀也不知莫斯科當局有史達林之外的意見，他從國共分裂前後就被排除於黨中央之外，取而代之的是其他信奉共產國際方針的黨內幹部，那就是瞿秋白。瞿秋白出身俄文專業學校，這在當時的中國很少見，他曾擔任報刊駐莫斯科特約通訊員，之後加入共產黨，亦精通文學，是一位才子。國共合作破裂後，八月初共產黨在武漢召開緊急會議（八七會議），瞿秋白被推選為黨的最高領導人，也策劃並實施了後面的一系列暴動方針。

然而，代替陳獨秀成為新領導人的瞿秋白也好，暴動方針失敗後取代瞿成為黨內領袖的李立三（工人運動出身）也好，都與陳獨秀命運相似，皆以未能執行或抵抗莫斯科的正確方針為由，被相繼撤換。特別是一九三〇年，李立三等人不惜發動將蘇聯捲入其中的革命戰爭，對城市地區發起積極攻勢，最終失敗，因而被嚴厲批評犯下了「反對國際路線」的錯誤，被叫到莫斯科做檢討，之後的十五年間一直被扣押在蘇聯。「反對國際路線」罪過之深重，由此可見一斑。

共產國際雖標榜是為了沒有祖國的工人和共產主義者而成立的國際性團結組織，但在指導各國共產黨之際，其國際主義方針則被偷換成以下這種邏輯：要堅守「工人階級的祖國」蘇聯。甚至在很多情況下，方針更轉變為擁護蘇聯國家利益、保障蘇聯在遠東地區的安全等路線而推展實施。譬如一九二九年，當時統治東北的張學良決心接收經過中國境內的鐵路（帝俄時期建設的中東鐵路），從而與蘇聯激烈對立，甚至發展到軍事衝突的地步。一旦國內反蘇氣氛高漲，共產黨就視之為「帝國主義侵略攻擊蘇聯的預兆」，並展開了「守護工人階級的祖國蘇聯」的活動。當然，一切都是在共產國際的指示下進行。

然而，這種與中國民族主義呼聲背道而馳的說詞，並未得到輿論的支持。陳獨秀對該運動提出異議，與黨中央激烈對抗，最終被開除黨籍。此前一直讚同托洛茨基思想的陳獨秀，留下一句如今的共產黨已淪為「斯大林留聲機」之後，就正式開啟了所謂托洛茨基派的活動。然而，蘇聯共產國際風格的共產主義運動在全世界蔚為主流，在這種情況下，他們的托派運動遂遭遇了黨內對立與官方鎮壓，僅是規模極小的存在。

1——陳力衛〈「主義」の流布と中国的受容：社会主義・共産主義・帝国主義を中心に〉，《成城大学経済研究》一九九號，二〇一三年。

2——〈中國社會各階級的分析〉（一九二五年十二月，《毛澤東選集》第一卷所收），這是收入《毛澤東選集》最早的一篇文章。

3——胡愈之〈早年同茅盾在一起的日子里〉，《人民日報》，一九八一年四月二十五日。

4——李焱勝〈一九二七年武漢「婦女裸體遊行」真相〉（《黨史文匯》二〇〇一年第一〇期），安廣祿〈北伐時期武漢裸女遊行風波〉（《文史天地》，二〇〇八年第四期）。

5——陳鶴琴〈學生問題之研究〉《東方雜誌》，一九二一年第十八卷，第四至六期。

第二章

走向權力的道路

1 農村革命與中華蘇維埃共和國——革命根據地現場

一九二七年夏，武漢的國民黨與共產黨斷絕關係，國共合作宣告瓦解。不過，因為共產黨過去活動時都把與國民黨的合作當作招牌，也不可能某天突然就說這些都是錯的。因此之後的一段時期內，共產黨宣稱自己才是真正的國民黨，遠比武漢或南京的國民黨更忠於孫中山遺志，以革命派國民黨的名目繼續活動。事實上，正因為如此，八月一日在江西南昌發動的「南昌起義」由共產黨主導，但當時高舉的旗幟卻是國民黨。

而爆發起義的八月一日，是共產黨開始獨立武裝鬥爭的日子，後來成為人民解放軍的建軍紀念日。武漢分共之後過了半個月，發生了這起武裝起義，共產黨為挽回革命頹勢，發動了可以動員的國民革命軍；起義的檄文與布告，均以國名黨著名左派成員的名義發表（未經本人同意）。

但是，以南昌起義為首，共產黨在各地相繼領導的幾場武裝起義，大半都以慘敗告終。南昌起義軍也很快撤出南昌，南下返回國民革命發祥地廣東，試圖東山再起，但行軍途中兵士四散，希望終告破滅。共產黨在農村地區發動的起義中，艱難生存下來的只有極少部分，如毛澤東等人率領的秋收起義殘部，他們於一九二七年秋抵達湘贛交界地區的井岡山，終於與朱德率領的南昌起義殘部匯合。於是，以農村為舞台，共產黨全新風格的革命運動拉開了序幕。當然，這時已不再需要張起國民黨的大旗，取而代之的是建立了獨立政權的「蘇維埃革命」。

此前共產黨也不是沒有配合過農民運動，在農村展開活動。早期有彭湃、沈玄廬那樣在故鄉策動農民的人物，北伐時期還組織了大規模的農民運動。與之相對，一九二七年以後，農村展開的活動與過往不同，是黨員（黨組織）武裝起來進入農村社會，在那裡確立自己的政權。這個政權的名稱就是「蘇維埃」。另外，毛澤東（當時的中共中央候補委員）在秋收起義前也曾提及農民武裝的可能性，談到「上山」，並稱「上山可造成軍事勢力的基礎」；在武漢召開的「八七會議」上，他也曾提醒「槍桿子裡出政權」，認為應積極結交各地土匪或會眾之類的農村法外之徒。毛澤東前往井岡山，正是這種實踐。

進入井岡山的毛澤東積極團結當地的綠林組織成員，並在那裡扎下了根。所謂綠林，即以山林為根據地，對抗官僚或土豪的武裝集團盜匪，常常打著「劫富濟貧」的旗號行俠仗義；有時行為跟盜賊沒兩樣，取代地方官僚，控制了村落。井岡山地區的土匪首領是王佐、袁文才一黨，他們有時自號「馬刀隊」，有時自號「農民自衛軍」。在當時的中國農村，像這種無法無天的自治集團隨處可見。十九世紀以來，中國社會進入動盪時期，形成共產黨得以生存並最終獲得勝利的土壤。接下來簡單介紹相關背景。

十八世紀後半，對外貿易導致白銀大量流入，中國在乾隆時期實現了史上少見的繁榮，但從十九世紀初起，又進入了深刻的經濟衰退時期。過去支撐起繁榮局面的白銀不斷流出，同時，伴隨經濟發展而激增的人口開始向內陸山區遷徙、開墾，過程中原住民與漢人移民之間的摩擦，以及開墾地區的治安惡化，讓內陸一帶叛亂頻發。清朝政府原本就幾乎不介入經濟和金融，從貨幣（銀錢）發行、經濟活動的信用保障到徵稅、維持治安等各方各面，社會的許多活動都依靠民間業者或地方的實力派、同業團體完成。一旦大小叛亂或騷動頻仍，這些依賴民間的經濟和社會的管理就會開始動搖和崩潰。

這樣一來，從國家權力到地方權力幾乎不關心民間事務，一旦社會治安出現破綻，在地方農村的大小各層級，種種自衛行動就流行起來。各處村落出現民間武裝，或組織更高層次的團練，另外有一些群體逐漸壯大勢力，他們不再是私人保鏢或護院，甚至形成像白蓮教之亂（十八世紀末）、太平天國之亂（十九世紀中期）、義和團事變（二十世紀初）等大規模叛亂。戰亂頻繁不斷，地方社會到處都是刀槍暴力，殘酷破壞；個人、家庭乃至整個家族，每天都在這樣的競爭環境中，為爭取哪怕稍好一絲絲的條件而竭盡全力贏過他人，艱難掙扎著活下去。

簡言之，明明治安敗壞，政府卻毫無作為；共同體的羈絆微弱，個人之間卻競爭激烈；人命宛如用過即棄一般，取之不盡。就某種意義而言，這樣一股極危險的社會形態已蔓延至中國農村地區的每個角落。在清代鄉村，雖然指望不上官府的公權力，但通過科舉考試而獲得權威的地方鄉紳，還是勉強擁有一定的控制力量；但進入民國時期後，鄉紳勢力逐漸蕩然無存，基層社會整體也就趨於「液態化」。

孫文曾批判缺乏凝聚力和團結精神的中國民眾渾如「一盤散沙」。他說的雖然是民眾意識層面的問題，但這種「散沙」狀態，與其說是中國人天生的秉性，不如說是由中國的社會形態孕育而來。正因如此，共產黨才能輕易深入連結紐帶相當鬆弛的農村社會。今天看來，共產黨當時的組織能力和軍事力量仍然幼稚；但透過頻繁召開的大小層級會議、傳達的文件，這種上下組織緊密聯絡的集團，已算是相當堅固的組織體系。單憑這點，已足夠控制農村地區。

雖然同為革命政黨，但國民黨的組織能力和層層下達上意的樹狀結構遠不及共產黨的水平。日後敗給共產黨、退守臺灣的蔣介石，對於輸給「共匪」的原因作了種種分析和反省；他也表示，最大原因之一，是國民黨組織的凝聚力與共產黨存在根本的差距。蔣介石認為，國民黨雖確實掌握了軍隊，而且有相當的規模，卻無法戰勝共產黨，正是因為國民黨組織薄弱，無法動員軍隊和民眾的緣故。這番失敗者之辯，亦值得傾聽。

此外，今日共產黨對任何組織的警戒態度，亦非比尋常。譬如對「法輪功」異常徹底的鎮壓，並不僅因為其傳播邪教、惑亂民心的理由；更因為該團體竟悄然滲透共產黨內部，擁有相當牢固的組織體系，才引起共產黨的強烈警惕。正因為共產黨深刻知曉中國社會「組織」的效用與可懼，才會有如此出於本能的警戒吧。

回到一九二〇年代末，將共產黨的組織原理帶入軍隊中的，正是「三大紀律，八項注意」，明白易懂地表現出軍隊是為了黨和民眾而服務的這一理念。「三大紀律」內容極單純：「一切行動聽指揮」、「不拿群眾一針一線」、「一切繳獲要歸公」。換言之，過去的軍隊或土匪連這麼簡單的紀律都無法遵守，因此將這些明白的道理公諸於眾、徹底執行，也是將軍隊改造成「組織」的第一步。

與組織性滲透農村同時進行的，還包括依靠與軍隊合作的地方勢力，沒收地主的土地並重新分配給貧民，即「土地革命」。在共產黨自己的敘述中，通常會把故事描述成農民靠土地革命站了起來，加入了黨和軍隊。但事情並沒有這麼簡單。覆蓋農村地區的「同族」、「血緣」等傳統秩序，即便沒有牢固到無法被共產黨組織滲透的地步，但也沒有脆弱到一重新分配土地就立刻瓦解、重組。而且，就算在農村實行土地革命，若共產黨離開此地，不僅會喪失革命果實，還會招致報復。因為共產黨雖可以前去其他農村，卻沒有辦法帶走土地。

再者，面對盤踞在農村的共產黨，提倡統一建設國家的國民黨（國民政府）還屢屢發起圍剿，因而農村根據地的領域變化無常，連在最穩定的地區，共產黨的統治時期也不過四年而已。在如此短暫的時期內，要推動土地革命、讓農村既有秩序瓦解、農民加入紅軍、擴充紅軍使統治區域趨於安定乃至擴大，幾乎是無法達成的。毋寧說在早期，還是過去那些叛亂分子的做法更有威懾力：透過處死惡霸地主或叛徒來樹立典範。先用這樣赤裸的暴力手段令人們恐懼服從，等待呼應這種暴力的年輕人出現，再把他們培植成當地領導人。

當然，貧農當中也出現過基層活動者，但數量絕對不算多。對共產黨革命運動呼應最積極的，是中學程度的青年男女，特別是出身漸趨窮困的中小地主家庭的年輕人。他們接受過民國教育，幾乎沒有多少抵抗就受革命思想影響，加入了共產黨。前文也說過，共產黨的運作方式從中央到末端細胞，都奉行會議和文件主義。在這樣的體系內，就算貧農們貧窮又正直，但他們連字都不會寫，因此不可能掌握黨內實務。因而，這些工作自然就由年輕人來處理。

據毛澤東一九三〇年在贛南地區的尋烏所作的農村社會調查可知，識字人口勉強占四〇%，具體情況是：

識字二百　百分之二十

能記帳　百分之十五

能看三國　百分之五

能寫信　百分之三點五

能做文章　百分之一

這裡列舉了庶民讀物《三國演義》做為識字指標，實在很有意思，頗可窺知毛澤東的一番苦心。如今的中國，小學畢業的孩子掌握的漢字就約有三千個，那麼這項調查中的「識字二百」、「能記帳」云云，真算不上識多少字。「能寫信」、「能做文章」，這不到五%的農村知識分子，確實支持了基層的黨組織與活動。不過就算是祕密結社，以規模來說，共產黨與「會黨」這類中國既有的社會組織，還是有本質上的區別。既然農村地區成員一般都由這些幾乎不識字的群眾所組成，那麼共產黨員向農民宣傳黨的方針政策時，就不能用文字，而是得用其他方式宣傳，有時大膽使用簡單明白的口號，有時則用講故事等方式。因為對農民來說，比起黨或紅軍之類的組織，他們更傾向對擅長大眾宣傳的領導人表示忠誠。

說到農民革命或游擊戰，最有名的當然是毛澤東，不過除了毛，還有因獄中絕筆《可愛的中國》而廣為人知的方志敏，有膽識過人、突破重圍、彷彿從武俠電影中走出來的賀龍，以及有陝西羅賓漢之稱的劉志丹等人，他們在各地率領起義，開闢了革命根據地（蘇區）。每處根據地都有若干差異，但幾乎都以同樣的過程成立。這並不是說農村革命的成功僅僅因為某些革命者的出色思想或本領，比如毛澤東的卓越領導；而是意味著如果在中國各地農村共通的社會結構內發起某種動員，就可以引發同樣的結果（成功）。大致統整出這些嘗試的，正是所謂的毛澤東思想。

如此，到一九三〇年三月，這些展開游擊戰和土地革命、並樹立政權的地方——「革命根據地」，大小共計約十五個，約有六萬餘名紅軍、三萬把槍枝。站在這樣的成果上，成立了農村政權的集合體——中華蘇維埃共和國及其臨時政府。臨時政府設於江西省南部的小城，瑞金。一九二九年初，毛澤東團隊（中共內部稱為工農紅軍第四軍，但世人一般逕以首領之姓名稱呼，曰「朱毛軍」）在井岡山積蓄了力量，開始向贛南地區進軍，並在一九三一年秋成功開闢了大片根據地。於是，在一九三一年俄國十月革命紀念日那天，臨時政府成立了。

臨時政府的主席是毛澤東，副主席是項英和張國燾（當時張還在遙遠的鄂豫皖根據地），軍事委員會主席是朱德。把鄂豫皖根據地（三百五十萬人）等處算上，臨時政府轄下的人口約有一千萬。對於超過四億的總人口而言，這不過是規模極小的「國家」，且疆域並不固定，不斷有戰鬥與變動發生，不到三年就歸於潰敗；但若放眼同時代的世界，這卻是不同於俄國革命的、由農村武裝割據的革命運動所成立的國家，其意義絕不可小覷。

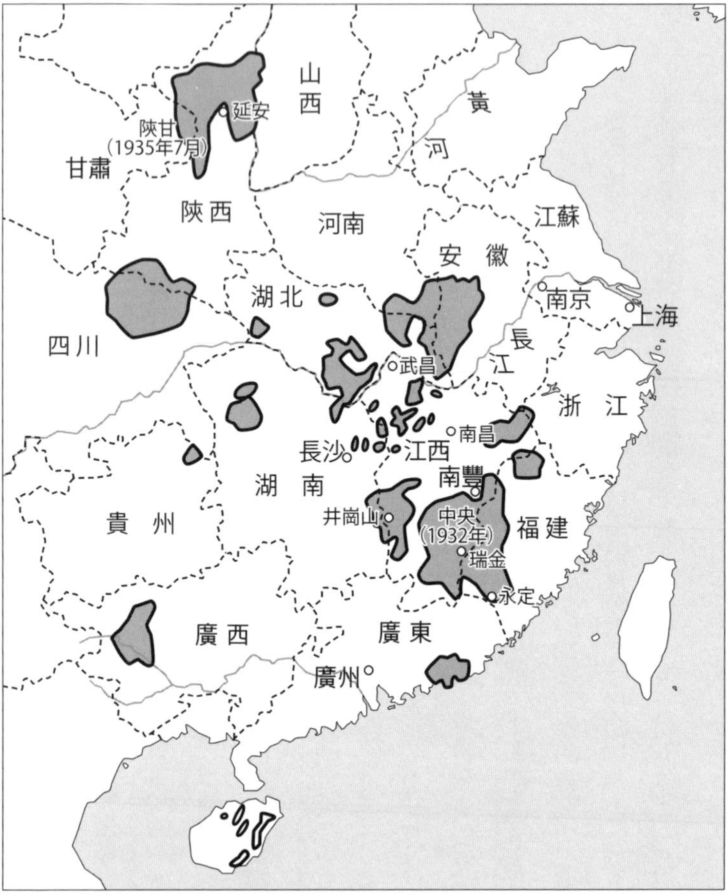

圖 2-1　共產黨革命根據地地圖（1928 ～ 1935 年 7 月）

此外，這個「共和國」的國家運作體系方面，還有幾點被今日的中華人民共和國繼承，因而可以稱之為今日中國的雛型。譬如軍隊就是其一。共產黨擁有軍事力量，是在國共合作破裂後，即中國工農紅軍，略稱紅軍。紅軍是共產黨的軍隊，受黨的指揮而戰鬥，其組織參考了蘇聯紅軍，因而紅軍內部也有相當於蘇聯「政治委員」（commissar）的「黨代表」指導軍隊。具體而言，作戰命令書上必須有黨代表的署名，軍隊司令官不得在沒有黨代表署名的情況下調動軍隊。這是確保軍隊以政治（黨）為優先的措施，今日人民解放軍依然堅持「黨指揮槍」的原則。前面提到的「朱毛軍」也一樣，毛澤東不是軍隊司令，而是黨代表，並以此身分與司令官朱德共同指揮軍隊。比起其他身分，毛澤東最在意的就是「黨代表」，因為這正是軍隊的指揮棒。

還有一點應當注意，那就是軍隊具有黨、國兩方面的雙重從屬特性。紅軍從昭示黨的軍事力量開始起步，但共產黨樹立政權之後，一旦擁有了「政府」（國家），軍隊的從屬問題就凸顯出來了——軍隊到底是屬於黨，還是屬於國家？就預算而言，軍費（國防費）雖由政府負擔，但軍令系統卻由黨掌握，為了解決這種錯位，共產黨在一九二八年五月頒布的文件〈軍事大綱〉中，規定黨的軍事委員會成員兼任同級蘇維埃軍事委員會成員。也就是說，黨的軍委與政府（政權）的軍委由相同成員組成，這在中國叫作「一套人馬，兩塊牌子」。今日的中國人民解放軍依然維持著這樣的體制：政府內部有「國家中央軍事委員會」，也有與該委員會相同成員的「黨中央軍事委員會」，從兩方面嚴密掌控軍隊。而在中央層面確立起這種雙重從屬的結構，正是在蘇維埃共和國時代。

尚有一點與後來人民共和國成立之際的方針類似，也就是並未明文規定共產黨對國家和政府的領導地位。蘇維埃共和國由共產黨建立，其政權在實質上當然由黨領導，但共和國總方針的〈憲法大綱〉中則規定，政權的性質是「工人和農民的民主專政」，代表一切勞苦大眾；當中並沒有關於共產黨的條款，或是明寫共產黨領導國家政府之類的規定。這種指向性，在一九四九年人民共和國成立之初的基本施政綱領〈中國人民政治協商會議共同綱領〉中也能見到。就是一九五四年制定的憲法，也並未明文規定共產黨的領導地位。可以說黨也意識到，自己並不等於政權。

另一方面，國家體制的構想中也有未被繼承的部分。比如中央和地方的關係，蘇維埃共和國曾定出了聯邦制，不僅承認境內少數民族的自治權，甚至允許他們脫離中國獨立的自決權。對辛亥革命之後脫離中國統治、存在歸屬爭議的外蒙古，也規定無條件承認其獨立。共產黨在第二次大會（一九二二年）上也提出以聯邦制做為未來國家的構想，最大限度承認少數民族的自治權，這些方面中華蘇維埃共和國都可謂盡得真傳。聯邦制和民族自決方針是模仿同時期的蘇聯，而承認外蒙古獨立這點固然可從該方針自然推導出結論，但同時也是為了在事實上追認因蘇聯介入而導致的外蒙古（蒙古人民共和國）獨立。只是當時中華蘇維埃共和國的實質主權範圍僅限中國內陸，且境內幾乎沒有少數民族，因此這條規定對於共產黨而言其實無關緊要。

但後來到了人民共和國成立時（一九四九年），民族自治的觀點大幅變化，變成了「民族區域自治」，否定民族自決權。這是因為一九三〇年代之後，據說所謂的少數民族自治及自立運動很容易被外國勢力利用，現實上頻頻出現借少數民族獨立而喪失領土與主權的問題。舉個顯而易見的例子，日本的大陸擴張政策就曾借用滿蒙獨立運動之名而行之。

又及，在蘇維埃共和國成立前不久發生了九一八事變，剛剛建國的蘇維埃共和國遂在一九三二年四月發起〈對日戰爭宣言〉。不過，這個位處中國內陸的「國家」要向日本軍隊宣戰，在現實上完全不可能，且〈對日戰爭宣言〉的邏輯是「為了直接與日本帝國主義作戰，首先必須打倒國民黨的反動統治」，因此不過是冠冕堂皇的說辭罷了。這種思路倒和當時蔣介石鼓吹的「攘外必先安內」異曲同工。

如此看來，一九三一年成立的蘇維埃共和國擁有諸多人民共和國原型的要素。當然，一個是戰爭時代在敵對勢力包圍下成立於內陸地區的政權，一個是冷戰體制下將打倒國民黨政權、統治全國納入視野的時期頒布的施政綱領，單純比較二者也沒什麼意義。但是，由於中華蘇維埃共和國的建國期間，與毛澤東很長一段不得志的時期（即革命運動因左傾路線而陷入危機的時期）

重合，因此不論是整體性研究還是評價，都仍然不足。在理解共產黨邁向執政過程的國家構想及統治理念等方面，這段中華蘇維埃共和國的時期，還有許多應當探討的研究課題。

從地理上來看，包括贛南根據地在內，共產黨成立的革命根據地大多位於省境交界處或偏僻的山區、沼澤地帶；從與既有的權力統治關係來看，幾乎都是各省政權與地方勢力存在矛盾的地區（江西），或是大小軍閥持續混戰的地區（福建、四川）。因而宏觀來看，就是這樣的結構：國民政府越是推進統一化進程，革命根據地就越會以成反比的形式，逐漸被剝奪存在的條件。

事實上，一九三〇年代前期，國民政府對城市地區的共產黨活動幾乎造成了毀滅性打擊，也逐漸擴大農村地區的「圍剿」規模。這期間由於國民黨內部的武力內訌和日軍的侵略（九一八事變、一二八事變），對共產黨的圍剿行動雖也屢有失敗和中斷，但一九三三年國民政府全力展開圍剿下，共產黨最終也不得不放棄最大的根據地。其時，在建設根據地方面頗有成果的毛澤東也因獨斷專行的風格遭到排擠，一九三二年秋之後被剝奪了黨和軍隊的指揮權。取而代之的是留蘇派幹部和實務派的周恩來，以及蘇聯派來的軍事顧問。中共黨史的官方評價認為，正因他們的用兵方式缺乏靈活度，才會喪失根據地。

不過，蔣介石在一九三三年秋發動的第五次圍剿，僅正面部隊就多達四十萬人，包括後備軍則動員了一百萬人；就算是毛澤東來指揮軍隊，面對這種規模的圍剿也很難有絕地大反攻的可能。國民黨採取「三分軍事，七分政治」的方針，在農村實行連帶責任制（保甲制），令周邊農民脫離紅軍，更對根據地實行經濟封鎖（不許食鹽、醫藥用品等進入根據地）；另一方面，經歷了四次圍剿的根據地已然奄奄一息，無力響應中共的動員。換言之，根據地已如榨乾最後一滴汁的檸檬，就算發揮毛澤東引以為豪的「誘敵深入」戰術，也難挽敗退之勢。

專欄④　共產黨與軍歌──〈三大紀律八項注意〉

我們都知道，革命歌曲與軍歌的風格總是很相似。就像之前說過的〈國際歌〉，在歐美一開始就是當成革命歌曲被創作出來的。不過，在中國和日本這樣的革命後進國家，並沒有親自創作革命歌曲的餘裕，就算創作出優美高尚的歌曲，若是最關鍵的工人或平民不能傳唱，那也無濟於事。於是就有了這樣的法子：把已經流行的軍歌或民謠換成革命的歌詞。日本的勞動節歌曲〈聽吧，萬國的勞動者〉（聞け万国の労働者）就借用了舊軍歌〈步兵的本領〉的旋律，填入了新歌詞：「聽吧，萬國的勞動者／這勞動節震響起的轟鳴／這是示威者前進的腳步／是向未來吶喊的呼聲。」

中國的情況也基本相同。在人民解放軍前身──紅軍制定的軍規裡，具體列舉了「一切行動聽指揮」等最重要的三條事項，以及必須嚴格遵守的八條相關注意事項，即「三大紀律，八

軍事訓練結束後整隊的紅軍，1932 年

項注意」，這在本書（第一〇〇頁）已介紹過。而這部軍規在一九三〇年中期已被譜曲傳唱，如今仍是人民解放軍代表曲目，在閱兵式等重大場合一定會演奏，每個軍人都會唱。當時共產黨的活動地區是農村，士兵們大多是農民出身，因此要讓他們人人會唱，最方便的就是用人們耳熟能詳的曲子。

不過，這首〈三大紀律八項注意〉雖然肯定是用了某首舊曲子，但到底是哪一首，卻一直有爭議。有說法稱是共產黨農村根據地之一的湖北省民謠，也有說法稱是張作霖軍隊傳唱的〈大帥練兵歌〉；也有人言之鑿鑿，說該曲原自清末引進德式軍隊訓練之際同時傳入的〈德皇威廉練兵曲〉。但事實上，這首曲子與當時普魯士王國的軍歌根本不同。〈三大紀律八項注意〉雖說是進行曲，但卻是與西洋音樂的七聲音階完全不同的五聲音階。

一九七〇年代末，為了尋找這首歌的起源，進行了搜集民謠與舊軍歌的調查，當時在老人們唱的曲子裡發現了非常相似的旋律，那就是湖北民謠和〈大帥練兵歌〉。但這些歌曲都沒有留下樂譜，不過是請當地老人憑藉記憶唱出來再記下的譜子。也就是說，我們不能否定一種可能性，即他們就算想回憶起從前的舊曲，但人民共和國時期頻繁傳唱的〈三大紀律八項注意〉早已覆蓋於記憶的上層。由於中國共產黨的強力宣傳與傳唱，填了新詞的歌曲具有壓倒性的普及程度，甚至抹去了舊歌曲的存在。

〈三大紀律八項注意〉做為「紅軍」的象徵歌曲，實在太過有名，因而有關歌詞的形成過程也存在爭議。歌詞對於回溯共產黨軍事活動思想而言，是極為重要的歷史文獻，更直接關係到歷史功績與評價：是誰在何時嘗試徹底規範軍隊紀律？「八項注意」原來似乎是「六項」，但並未留下可供詳細考察其變遷及內容變化的資料。然而這本來就是輾轉於各根據地、不斷調整和傳唱的填詞歌曲，來歷不明也很自然。到了人民共和國時期、歌詞被統一的同時，「三大紀律，八項注意」在毛澤東生前全部被歸為毛的功績；而如今，參與了歌詞變遷與定型的在地活動家們的貢獻也逐漸為人所知。

據說毛澤東在成為國家領導人後，依然很喜歡唱這首歌。一九七三年十二月，中央政治局會議上，在文革初期就被打倒、剛剛回到中央的鄧小平等人跟前，毛澤東要求大家步調一致展開活動，就起了一句頭，隨後眾人合唱〈三大紀律八項注意〉。這也是他最後一次在公開場合唱歌。

2 長征——共產黨走向自立的轉機

當戰局陷入絕望之際，共產黨決定退出贛南的中央革命根據地，一九三四年十月上旬，黨中央自瑞金撤離。同時，紅軍的主力軍第一方面軍的八萬多名人馬開始向西移動，這就是世稱「長征」的起點。「長征」是撤出根據地之後整整一年內完成的長途行軍（「二萬五千里長征」），如今中國引以為傲的航天運載火箭即以此冠名，也是代代傳承的毛澤東與中共黨史的神話。但在當時，這是為了打破眼前的軍事困境而開始的「戰略性轉移」，並非是確定了具體的目的地後才啟程的。「長征」也是後來的說法，在剛剛突破包圍時，有段時期的目標是轉移到湖南西北部的根據地，因而當時稱作「西征」。其時，紅軍大部分將士都沒有被告知什麼明確的戰略方向。

最初突破重圍還算順利，但一邊搬運著印刷機、無線電等大型器材，一邊向西挺進的大批部隊旋即在廣西北部的湘江封鎖線被包圍，遭遇了巨大的打擊。據說從瑞金出發後短短兩個月內，兵力就銳減了三分之一。眾人只好放棄向湖南西北地區進軍，隔年的一九三五年一月初，紅軍抵達了貴州北部的遵義。於是，在遵義召開的中央政治局擴大會議（遵義會議）上，毛澤東追究喪失根據地和之後敗走的責任，更批判了此前的領導體制，重新回歸黨的領導位置。

事實上，毛澤東確立領導權威，並非是在遵義的一次會議上立刻得以實現，而是在整個

圖 2-2　以遵義會議為主題的油畫（部分，1997 年作），描繪了以毛澤東為首、日後著名的共產黨主要領導人）

長征和之後的歲月裡逐漸確定。但是，在長征過程中，共產黨內部決策結構發生了很大的變化，長征遂成為促進共產黨自立的巨大轉捩點。此前共產黨的高層領導通過無線電，從上海或根據地與共產國際取得聯繫，在往來過程中決定並確認重要事項。而長征開始後不久，就不得不捨棄大型通訊設備。於是在這一年半裡，失去了與莫斯科聯絡方式的共產黨，就背離了共產國際的意向，一切事項都必須自主判斷決定，這是從未有過的狀況。

遵義會議就是在這樣的狀況之下召開的，中共親自解決了黨的人事等重大問題。一直到晚年，毛澤東都很喜歡談起遵義會議，還曾把自己比作菩薩，不乏幽默地說：「有一個菩薩，本來很靈，但被扔到茅坑裡去，搞得很臭。後來，在長征中間，我們舉行了一次會議，叫遵義會議，我這個臭菩薩，才開始香了起來。」不是聽誰的指示或權威，而是自己人決定的領導班子，自己就是這樣被選出來的——毛的這種意識，為遵義會議帶來了特殊的色彩。

遵義會議進行之際，張國燾等人率領的第四方面軍也放棄了川陝邊境的根據地，開始西進。賀龍等人率領的紅軍（後來的第二方面軍）亦於一九三五年十一月自湘北根據地出發，踏上了長征的路途。包括毛澤東的第一方面軍在內的紅軍突破國民黨軍隊的頑強追擊和無數困難，最終抵達陝北，在那裡扎根。其中的苦難與士兵們歷經萬難的英雄事蹟，在埃德加・斯諾（Edgar Snow）傑出的紀實文學作品《紅星照耀中國》（*Red Star Over China*）中有詳細介紹。但黨內也發生了種種糾紛與分裂，這是書裡沒有寫到的，那便是張國燾對黨中央發起的挑戰。

遵義會議之後過了近半年，一九三五年六月，毛澤東等中共中央主要領導人與約兩萬兵力的第一方面軍來到了四川懋功縣，與張國燾率領的第四方面軍會師。其時，張國燾對遵義會議的決定提出異議，認為那只是第一方面軍內部的政治局會議，要求黨中央改組，並提出確定長征路線與目的地等問題。張是共產黨成立以來的元老級人物，麾下的第四方面軍是誓死效忠他的八萬大軍。很長一段時間內，毛和張都領導著不同的根據地，他們這次見面，事實上已暌違八載。

毛澤東等人認為應北上占據部分抗日戰線，在西北地區開闢新的根據地；而張國燾則主張

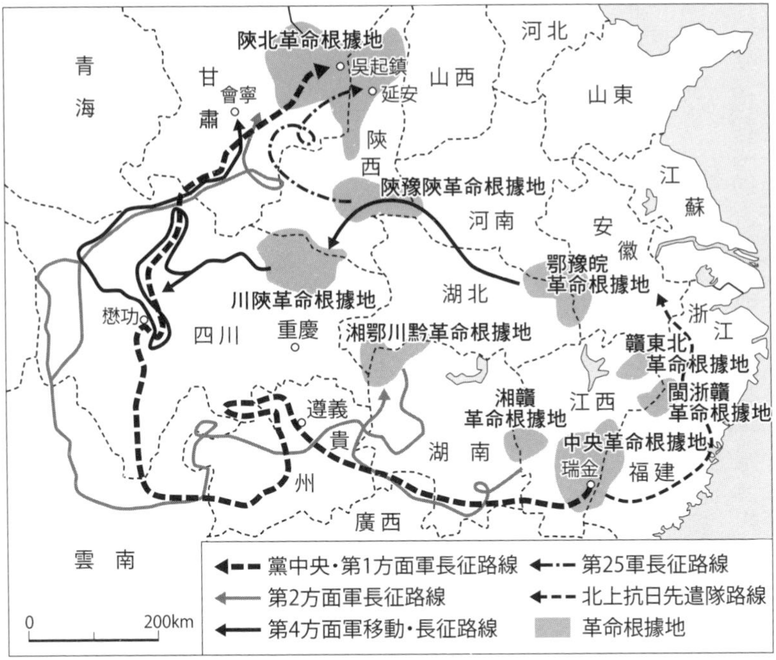

圖 2-3　長征相關地圖

在川西建立根據地，指責毛的北上為逃跑主義，二者觀點完全對立。九月中旬，是否應繼續北上的爭論尚未有結論，由毛澤東等政治局多名成員組成的黨中央就調動第一方面軍八千主力，強行開拔北上。隨後經由川北地區穿越甘肅省境，於十月十九日抵達陝北的吳起鎮，毛澤東的長征就此完成。而被黨中央拋下的張國燾則在這年十月單獨成立第二中央，卻因國民黨中央軍與四川軍的追擊而喪失兵力與威望，最終不得不在次年六月取消了黨中央。在共產黨的百年歷史中，中央分裂的事例，要數張國燾一派的行動規模最大。後來，他的軍隊與稍晚開始長征的第二方面軍會師，向陝北進軍。一九三六年十月，紅一、紅二、紅四等三支主力軍於甘肅會寧會師。在這裡，留下了許多傳說與故事的「大長征」就此劃上句號。

中共與莫斯科正式恢復無線電通訊，是在一九三六年六月，距毛澤東等人抵達陝北大約過了半年，這也意味著莫斯科方面又開始干預中共的大小事務。比如西安事變之際蘇聯的介入（後文詳述）這般，直接波及蘇聯外交等方面的事件暫且不論，就中共黨內的問題，莫斯科方面的意見似已不再擁有往日那般的約束力。有關張國燾對黨和紅軍分裂活動的處理，中共中央向共產國際傳達處分意向時的往來通信即是一例。

對於張國燾導致的黨內深刻分歧，一九三七年三月，毛澤東領導的共產黨通過無線電向共產國際報告，指出應在黨內展開對張國燾的徹底批判，並要求在次日作出是否允許的答覆。這等同於造成既成事實後的向上匯報，共產國際執行委員會書記局對此激烈反對，表示出於黨內團結的觀點，無法贊成對張國燾進行強烈批判的決議，而且過於緊迫的答覆期限本身就有問題。但中共彷彿無視一般，於覆電次日即在政治局擴大會議上開始討論張國燾的錯誤，一週後通過〈關於張國燾同志的錯誤的決定〉，將張完全排除出中共領導層。這是從前無法想像的獨斷決定，也說明過去共產國際對中共的指導關係已然發生變化。

又及，在共產黨的歷史中，有不少關於通訊和情報的逸話。諸如「密電」一類的事件也比較多，增添了黨史的神祕色彩。前文所述〈五月指示〉即是一例，長征途中張國燾反叛之際，也有所謂的「密電」。為了「解決」黨內軍內圍繞著北上問題而加深的分裂與對立，張國燾對身處毛澤東陣營的心腹發送了密電，下令若毛不聽從自己的意見，就用「武力解決」；也就是說張不顧後果，決定同室操戈。而碰巧發現了這封密電的葉劍英立刻通知毛澤東，毛當即率軍出發，避免了共產黨員自相殘殺這種最糟糕的事態。* 葉劍英是資深黨員，曾在毛澤東死後與華國鋒聯手，祕密指揮逮捕了四人幫。他是在千鈞一髮之際兩度解救共產黨的英雄。

不過，先不說後面那樁，這次截獲「武力解決」的密電、通知毛澤東的功績卻十分可疑。中國共產黨（紅軍）的通訊及情報處理，從紅軍時代開始就極為嚴密，有專門負責暗號的無線電通訊專員，無論是哪位黨內幹部都不允許、也不可能竊取電文。若果真如此，通訊員自不用說，看了密電的葉劍英也會犯下違反紀律的重大失誤，必遭處分，永不任用。因此，張國燾就算當真向中央主流派高舉反旗，在執行之際是否試圖發動武力，則不可簡單而論。

* 註一：也有觀點稱，密電原文不是「武力解決」，而是「徹底展開黨內鬥爭」，但截獲密電的葉劍英立刻通知了毛，這一點則是共通的。又及，長征時期與莫斯科的長途無線電通訊雖已斷絕，但紅軍部隊之間的無線電通訊是可能的，據說紅軍方面還可以破解國民黨軍隊的許多暗號。

不僅這一例，在中國近現代史或革命史中，經常能看到類似００７的故事，有時連研究者也彷彿親眼見過似的，繪聲繪影地複述著那些故事。因此，情節越是有意思，就越有懷疑的必要。不過仔細想想，這些俠義傳奇之所以橫行，也是因為共產黨對於實際的情報工作，幾乎沒有公開過任何訊息或資料。包括通訊在內的情報業務，黨內稱為「機要工作」，當然不會公開，在現實中的地位極其重要。不同職級得到的情報也不同，基層幹部或一般黨員只能獲得有限的情報。若情報到了黨外，就不屬機要部門管轄，而是共產黨宣傳部門的工作。如此，黨組織的情報處理本身就存在著層級的差別，傾向於保密主義。

黨中央就是這樣，特別是對外的無線電通信等方面採取了保密主義、特權主義的極端形式。事實上，處理黨中央領導人和共產國際之間通訊的部門，譬如一九四〇年代前期偽裝成「農委」的機構，只有毛澤東才有權力利用；而翻譯，也是直接任命黨的領導層可以信任的人物（譬如任弼時）。諸如此類，黨在管理機密資訊時是極為嚴格的。[1] 今天的中國從利用互聯網開始，對資訊管理的異常執著並非沒有來歷，而是黨之所以為黨的根本屬性之一。

3 統一戰線與西安事變——黨的內外

在長征斷絕無線電通訊的一年半裡，莫斯科也發生了巨變。那就是共產國際在第七次世界代表大會（一九三五年）上進行了象徵反法西斯統一戰線的方針轉換，提出了與資產階級分子、資產階級國家等過去要打倒的對象聯手的方針。若將這個方針運用到東亞世界，那麼為了和逐步擴大對華侵略的日本帝國主義作戰，就要和以國民黨為首的各個政治派系合作（抗日統一戰線）。這份在同年八月一日發表、被稱作「八一宣言」的文件，就是象徵性的存在。*也就是說，基於抗日，急著要跟昨天還是你死我活、不共戴天的國民黨攜手開闢新道路。

前文所及中華蘇維埃共和國發起對日宣戰後的四年內，日本對華展開了諸如滿洲國建國、熱河作戰、華北分離工作等一系列侵略活動。在正視對外危機之際，以國內青年為首的許多人都希望國共兩黨立刻停止內戰，一致團結抗日。共產國際選擇的反法西斯統一戰線方針，若從保障蘇聯安全的視角來解釋，西邊有納粹德國，東邊有日本帝國，這兩大反共勢力將成為蘇聯

* 註二：「八一宣言」的正式名稱是「為抗日救國告全體同胞書」，是中共中央與中華蘇維埃共和國中央政府聯名發表的文件，實際承擔起草和傳播工作的，是莫斯科中共駐共產國際代表團（王明等人），在一九三五年十月左右刊載於公眾媒體。

深刻的威脅；為解決此種局面，共產國際的這一政策轉換也可謂試圖從外交、國防方面支援蘇聯。但是，中國抗日民族統一戰線的呼聲已超出蘇聯外交意圖的程度，喚起了中國民眾的廣泛共鳴。

抵達陝北後不久，中共中央從來自莫斯科的使者那裡獲悉了這一新方針。此時，從與長征出發之際不同的角度探索不同的生存方略已成為可能。也就是說，並非以軍事力量抵抗來自國民政府的鎮壓與打擊，而是通過調整與周邊各種軍事、政治勢力的關係，通過政治的手段謀求生路，這成為新的可能。

對於來到陝北的共產黨和紅軍而言，依照抗日統一戰線的新方針，應當調整關係的軍事及政治勢力，首要對象就是當時奉命在陝北地區對共產黨實行軍事掃蕩的張學良及其率領的東北軍。他是「東北王」張作霖的長子，父親被日本關東軍謀殺後繼承其地盤，不久就歸順國民政府。一九三一年九一八事變，東三省淪陷，他奉國民政府之命在內地對共產黨發起軍事圍剿。張學良在陝北與紅軍首戰大敗，領教了紅軍的厲害之處，遂希望轉變政策，與共產黨停戰並一致抗日，當然其中也包含奪回故地的心願。對此他沒有僅止於期待，而是付諸實行。一九三六年十二月，張學良扣押了為督戰圍剿而來到西安的蔣介石，以武力要求蔣停止內戰、一致抗日，發起了破天荒的兵諫。這就是西安事變。

其實在這之前，張學良不僅已與共產黨達成停戰協議、締結合作關係，還提交了入黨申請。也就是說，被委以剿滅共產黨大任、肩負西北剿匪副總司令兼代總司令重責的軍閥大公子，居然要申請加入敵方陣營。不過他的行為與其說是思想上沾染了共產主義，不如說更多是出於實際利益的考量，試圖通過成為共產黨員，取得蘇聯的軍事及經濟支援。因為東北軍未從國民政府處獲得足夠軍費，也陷入了經濟窮困。對於這位超級大人物的入黨申請，共產黨基本上都表示接受，不過在共產國際看來，張怎麼說也是位軍閥性質的人物，故拒絕接受，最終張未能加入共產黨。

而被不當監禁、強行要求改變政策的蔣介石，則頑固拒絕。事變爆發後，中共中央即收到張學良通知，並掌握了事態大要。在向莫斯科報告的同時，黨內也開始討論應對措施。最初強硬派占了上風，認為應罷免蔣介石並判刑，或推翻南京政府建立新的抗日政府。幾天後形勢一變，黨採取了在承認南京政府正統性的前提下和平解決、繼續說服蔣的方針。其中莫斯科的態度占了重要因素。

共產國際此前就對張學良接近中共的行為抱有疑慮，領導人季米特洛夫（Georgi Dimitrov）一開始甚至懷疑張的舉動是與中共的合謀，認為「不管張的意圖到底是什麼，他們的行動妨礙了抗日統一戰線的建立，只是助長了日本的侵略」。因此他強烈要求和平解決事變，《真理報》

等蘇聯媒體也發表評論，希望確保蔣的人身安全，和平解決問題。另一方面，為解決問題、承擔聯絡之責而被派往西安的周恩來也向中共中央報告，應視具體條件而定，不排除說服蔣介石的可能性。於是，共產黨決定透過交涉和平解決問題。隨後，蔣夫人宋美齡及其兄長宋子文等人也來到西安，與蔣周旋，加上周恩來等人極力說服，最後蔣原則上接受了張學良的要求。於是，事變發生半個月後，突然迎來了和平。蔣介石被釋放，回到南京，國內的國共衝突基本上停止。就這樣，國共兩黨的武力對決暫告休止，開始了共同抗日戰爭。

張學良釋放蔣介石後，隨同蔣前至南京，之後被幽禁了長達半個世紀之久。其間他雖數次接受歷史學者的採訪，但有關自己曾提交入黨申請及其與西安事變的關係，到最後也未置一詞。事實上，當時提出入黨申請的知名人士並不僅他一人，孫文夫人宋慶齡似乎也是共產黨的祕密黨員。孫文死後，宋慶齡成為革命的神聖化身，繼續守護孫文晚年「國共合作」的政策。她將對共產主義的信念藏於心中，同時利用自身的特殊身分——就算是國民黨也不能輕易插手她的行為——成了共產黨活動的庇護者。正因為她的特殊身分，據說她的黨籍不在中共，而是由共產國際總部管理。她擅長英文交流，在支援共產黨對外聯絡的方面起了重要作用。譬如最早採訪到達陝北的共產黨的記者埃德加．斯諾，宋慶齡就扮演了向其傳達採訪意向的仲介角色。西安事變後，她也向斯諾生動地描述了監禁蔣介石之際共產黨領導人的反應。

在一九三〇年代前半期的中國，共產黨的活動包裹著謎團，相關報導也受到國民政府的管制，基本上都是充滿惡意的記述。不過在以思想界、文藝界為首的領域，共產主義和馬克思主義則具有相當大的吸引力。常見情況下，書架上擺幾本馬克思的書，是彰顯此人從事知性活動的標誌，也是一種裝飾。可以說「左翼」是知識階層的必要條件。黨組織在城市雖遭毀滅性打擊，但在文壇和藝術界，黨依然擁有不容小覷的影響力。故意讓知名人士留在黨外，通過他們之口來宣傳黨的主張，是掩藏黨的存在、巧妙滲透主張的手段。比如郭沫若就曾站在這樣的立場上為黨宣傳。

圖 2-4　出席魯迅葬禮（1936 年 10 月）的宋慶齡。做為孫中山的夫人，她是不可侵犯的孤高存在。在人民共和國時代，她擔任了國家副主席和國家名譽主席。

郭沫若青年時代就已成名，是才華橫溢的文藝家、歷史學家及詩人。他一九二七年入黨，但直到一九五八年之前都隱藏了他的黨員身分。這都是為了充分利用影響力：站在無黨派人士的立場上展開活動，更有利於向社會滲透黨的主張。到一九三〇年代中期為止，魯迅就是這樣的大人物。他雖然一直都沒有入黨，卻是左翼文化陣營的象徵性存在，與共產黨的關係也不壞。一九三六年秋，魯迅去世之後，黨期待並認定的、取代魯迅成為左翼文化人象徵的，據說就是郭沫若。

一九三〇年代是大蕭條的時代，也是法西斯主義崛起的時代，知識分子急速向社會主義靠攏，這種傾向在全世界皆然。張學良與宋慶齡加入共產黨的故事，正是反映時代思潮的逸話，當時對共產主義的期待在全世界都很流行。另一方面，就如從郭沫若一例所見的那般，共產黨巧妙區分黨內黨外，將自己的主張傳播得更遠。也就是說，聲勢浩大的共產黨，具備了看起來比自身實力更大的能量，最終積蓄出超出常態的強大勢力。

專欄⑤ 作曲家的政治性——流亡三部曲與張寒暉、劉雪庵

九一八事變之後，日本加快了侵略中國的步伐，隨著軍事壓力波及華北，中國也湧現出大量表達亡國危機的藝術作品。當中誕生了三曲名作，以被迫遠離故鄉、流浪在外的遊子境遇和思鄉情緒為主題，這就是「流亡三部曲」：〈松花江上〉〈離家〉〈上前線〉。〈松花江上〉由張寒暉作詞作曲，後兩首是劉雪庵的作品。

松花江是東北黑龍江省內流淌的大河，「我的家在東北松花江上，那裡有我的同胞，還有

那衰老的爹娘。九一八，九一八，從那個悲慘的時候，脫離了我的家鄉。……哪年，哪月，才能夠回到我那可愛的故鄉？」歌詞唱出了因九一八事變而被迫離開家鄉之人的滿腔哀切。這首歌一九三六年末作於西安，據說很快在當時駐紮西安的東北軍中傳唱開來，深深震撼了流亡將士們的心。張寒暉是共產黨員，一九四六年病逝於延安，年僅四十三歲。這首打動中國人內心的名曲被傳唱至今。臺灣的著名電影《悲情城市》中也曾用過這首曲子：有一段名場面在描述結束了日本統治的臺灣，青年們高唱此曲，表達身為中國人的激昂心情。

此外，〈離家〉、〈上前線〉也都是詠嘆流浪之苦、鼓舞青年抗日的歌曲，後者反覆唱起強有力的歌詞：「走，朋友！」一九三七年作曲的劉雪庵，是當時有名的抗日音樂家，但等待他的卻是極悲慘的後半生，因為上海淪陷時期的流行歌曲〈何日君再來〉也是他的作品，這成了大問題。這首歌在日本也是廣為人知的懷舊金曲，原本是電影《三星伴月》（一九三八年）的插曲，由影片主演、「金嗓子」周璇演唱，渡邊濱子、李香蘭（山口淑子）等人均曾翻唱，是極受歡迎的流行曲。但這甜美的旋律與歌名（「何日君再來」被附會成「賀日軍再來」）卻被扣上了大帽子，被說成甘受日軍占領的亡國之歌。據說曲子原本是劉雪庵在上海音專畢業典禮的即興創作，電影導演聽了很喜歡，就向他要了過來。

一九四九年之後，劉雪庵留在中國大陸擔任音樂教師。一九五八年，因為曾經創作過亡國之歌，他被打為「右派分子」，失去了教職，文革一開始就被送去「勞動改造」。一九七九年文革結束後雖然被平反，但此前受到的殘酷折磨，已讓他雙目失明。當時，〈何日君再來〉依然在日本等地傳唱，後經鄧麗君翻唱，在改革開放後的中國也十分流行。但在一九八〇年代初「反對資產階級自由化」、「清除精神污染」的政治運動中，這首歌仍被定調為「黃色歌曲」的代表作，當局禁止人民從國外帶回相關卡帶或唱片。

後來，到八〇年代後半期，正如「白天聽老鄧，晚上聽小鄧」的順口溜裡說的那樣，管控逐漸放寬，但劉雪庵直到去世的一九八五年三月，都沒有在電視或廣播裡聽到過自己從前的這首歌。

4 抗日戰爭與游擊戰——誰與誰的戰鬥？

蔣介石原則上承認了一致抗戰、停止內戰，之後被釋放，西安事變和平落幕，中國的對日抗戰體制也稍見端倪。共產黨進入了交涉環節，也就是要以何種條件配合國民政府（國民黨）。獨自建立的國家「中華蘇維埃共和國」當然要撤銷，自己組織的軍隊「紅軍」也不可能繼續維持下去。包括削減共產黨軍隊規模以及國民黨相應的財政援助等問題，共產黨展開了極其費神的交涉。就在這時，一九三七年七月，中日兩軍在北京（當時的北平）郊外發生衝突（盧溝橋事件）。到了七月末，平津兩地已落入日軍之手；八月之後，戰火蔓延至長江下游的上海。中日戰爭（中國稱抗日戰爭）開始了，這場戰爭將大大地改變中日兩國的命運。上海方面，國民政府的精銳部隊頑強抵抗，但堅持抗戰三個月後，上海淪陷；同年十二月，首都南京也跟著淪陷。

我們現在知道，那是長達八年之久的戰爭的開端；但當時的人們，上到蔣介石，下至普通老百姓，都沒有料到戰爭竟會拖延了八年歲月。蔣介石所想的持久戰也只預測大約一年，大部分人都以為戰爭會更快結束。但有一個人認為，這可能會發展成時間更長的持久戰，這個人就是毛澤東。一九三六年夏，毛接受斯諾採訪，被問及對內外局勢的看法，就曾表示戰爭「要經過一個很痛苦的時期」（毛澤東〈毛澤東一九三六年同斯諾的談話，關於自己的革命經歷和紅軍長征等問題〉）。

對於中國人而言，自一九三一年秋「九一八事變」以來，或從更早的一九二八年北伐時期的濟南事變以來，此番與日本的戰爭，是在百般忍耐之後才實現的應戰；因此盧溝橋事件爆發後，抗戰士氣甚為高漲。對共產黨而言，既然長期以來一直反覆批判蔣介石對日妥協，並因此獲得了很多輿論支持，那麼如今就有必要積極投身抗戰前線，以證明抗日的主張不是嘴上說說而已。但是，中共軍隊一直以來主要跟國民黨軍隊和軍閥戰鬥，其裝備和訓練真能對抗戰爭經驗豐富的日本陸軍嗎？真刀真槍兵戎相向，風險絕對不小。

事實上，就算是裝備、訓練都最完備的國民政府精銳部隊，在投入上海戰之際也大量犧牲，損耗極大。在當時日軍的常識裡，對抗蔣介石嫡系軍隊的一個師（六千～八千人），估計需日本軍隊的一個聯隊（日語為連隊，三千人左右）；對抗軍閥的一個師，則一個大隊（七百～八百人）就能對抗。也就是說，就單純計算，共軍需要有自知之明，這是在挑戰比自己強大五、六倍的對手。在國共關係逐漸改善下，北平陷落後，國民政府於南京召開國防會議，共產黨派了周恩來、朱德等人去了解軍事合作的情況；畢竟，共軍可能被編入國民政府軍，並被要求服從軍令，但又不清楚能從國民政府處得到多少支援。當時共產黨麾下兵力約有三萬，絕對算不上多，盲目把這些兵力送上前線參戰，究竟合不合適？這是抗戰開始之時，共產黨直接面對的現實課題。一九三七年八月的洛川會議，就是為了討論這個問題而召開的。

會議上，朱德、彭德懷等多數與會者主張集中軍隊，全力出擊，以回應民眾期待；毛澤東、張聞天等人則主張獨立自主的山地游擊戰，避免投入大軍，而招致實力嚴重受損。意見出現對立，在於應該積極進攻，還是暫時保存實力？單純而言，毛等人主張紅軍的最終目的是要在以後的階級戰中奪得全國政權，因此受一時激情驅使、投身毫無勝算的戰爭，並非上策。對於毛、張如此現實的觀點，共產黨內部許多領導人都表示異議，但毛等人的意見還是成為了當前的方針。

之後，由於國民黨的讓步，共產黨確保了地位和軍費，由紅軍整編而來的「八路軍」派出約四千名士兵，在林彪率領下，於一九三七年九月和國民政府正規軍協同作戰，在山西平型關附近峽谷與日軍（補給部隊）交鋒取得勝利，繳獲大量戰利品。這場勝利在當時被盛大宣傳，大大提高了共產黨的士氣與人氣，同時也證明了毛此前的擔心絕非杞人憂天。也就是說，這場戰鬥的對手主要是日軍補給部隊，共產黨這邊主要是經驗豐富的士兵，一共死傷四百人（耗損率約一成）。要是像主戰派說的那樣全軍出擊，跟日軍正規部隊作戰，情況會如何？如今仍有批評認為毛的保存實力論是偷機示弱的做法，但也可以理解成冷靜的深謀遠慮。

毛將這一想法更推進一步，在一九三八年發表了〈論持久戰〉。此文預測，對日戰爭是持久戰，要經過「戰略退卻、相持、反攻」三個階段；實際戰局的確如預測一般發展，足可說明毛的遠見。但我們也不該忘記毛在文中說過的以下內容：戰爭的本質和目的是「保存自己，消滅敵人」，在敵我懸殊過大的情況下，保存自己是基本前提；在不能實現保存自己的狀態下，就不考慮消滅敵人。

毛總說不能忘記階級鬥爭（革命）是最終目的，這會落入某種「革命功利主義」，因此自

圖 2-5　抵達陝北後的中共中央幹部們（1937 年 12 月）。左起張聞天、康生、周恩來、凱豐（何克全）、王明（1937 年 11 月回國）、毛澤東、任弼時、張國燾。

然會招致批判，說共產黨不熱心抗戰。共產國際身為「統一戰線」的主導者，便要求中共盡最大可能協助國民黨。至於國民黨，不但要整編共產黨部隊，在戰鬥序列方面，也要求共軍聽從國民政府軍指揮。然而，在抗戰長期化的過程中，共產黨均強調保持獨立性，不會隨便從屬於國民黨；也就是說，儘管蔣介石承認共產黨的合法地位（第二次國共合作），將共產黨活躍的陝北地區劃為陝甘寧邊區（特別行政區），而共產黨也接受了國民政府的財政支援，但共產黨未必覺得自己的活動須受國民政府約束。在與國民黨的對等關係、黨的獨立性方面，他們絕不會作出讓步，也絕不會重蹈覆轍，像第一次國共合作時那樣遭遇背叛。

另一方面，莫斯科方面也強力要求共產黨重視與國民黨的合作。一九三七年十一月末，莫斯科來了一位傳遞消息的代理人。這可是位大人物，他是「八一宣言」的起草者、留蘇派領袖王明（陳紹禹）。王明長期擔任中共駐共產國際代表，擁有一定的國際知名度，他強調要最大限度地推進統一戰線方針，即積極與國民黨協同作戰。黨內主戰派對保存兵力主義素來心懷不滿，因此他們對王明頗抱期待。王明暫駐武漢，擔任當地中共長江局的書記，南京淪陷後有不少國民政府機構遷至這座長江中游的城市。王明不顧遠在延安的毛澤東，開始宣揚「抗日高於一切」。但是，王明在中國的活動經驗與人脈遠不如毛，他這副儼然黨最高領導人的姿態也招致許多反感；加上國民政府不久決定將政府機關移到重慶，其他共產黨領導人逐漸認識到，王明所期待的國共積極合作抗戰，實現的可能性已然很低。

就這樣，共產國際執行委員會總書記季米特洛夫也對王明的冒進抱有不安，他向中共釋放了訊息，「在指導性機關，應在以毛澤東為首的指導之下解決（諸事）」，毛澤東的地位遂變得不可動搖。於是，在不久後召開的中共第六屆六中全會（九月～十一月）上，毛首次代表黨中央做政治報告。黨中央委員會全體會議上的政治報告，常常意味著明示黨的領導者究竟是誰，是某種重要的「儀式」，毛的權威給全黨留下了強烈的印象。

抗日戰爭時期，避免與日軍正面衝突，是共產黨的主要戰略。也就是從背後襲擊補給線，或在農村地區建設根據地、威脅敵軍統治，即所謂的游擊戰。之前的洛川會議上，該方針被確立下來，以「獨立自主的山地游擊戰」為原則方式被傳達至各地的黨組織；於是，共產黨在抗日戰爭時期擴大了「敵後戰場」的活動。也就是說，抗日根據地擴大了。做為國民政府承認的正規軍事力量，共產黨除了前面提到的八路軍（三萬餘人），還有新編第四軍（新四軍，全軍一萬餘人），改編自華中、華南地區的紅軍。華中、華南的紅軍是由長征時期留在根據地、在游擊戰裡倖存下來的部隊組成。之後隨著戰局擴大，士兵人數也不斷擴充，超過了最初的編制規定。

整個抗戰期間，共產黨及共軍的作戰行動極為慎重，受到許多限制；但也有例外，那就是「百團大戰」。「百團大戰」的名字源於這場戰爭動員了約二十萬兵力（包括民兵），也就是編制單位約有一百個團（這裡的「團」相當於日本的聯隊）。一九四〇年夏秋之間，華北的八路軍發動突襲，對山西至河北之間的鐵路、通訊、日軍警備據點展開總進攻，給日軍帶來很大的打擊（死傷約五千）。

但根據近年重新調查的數據可知，共軍對這場戰鬥的實際投入其實相當貧弱。首先是主要裝備，平均一千名士兵配備二百五十枝至三百枝左右的步槍、十五把手槍、五挺機關槍，至於迫擊砲、山砲，只有〇．五門；也就是說，軍隊中每三、四個人裡面僅一人擁有槍。作戰中消耗的步槍子彈有五百萬發，換算到每枝槍上頭，則不足一百發。這不是每天消耗的子彈數，而是三個月的作戰期間消耗的數字。靠這些如何挑戰日本軍隊？簡言之，八路軍的攻擊不是依賴火力攻擊，即不是遠距離的發砲射擊；而是以接近戰、破襲戰為中心，悄悄接近，再以刺刀、長槍、刀等武器發起襲擊破壞。

當然，八路軍的犧牲也很大，死傷人數超過兩萬。華北日軍深受這場襲擊的刺激，發起了名為「殲滅戰」（日方稱為「燼滅作戰」）的報復戰，對抗日根據地發動了包括使用毒氣武器在內的徹底掃蕩（即「三光作戰」）。八路軍和根據地都受到巨大打擊，部隊人數減少一半，根據地人口銳減至原先的三分之二以下。當時，共產黨對外宣傳這場勝利昭示了民眾和黨的力量，但毫無疑問，這場戰爭已偏離了「獨立自主的山地游擊戰」的方針。發動並指揮了這場作戰的彭德懷曾受到毛的指責，說戰爭規模過大、時間過長。抗日戰爭已持續了幾年，其結果如何，越來越不由中日兩國決定。抗戰不可避免地漸漸成為某種日常。日軍的存在成為持續存在的巨大重擔，而且不可

圖 2-6　八路軍指揮官們（左起彭德懷、朱德，最右是鄧小平。1938 年在山西省八路軍總部。）

能與之交涉。在這種重擔持續存在的前提下，國內的整體局勢逐漸向前推進。在共產黨和毛澤東眼裡，反正一年半載解決不了日軍，那就得和從前一樣對付國民黨；在蔣介石眼裡，則得同時盯著日軍和共產黨。對國民政府（國民黨）而言，被日軍占領當然很頭疼，但被共產黨奪走地盤就更麻煩了。因為若將來日本軍隊被捲入世界大戰，只要一失敗，就能把他們趕走；要是讓共產黨搶了地盤，那可不是輕易能要回來的。眼下，抗日戰爭進入僵持階段，共產黨根據地以華北平原廣袤的農村地區為中心，迅速擴大。到一九四〇年，根據地規模已達到大小十六處、人口四千萬的規模；包括八路軍和新四軍在內，麾下兵力約有五十萬。

當然，面對抗日根據地和共軍逐漸擴大增強，國民黨方面一直懷有警戒，也加強對共產黨的施壓和批判（批評他們消極抗日）；看到共產黨不聽從命令，便不惜對共產黨部隊動武。一九四一年一月，國民黨對華中地區新四軍展開攻擊、解除武裝，這一系列事件（皖南事變）就是例子。當時，國民政府命令新四軍移防，新四軍不從，國民政府軍便發動攻擊，新四軍傷亡近一萬人。共產黨向內外輿論控訴稱，該事件是一場軍事鎮壓。

不過，毛澤東很早就對國民黨抱持懷疑，他曾對黨內幹部宣稱，自己之前已經警告過可能會發生這樣的事，千萬不要掉以輕心，但副軍長項英（事件發生當時死亡）對此充耳不聞，得負一半責任，應進一步提高對國民黨的警戒水平。皖南事變兩個月前開始，國民政府已停止向共產黨的「邊區」支付軍費；事變發生後，更進一步加強對「邊區」實施軍事和經濟封鎖。軍費等來自邊區外的援助占陝甘寧邊區財政收入的一半以上，因此，國民黨的嚴厲管控與日軍的徹底掃蕩，使邊區陷入內外交困的艱難境地。抗戰已經打了三、四年，漸漸不清楚到底是誰和誰在戰鬥，甚至開始呈現三方混戰的態勢。

長達八年的戰爭給中國造成了巨大的破壞，也很大程度地改變了中國社會。自古以來，日本就對中國有影響與聯繫；但沒有什麼可以像中日戰爭那樣，如此直接且深刻地改變了中國的命運。

那麼，對於中國、或者說對中國共產黨而言，日本是怎樣的存在？

中日各自因西洋而開國後，對中國而言，在從前漫長的歷史過程中，日本只不過是東瀛島國，如今卻急速實現了西式的近代化。特別是甲午戰爭之後，在部分提倡改革的中國人看來，日本是很好的參考對象，告訴大家如何得以躋身西洋諸國。在中國近代思想史上，包括馬克思主義文獻在內，經由日本傳入中國的西方思想占據了重要的位置。戊戌變法、光緒新政以來，以思想制度為首，實際上有大量新事物通過鄰國日本流入中國，支持了中國的變化與革新。這個鄰國做為西洋文明的中介，確實是值得感謝的存在，但同時也是對任何事都可能插嘴、甚至插手的難以對付的鄰居。日本人長年汲取中國文化，自負擁有和中國相通的文明基礎；最後甚至覺得自己比中國人更理解中國，被自己統治是中國人的幸福。

這種念頭所導致的結果，正是中日戰爭。日本的存在，也很大程度上影響了中國民族主義的養成。無論如何，日軍是比過去任何一國列強都更廣泛、大量、長期存在於中國的侵略力量，而且還來自單一國家。這樣的存在不可能不給中國人帶來壓倒性的印象和反感。特別在國民黨（國民政府）看來，有「南京十年」之稱的近代國家建設成果，竟在戰爭中化為灰燼，這樣的打擊實在過於沉痛。更甚者，在國家統一大業——剿共即將告成之際，對日戰爭也使一切努力化作泡影。戰後，毛澤東曾對訪華的日本人多次表示「要感謝皇軍」。當然，想必不會有人完全照字面意思來理解這句話；但陷於絕境的共產黨得以重生，抗日戰爭確實是一個因素。

5 成為毛澤東的黨——整風運動的功與過

一九四一年十二月，太平洋戰爭爆發，中國長年期待的戰爭國際化終得實現；中國確信，對日戰爭可獲得最終勝利。在這之後，國共兩黨特別是共產黨，預測戰後雙方將展開對決，因此開始將重點轉移到鞏固組織建設。而之前所稱的「邊區」，也逐漸改稱「解放區」。

圖 2-7　描繪抗戰時期延安的版畫（1943 年製作）。山上的寶塔是延安的象徵，山麓有窯洞。中共中央在西安事變後移駐延安，之後十年都以延安為根據地。

抗日戰爭爆發，許多青年被喚起了救國熱情，慨然行動。投身共產黨，遠赴根據地的人非常多。特別是斯諾的《紅星照耀中國》（一九三七年秋刊）影響甚大，一九三八年中文版《西行漫記》問世後，許多人更因為讀了此書受到激勵，而決心加入共產黨。共產黨黨員數在一九三七年是四萬人，到一九四〇年激增了二十倍（八十萬人）。與之相比，國民黨通常在普通黨員之外，還有軍隊黨員和海外黨員，不能單純和共產黨比較；但就普通黨員數而言，國民黨黨員同時期只大約增長了兩倍（一九四〇年為一一四萬人）。共產黨人數已接近國民黨人數的七成，由此應該也可以揣想當時兩黨的勢頭。

然而，新入黨人數的激增，也令共產黨認識到有必要加強黨內團結和思想統一。當時國共關係進一步惡化，處境益發艱難，共產黨遂將這種危機感轉化為鞏固黨組織的能量。這便是世人所說的「延安整風」。一九四〇年代初，黨已經形成以毛澤東為中心的領導層。雖然張國燾、王明等曾挑戰毛權威的人或脫黨或失勢，但黨內還沒有形成由唯一最高領導人統領一切的體制。整風運動要求黨員的馬克思主義實踐，要更深刻地與中國實情結合（馬克思主義的中國化）；具體而言，就是摒棄僅偏重教義知識的馬克思主義的理解，要求在事實上全面服從毛澤東思想。

抗戰以來，艾思奇、王學文等馬克思主義理論家來到延安，毛澤東通過與他們交流，努力提高了理論水平。因為，單是戰略家、實踐活動的成功者還不夠，共產黨領導人必須具備可供人們引用的理論。毛的代表性理論著作《矛盾論》、《實踐論》等名篇，都在這一時期寫成。此外，毛還正式對黨作出歷史總結，努力樹立自己「糾正過去的錯誤路線、是黨的救星」的形象。毛總結了過去的路線，結合了批判偏好理論知識的馬克思主義理解（教條主義），還讓擁有一定實力的「留蘇派」失去了權威。

應當注意的是，強調實踐的重要、將黨的歷史視為正確路線和錯誤路線的鬥爭（路線鬥爭），整風運動這種意識形態的方向性，其實是積極移植自同時代的蘇聯。做為參考的，是一九三八年蘇聯刊行的《聯共（布）黨史簡明教程》（*История ВКП(б): Краткий курс*）（以下略稱《簡明教程》）。這本書事先被宣傳為「馬克思列寧主義基礎知識的百科全書」，後來據說在全世界的發行量超過了四千萬部。史達林直接參與了《簡明教程》的刊行，還撰寫了一部分內容，故此書被稱為史達林主義的經典。*其最大的特徵，是將蘇聯共產黨的歷史解釋為反覆的路線鬥爭的延續，書中處處將列寧、史達林的語言當作金科玉律，確立了史達林絕對真理的地位。

毛對此書評價非常高，將它指定為整風運動的重點文獻，要求全體黨員閱讀。一般評論總認為，毛澤東受到以史達林為首的蘇聯共產黨（或曰共產國際）的排斥，因此不喜歡這些來自蘇聯的理論；但事實上，這一時期的毛甚至可以說是史達林忠實的僕人，對史達林極為尊崇。當然，這一時期世界各地的共產黨首腦，也沒有誰可以批判史達林……就算是毛澤東，在成為國家領導人後確實公開批判過史達林，但那是很後面的事。在一九四〇年代前期，毛尚處於竭力模仿史達林的階段，模仿他運作共產黨的運作模式。

在經過翻譯《簡明教程》等前期準備後，整風運動以通過學習指定文件、要求全體黨員徹底「反省自己的行為和思想」的形式，於一九四二年展開了序幕。黨員集會上的自我反省，常常比喻成「脫褲子，割尾巴」（不加隱瞞地交代自己的錯誤，認真悔改），重點是要求自己交代錯誤。單看要求自己交代錯誤這一點，或許看起來是尊重、培養黨員的自覺性和誠實性，是一

* 註三：在蘇聯一九五六年全面批判史達林之後，此書不再出版，在全世界迅速失去影響力，而中國直到一九七五年還在再版。

種能動性的培訓風格；事實上，毛確實也自負，認為如果能通過自我批評和互相批評這樣的黨員陶冶，那麼不進行蘇聯那種大清洗，也能使黨員從心底服從。

但是，這種看起來很穩當的、發揮自主性的做法，事實上伴隨著很多問題，比如從前做為黨員的失態、有可能連累他人的事件，以及毫無休止地坦白的壓力。特別是黨的領導層，每個人都被要求提交詳細記錄的「反省筆記」，這是前所未有的；更以此為基礎，召開集體批評會。於是，會議現場的應對常常變得非常嚴厲，伴隨著深刻的自我批評與認罪懺悔。這是在眾人注視之下，讓此人對毛表明徹底全面的服從。

那麼整風運動中，黨的高層領導的自我批判情況如何？且以周恩來和彭德懷這文武兩大巨頭為例。首先看周恩來，他是出眾的實務家，一直擔任黨中央要職。一九四三年十一月，他被迫在毛澤東等人面前自我批判，系統清算自己的錯誤，追溯至家庭出身（生於破產的封建世家）和個人品質（自私世故、黨內奴性）；他檢討在一九三〇年代的活動中，做為「經驗宗派的代表」、「教條統治的幫兇」，從「篡黨」、「篡軍」開始，「思想、組織上都犯了極大的罪過」。所謂教條宗派，即毛在整風運動中的目標對象——留蘇派，這一派的王明、秦邦憲、張聞天等都曾是黨的核心人物。在此基礎上，周表明「經過這幾年的實踐」，對毛澤東的領導「心悅誠服的信服」。後來他始終服從於毛，直到生命的終點，整風運動即是他服從的起點。

再看彭德懷。一九四三年的某次談話中，在談及抗戰的意義和理念時，彭稱「真正的自由、平等、博愛只有在社會主義制度之下才能實現」，但僅僅是因為這些理念被視為普世價值，未涉及抗日的意義和階級性，就招致了毛澤東的不悅。不久後的一九四五年，毛召開了大小四十次以上的集體批評會，督促彭反省。彭之所以成為眾矢之的，據說是因為他宣揚資產階級價值觀，比如自由等理念，發布忘記階級立場的言論。整風中對其他同志的批判，往往打著「懲前毖後，治病救人」的口號。也就是說以「越是為了這個人好、越是要不加顧慮地批判」的理由，將批判正當化。因此，對彭的批判時常無視人格，多有人身攻擊。於是，彭德懷百團大戰的責任問題又被舊事重提，他被要求在眾人面前認罪懺悔。

就這樣，儘管一開始整風高舉的旗號是要實踐馬克思主義的中國化，卻漸漸變成了對毛表示絕對服從的儀式。反覆的批判與自我批判，造成了黨員之間的心理分裂，這種分裂又成為統治黨員的工具。而其終點，是在一九四五年第七次全國代表大會上確立了毛澤東做為最高領導人的地位，並在新黨章寫進「毛澤東思想」。在此之前，一九四三年三月，毛澤東在黨內處理日常事務的中央書記處被授予「有最後決定之權」；五月，共產國際決定解散；加上在七大之前，毛的〈關於若干歷史問題的決議〉已被採納為黨章，這是從歷史角度檢驗、確認毛澤東路線正確性的文件。諸如以上，在確立毛的絕對指導權的道路上，已不存在任何障礙。到了七大會議，毛當選黨中央委員會主席，此後直到他一九七六年去世為止，都從未離開過這個位子。終其一生，乃至其死後，也都一直被稱為「毛主席」(或是單叫「主席」)。黨內幹部和黨員的忠誠，撐起了毛澤東的權威；通過整風運動，更逐漸達到了個人崇拜的高度。

反過來，黨員也承認自己是黨組織的一個齒輪，並被根植了一種心性，即為此深感驕傲。此前，「自由」這一概念在中國往往被用於「任性」、「放縱」等語境，而在整風時期的共產黨根據地，「自由主義」則徹底成為應當否定的資產階級價值觀。「個人主義」也是一樣。正因如此，這些概念即便在字面上與日文相同，但若以相同語境為前提在中國使用，往往會招致誤解或衝突。

前文稍微談到國民革命時期自由戀愛的問題，接下來看看，到了一九四〇年代的延安，這些共產黨員的戀愛觀有何變化。在整風運動中，個人意向與願望不得優先於組織，隨著這種氛圍逐漸籠罩解放區，男女黨員之間的關係和戀愛、結婚還碰上了一個現實：解放區男女比例嚴重失衡（延安男女比例據說為十八比一），年輕人不得不面對種種不自由和糾紛。當時，黨組織出於抑制戰時個人活動的目的，對黨員結婚制定了指導方針，因此出現了「二八五團」的說法。也就是八路軍男性黨員的結婚條件要滿足「二十八歲」以上、「五年」以上的黨員經歷、「團」級幹部這三點。

滿足這三個條件本身就不容易，結婚對象還有限制，黨員挑選伴侶時必須時刻牢記階級問題。不能選擇地主等剝削階級出身、或來歷可疑的女性；而女性本來就少，因而找對象就更難。結果，黨組織就從適應性和組織的需要出發，介紹合適的對象；被介紹的一方也覺得，既然是組織的要求，那就跟這個人結婚——這種拋棄私慾、為了組織而生活的價值觀，廣泛存在於黨員共同體之中。當然，黨組織分配的姻緣，並不能保證幸福的結婚生活。來自城市、受過良好教育的年輕女性黨員，可能不得不接受組織安排，和黨齡很長、卻毫無學問的男人結婚。也有女性黨員內心對此感到恐懼。

圖 2-8　沈霞（左）和丈夫蕭逸

才華出眾的沈霞就是其中一人，她的父親是中國文壇著名的左翼作家茅盾（本名沈德鴻，字雁冰）。她生於文豪之家，就讀名門中學，十九歲立志獻身革命和抗戰，來到了延安。當時，她剛好接受了如火如荼的整風運動的洗禮，注意到自己身上沾染的個人主義和自由主義，決心將自己清洗乾淨，肩負起新的革命。在她的日記（日後出版的《延安四年（一九四二～一九四五）》）裡，可以看到她因自己逐漸成為組織的一個齒輪、而體會到充實感。日記裡關於這種努力和背後的糾葛，特別是不久後和一位愛好文藝的青年的戀愛，以及因革命而生的執著，讀來令人心痛無比。

在延安，沈霞的努力得到了組織認可，被批准入黨；而這位青年向她求婚，首先要報告組織，確認組織的意向。在訂婚階段，這位青年的過往經歷被組織懷疑，有老黨員勸沈霞和他斷絕關係，但她很難下定決心。好在誤會解除了，二人順利結婚，但她也開始要求那青年和自己一樣，把黨和革命放在第一位。簡而言之就是全力以赴，成為相愛的、完美的模範黨員夫婦。就在這時，一九四五年八月，沈霞受組織號召，即將去往東北，從事新的活動，卻發現自己懷孕了。不顧丈夫和周圍眾人反對，她主動接受了墮胎手術。不幸的是，術後情況惡化，她因此離世，年僅二十四歲。這結局實在太過悲慘，是太無謂的死。當然，那時的共產黨員也不是人人都這樣高度克己，但整風時期的延安正是這樣的時代和場所——像沈霞這樣的生活方式，絕不會有人覺得奇怪。

但是，對自己和他人都如此嚴格要求貫徹共產黨員理想，當集體都充滿這種意識的時候，就容易產生排他風潮，也就是獵巫——找出組織內部的敵人，並將他徹底根除。特別是在抗日戰爭時期，大批年輕人加入了共產黨，他們此前與共產黨活動無甚關聯，更容易出現這樣的事態。這就是一九四三年以後在根據地擴大的「搶救運動」。「搶救」意味著施救、救出。這句話的意思是，本來是個好人，但發現他被什麼人帶壞、策動，做出了出格的事，或協助了敵人，就要把這樣的人帶回正道上來。但本質上，卻是通過強迫坦白或集體大會批鬥，把潛入組織內部的敵對分子（間諜）揪出來，並加以處分或判刑。這就是所謂的肅反。

整風以「自我批判」、「自我坦白」為基礎，搶救也以自我坦白為原則。但在搶救的情況下，雖說只要「坦白」就能從寬處理，但若不「坦白」，就會被認為性質十分嚴重。因此，一旦遭到懷疑，要麼就是不管怎樣先作出相應坦白，讓黨的印象好一點，等待黨的裁決；要麼就是拒絕「坦白」，甘受嚴重的處分。無論哪個選擇，都只會導致冤案的擴大再生產。很多黨員在內心深處也對「搶救運動」感到懷疑，但他們對組織的信任已刻在骨子裡，不會有所異議；若親密的友人或家人被舉報，最多也只是勸說「相信組織，不要有任何隱瞞地坦白」。

現在，共產黨對整風的意義，基本上作出了肯定的評價；但對於搶救運動，並沒有公開其迫害程度和冤案規模，也沒有公開具體的數據。有關搶救運動的責任，幾乎都推到了康生一個人身上——因為他經歷過蘇聯的大清洗，知道其中訣竅，回國後便主導並擴大了搶救運動。但是，若把搶救運動視為在整風運動延長線上進行的活動，那麼整風運動和搶救運動的功與過，顯然就是一個硬幣的兩面。事實上，原共產國際執行委員會總書記季米特洛夫曾表達了對康生做法的擔憂，認為肅反搞過了頭；毛卻回電稱完全不用擔心，「康生是可以信賴的人物」

（一九四四年一月二日），絲毫不在意。因此我們可以下結論，搶救運動的進行，得到了包括毛澤東在內、共產黨領導層的全體同意。

一九四〇年代前期，透過強力推行的整風運動，共產黨成功強化了本來就很強大的組織能力。在此過程中也取法蘇聯，針對維持在組織當中生存的制度，加以整頓和完備。其中一項是幹部等級待遇制，該制度將黨政軍的幹部職工分為幾個等級，明確區分職務方面的待遇（設置可查看的情報或文件機密等級）；並根據職級設定相應的區別待遇，包括衣食住行、醫療保健等社會福利各方面。共產黨此前對幹部和工作人員、士兵實行配給制，待遇上並沒有多大差別；但一九四一年以後，從蘇聯學習回來的任弼時實施了待遇改革，比如按職級將用伙食平分為三等。從當時的狀況來看，組織已形成一定程度的規模，引入這樣的等級制度或許難以避免；但在以「創造平等社會」為理想的知識分子（比如整風運動中遭到批判，甚至被處死的王實味）群體內，也有人對此很不滿。這種幹部等級待遇制度，後來形式上雖有變化，但人民共和國時期的幹部制度其實就是由此發展而來。

加以完備的組織內部個人管理制度，還有個人檔案。所謂個人檔案，即入黨時提交的履歷表、組織領導就組織活動所作的評定、整風運動等情況下寫就的反省書、根據告密或調查而搞清楚的錯誤等等，是決定個人政治評價的背景調查紀錄，由黨組織的人事部門嚴格管理，本人不可查看。正式製作黨員幹部檔案並加以管理，是共產黨在延安建立根據地之後的事。在組織對個人的管理方面，檔案發揮了絕大威力；和後來人民共和國時代的幹部制度一樣，檔案的範圍擴大至非黨員的城市居民，並存續至今。對個人訊息的管控，在這之後變得更為細緻和嚴格；其理念的方向性，與中國最近的做法一脈相承——將ＩＴ科技廣泛運用於資訊管理或個人信用評價。

被要求成為齒輪的，並不只有人。一九四二年，毛澤東邀集文藝從事者及文化工作者，發表了講話，探討有關文藝和藝術應有的狀態，即〈在延安文藝座談會上的講話〉。講話基調是要求文藝、藝術也成為服務於政治的螺絲釘。要讓民眾也能理解高雅的藝術，為此，創作者的意識應當有所改變。共產黨員中本來就有不少文化人和藝術家，三〇年代以來，城市的藝術界和文學界是左翼占優勢的世界。他們像前文所說的沈霞一樣，為了追求革命理想而奔赴延安；但在那裡被要求的，卻不是向農民介紹高尚的藝術，而是讓農民的藝術與自己的感性相結合，從工人或農民的視角描繪社會。藝術為政治服務，這樣的結構也在不久後為中華人民共和國所繼承。

一九四二年以後開展的整風運動使得黨組織有所收緊，共產黨的黨員人數雖一時有所減少，但到一九四五年中國共產黨第七次全國代表大會之時，已超過一二〇萬人。同時期，國民黨也努力擴大勢力，黨員數增至二六〇萬以上。也就是說，抗戰時期兩黨人數曾一度接近，但到抗戰勝利之時，國民黨已擁有共產黨兩倍以上的黨員數。不過，通過整風運動，共產黨具備了能夠更高效下達黨中央意向的機制；許多黨員養成了強烈的使命感，一切行動以組織為優先，哪怕離婚、墮胎也在所不惜；此外，還被某種恐怖感和緊張感所包挾，若是被發現任何一點違背了黨命令的跡象，隨時可能被內部舉報。以上種種都可看出，共產黨的統治力比國民黨更高。

6 成為執政黨——內戰的勝利與人民共和國成立

一九四五年八月，突然傳來了日本投降的消息。中國大陸成為世界大戰的亞洲戰場，也就是日本所謂的大陸打通作戰後，日軍攻勢雖一時迅猛，但整體而言，中國戰線實則處於膠著狀態。然而八月上旬，蘇聯廢除蘇日中立條約，大舉進入滿洲國，攻破關東軍，對打破戰場平衡起了決定性作用。在那前後，美國還在廣島、長崎投下原子彈，這也是日本急轉直下、走向投降的原因。但就在投降的前一刻，絕大多數預測還是認為，抗日戰爭的終結尚需一定時間。因為有一百萬日軍控制著大陸的主要地區，日本應該還會抵抗一陣吧。這年八月上旬，毛澤東也預測距離日本投降還要花一年左右的時間，遂命令各地部隊擴大「解放區」的同時，應為將來日本投降之際可能與國民黨發生的內戰作準備。

在這樣的情況下，日本投降的消息不啻吹響了以戰後處理為名的新號角。中國在八月十日夜晚報導了日本接受波茨坦宣言，各地獲知戰勝的消息，頓時一片沸騰。就在十日深夜至次日，共產黨延安總部（總司令為朱德）向麾下部隊迅速下達指令，命令就近進攻日軍占領地、解除敵軍武裝、令其降伏，並呼應蘇聯軍隊，進駐熱河、遼寧、吉林等地，開啟了以「戰後」為名的新戰鬥。

前面也談過，共產黨的軍事力量，特別是軍備相當貧弱，能否順利繳獲、接收一百萬投降日軍的軍事物資和兵器，直接關係到共產黨的命運。當然，這些都在蔣介石的預料之中。蔣立即禁止共產黨系統的部隊插手處理日軍投降事務，下令原地待命。從地理上來看，共產黨的軍隊以華北為中心，本來就在接近日軍占領地的區域活動；與之相對，遠在西南內陸地區的國民政府軍要接收日軍，必須長線移動，需要一定時間。因此，無論如何都很難阻止共產黨軍隊的接收行動。

不過，此時的共產黨已擁有接近一百萬兵力，更自負在抗日戰爭中靠自己力量挺了過來，因此已做好與國民黨對抗的覺悟，強行開始進駐與接收。也就是說，延安的共產黨中央在八月十日至十一日之間，不僅對華中部隊下令占領上海、南京、武漢、徐州等大城市和交通要塞，還製作了江蘇、安徽、浙江等省政府主席及上海、南京等地的市長名冊。之後透過將共產黨軍隊改稱「人民解放軍」、武裝起義等方式，計劃奪取上海。八月中旬的那十多天內，正是從抗戰結束轉為內戰爆發的臨界點。

這時，史達林傳來意見，要求避免內戰。當時，國民政府與蘇聯之間剛剛締結了中蘇友好同盟條約（八月十四日）。蔣介石締結條約時作出了種種讓步的報償，這是為了讓蘇聯承諾不支援中共，以及一切對中國的援助都面向國民政府。史達林面對的情勢是，一方面中共計劃趁內戰爆發奪取政權，希望取得支援；一方面國民黨則承諾保證蘇聯在東北地區的權益。權衡利弊得失之後，他選擇了後者。蔣介石在簽訂條約當日給毛澤東發去電報，提議在重慶就「各種重要問題」展開會談，由此亦可窺知中蘇條約的意義。關於莫斯科與蔣介石談定的要求，後來毛澤東表達了不滿，「斯大林不許革命」。不過以美國為首的聯合國和國內輿論都反對內戰，共產黨一意孤行想強行內戰，恐怕很難。於是，共產黨調整了此前的強硬方針，接受了最初說是「完全騙人」的重慶會談提案。

史達林率領的蘇聯「不許革命」，但是提供了一些回報。當共產黨停止向長江流域進攻、轉向北方時，史達林在東北暗中支持了中共。早在蘇聯對日參戰之際，毛澤東就命令靠近東北地區的部隊向北挺進，即便在重慶會談最關鍵的時刻，也視東北為戰略要地，屢屢指示部隊和幹部調動。截至一九四五年末，調動至東北的人員，據說將領約十一萬人，黨內幹部有兩萬人。表面上，蘇聯許諾將東北占領地移交給國民政府；但現實中，蘇聯軍隊相關人士阻止國民黨軍隊登陸、進駐、接收，同時將舊日軍的武器彈藥等悄悄通融給共產黨。據毛澤東面向黨內的說明（一九四五年十一月），共產黨軍隊接收的兵器中，步槍多達十二萬枝。這期間，毛澤東在重慶首次正式出現在中外媒體跟前，他的動靜吸引了世人的絕大關注，會談成果發表於十月十日，即雙十協定。但其實還有更重要的事，正在遙遠的東北上演。

就這樣，到一九四五年十一月，終於進駐東北的國民黨軍隊將領，就要跟使用舊日軍兵器武裝完畢的共產黨軍隊正面交鋒了。在抗日戰爭中，曾經連步槍都未能普及的雜兵集團，搖身一變，擁有了機關槍和各種大砲。見此情形，國民政府當然要跟蘇聯抗議，但也無濟於事。於是，共產黨在東北地區站穩了腳步，在本土地區徹底維持守勢，採取了「向北發展，向南防禦」戰略。在這期間，共產黨通過提倡反對內戰，轉移從國民黨軍隊那裡受到的軍事壓力；同時依靠與蘇聯和東北的交易、留用日本技術人員等方式，逐漸積蓄力量。終於在一九四六年，國共雙方點燃了內戰。一開始，兩軍兵力相差較大，國民黨軍隊有四三〇萬人，共產黨軍隊有一二〇萬人之多。在這種差距下，國民黨軍隊勢如破竹，一九四七年三月還攻下了陝西延安，這是共產黨經營了十多年的總部。中共黨中央（毛澤東）放棄了故地，逐漸向華北地區移動，並向進駐了主力部隊的東北地區增援，尋求反攻之機。當時毛的構想是在東北地區建立地方政權，與南京的國民政府對峙，還沒有想到發展全國性政權這一步。

內戰發生實質性轉折，是在一九四七年下半年。東北地區在「滿洲國」時代就已普及了廣播，公共媒體遠比關內發達，東北人民解放軍在這裡通過巧妙的宣傳戰，獲取輿論支持；同時發動包圍戰，成功圍堵長春、錦州、瀋陽等地的國民黨軍隊，有時還以殘忍的方式切斷糧食補給，殲滅國民黨軍隊。所謂殘忍，是說一九四八年長春包圍戰不惜犧牲普通百姓。當時吉林大城市長春有五十萬軍民，共軍的包圍長達一百五十天，餓死的人數有說五萬多，有說十幾萬的，國軍最終降伏。另一方面，國民黨在一九四七年終於實施憲政（即國民黨放棄一黨專政，實施民主選舉），後來擔心因此招致對國民黨的批評（經濟政策失敗、貪污等）而中途停止。國民黨對中小民主派團體施加壓力，加以打擊，也因此更失人心。

國民黨施政失敗是原因之一，而輿論和中間勢力的支持、透過土地革命控制根據地農村、在東北地區樹立堅固的總動員體制等種種因素疊加下，到了一九四八年，國共雙方的軍力對比已朝著中共一方大幅傾斜。這年年底，共產黨正式聲明「在全國範圍內推翻國民黨的反動統治」，明確表示奪取全國政權。此前，共軍在「遼瀋戰役」、「淮海戰役」、「平津戰役」等大規模會戰中已節節取勝，逐步殲滅、瓦解國民黨主力軍隊。此外，共產黨還從蘇聯聘請外交官和幹部官僚，以樹立新政權為前提，尋求技術指導。就這樣，共產黨為終結內戰做了種種準備，並正式展開建國構想。到一九四九年初，國共雙方勝敗已然明瞭，此前長期與雙方保持距離的中間勢力和許多政治團體也放棄了國民黨，開始公開支持共產黨。一九四九年三月，毛澤東等中共中央核心成員與麾下的人民解放軍從河北的西柏坡進軍北京（人民共和國成立之際，北平改稱北京），終於進入了建立全國性政權的階段。

進入北平時，毛澤東以進京參加會試為譬喻，對身邊的幹部說，總算到了進京趕考的日子。周恩來答道，不能退回來，必須及第。毛說，退回來就是失敗，不能做李自成第二。李自成領導的農民運動曾攻下北京，明朝覆滅，但李自成到底只是流寇，很快被滿清王朝取而代之。歷史上出身寒微而成就大業的，有這闖王李自成，還有明太祖朱元璋。中國輿論素來喜歡援引史實，當時很多人都屏息觀察，看共產黨到底是曇花一現的李自成，還是真有開闢江山的能力。稍早前，毛澤東也在第七屆中央委員會第二次全體會議（七屆二中全會，一九四九年三月）上發表講話，要求黨員戒驕戒躁，並具體規定「不給黨的領導祝壽」，「不用黨的領導者的名字作地名、街名和企業的名字」。

過去共產黨雖然也建立過中華蘇維埃共和國，但那不過是個在敵人包圍下的農村政權，也就是模擬國家，頂多算實驗國家。如今的政權以全國規模的軍事完勝為背景，是擁有大城市、工業區的統一整體國家。共產黨不僅是第一次建設成市，也是第一次展開實質性的外交工作。此外，八年辛苦抗戰後又緊接著內戰，中國經濟已瀕臨崩潰。不過，這種潰敗的經濟狀況不僅源於戰爭，也是國民政府的貪污腐敗等一系列失敗的政策導致，也間接成為利於共產黨的要因。同時，戰後國民政府強行實施獨裁憲政，不僅受到共產黨批評，也招致其他政治團體、有識之士和社會名流的失望與疏遠。因此，當時多方勢力都認可共產黨的領導和優勢地位，這種趨勢日益增強，各民主黨派也積極回應共產黨的政治動員，這是昔日中華蘇維埃共和國時代完全沒有過的局面。

正因為存在著這種背景，共產黨主導的建國事業雖然迅速，但也顧慮到各方面的問題，經歷了種種交涉與協議，對蘇關係就是一例。在蘇聯的暗中支持下，於東北地區構築了龐大的動員體制，是共產黨在內戰得勝的重要原因，但蘇聯公開表明的立場是不支持中共，因而中共方面也有必要謹慎地隱瞞來自蘇聯的支援，以免導致蘇聯被國際輿論批判。此外，對蘇聯來說，東亞地區出現的親蘇政權，不是之前預測的國民黨，而是和自己關係更親密的共產黨；稍感意外的同時，在中共這個小弟建立新國家之際，也積極提供援助。共產國際此時已不復存在。戰後，東歐各國都成為蘇聯的支援國與同盟國，也結成了新的國際性聯絡組織（共產黨和工人黨情報局，一九四七年設立）。經歷了二戰，蘇聯已升級為超強大國，國際影響力有了飛躍性的增強。

在此背景之下，一九四七年十一月，毛澤東表示應調整對蘇關係，與之探討計劃中的新政權與新國家的成立，籌備一九四八年訪蘇，並列舉了幾個格外關心的問題。譬如是否應允許共產黨之外的政黨、政治派系的存在與活動。毛澤東自身的觀點是「在中國革命最終勝利的時候，將仿照蘇聯和南斯拉夫的模式，除了中國共產黨之外的所有政黨都應當從政治舞台上消失，從而將極大地鞏固和加強中國革命」。[2]但這一見解似乎遭遇了史達林的反對，史達林在次年四月的覆電中告誡這想法還不夠成熟。毛在公開場合很早就表明了聯合政府性質的新政權構想，但實際上還是預想在不久的將來，政權會由共產黨為中心領導。但或許是史達林的意見起了作用，一年多後，人民共和國成立之際，又回到了積極聯合其他黨派、共同承擔政治的方針。

此外，一九四九年，毛還把編纂中的《毛澤東選集》送給史達林，又把自己信賴的劉少奇派往莫斯科，就建立新國家的各項懸而未決的事件進行事前協議。另一方面，同年初，蘇聯特使米高揚（Anastas Mikoyan，蘇共中央委員）祕密訪華，向即將建國的中共傳授了種種智慧。這是蘇共政治局委員第一次訪問中共。說起來，過去這麼長時間內，蘇聯一直和國民黨、國民政府往來，總是沒有徹底信任中共。如今，蘇聯終於放棄在國共之間尋找平衡，而是明確將共產黨視為中國的主人。同樣地，一九四九年七月，中共建立政權已進入倒數計時，對於此時訪蘇的劉少奇，史達林就曾經對中共的種種干涉問道：「我們有攪亂過你們，妨礙過你們嗎？」劉答「沒有」，史達林即道：「勝利者不被審判。取得勝利是對的。」態度一轉的他，今後要將中共當作勝利者看待。

此後，人民解放軍發起全國總進攻，國民黨投降，共產黨之外的政治勢力也相繼表明對共產黨的支持。同年十月一日午後，基於剛剛閉幕的政治協商會議上商定的協議事項（國旗、國歌等也是這一時期制定），毛澤東在北京宣布成立中華人民共和國，並舉行開國大典。自一九二一年第一次大會以來不到三十年，共產黨就取得了天下。對了，中共一大上聚集的十三人當中，到這時還有六人在世，而能夠登上天安門城樓觀看開國大典的，即做為黨的領導人迎來建國之日的，只有毛澤東和董必武二人。這兩人之外的十一人中，有三名在共產黨的革命運動中獻身，一人病死，而後來離開共產黨的就有七名，其中還有兩人在中日戰爭時期加入了汪精衛傀儡政權。由此可以想

圖 2-9　配合開國大典，在天安門城樓上新掛起毛澤東的肖像

像，二十世紀前半期中國走過的道路，是何等風波激蕩。另外，大典為了避開國民黨軍隊的空襲，特意在下午稍遲的時候舉行；閱兵式上，空軍編隊也隨時應對萬一發生的襲擊，因為當時與國民黨的軍事對峙還在繼續。國民政府（國民黨）此前已向臺灣轉移，同年十二月宣告將政府播遷至臺北。

人民共和國建國時，共產黨黨員數約為四百五十萬，較內戰時期激增約四倍，但這也不過占總人口的〇．八％。但是，國民黨從前統一全國的時候，黨員數僅占總人口的〇．一％，至於十月革命時期布爾什維克黨（蘇聯共產黨）的黨員比例，則比這個還要少。因此，做為領導新體制的組織，中國共產黨可以說擁有相當的力量。

而且，大約二五％的黨員都在二十五歲以下。這一比例到文化大革命前夕是七．五％，二〇〇〇年降至四．六％。*乍看之下，或許會覺得建國初期的黨是朝氣蓬勃的年輕人們的組織；但還需要作一點補充說明，當時中國人的平均壽命僅三十五歲左右，到二〇〇〇年則已超過七十歲。也就是說，年輕黨員的確很多，但從人口構成比例整體來看，不論當初還是現在，還是應該將共產黨理解為由社會中堅力量組成的壯年政黨。特別是領導層也正當盛年：中央政

* 註四：如今（二〇一九年末的統計）統計標準稍有變化，改為統計三十歲以下的人數，但也只有一三％。

府主席毛澤東五十五歲，副主席劉少奇五十歲，政務院（現在的國務院）總理周恩來五十一歲，人民政府委員鄧小平才四十五歲。

另一方面，黨員的學歷和職業也大有變化。建黨之初，黨員幾乎都是知識分子（後文詳敘），而在農村地區經歷了活動與戰爭之後，到了一九四九年末，農民黨員的比例幾乎達到六成，文化程度也大幅下降。高中畢業生和大學畢業生加在一起也不到一％；反過來，不識字的黨員群體以士兵為中心，約有七成。當然，中央領導人都是高學歷出身，沒有不識字的；但隨解放軍南下派往各地的中層以下幹部群體（即「南下幹部」），雖然對黨絕對忠誠，但往往欠缺行政能力與文化素養。一旦大肆宣傳「解放」、社會沉浸在某種激昂情緒中的時期告一段落，這些黨幹部的素質所導致的摩擦就開始出現，在城市地區尤其明顯。

以人民共和國建國為界，共產黨成為了執政黨；同時，黨的活動經費開始由國庫資助。此前，黨事實上擁有政權，政府支出與黨務支出之間的界線很曖昧。而到建國前某一時期（一九四〇年代初），黨內出現討論聲浪，認為黨和政府的支出還是應該分開，考慮在取得全國勝利後，共產黨就不再領國家的錢，自己吃自己的。其實在這之前，共產黨已經有了獨立的財源，叫作「黨產」，以黨員繳納的黨費和根據地產品的對外交易所得收入為基礎，在香港和上海甚至還有交易商社。但是，依靠黨產、不依靠國家這一設想，最終並未成為確立的制度。在聯合各民主黨派建立國家提上日程之後，共產黨稱，如果共產黨不接受國家的錢，則民主黨派也無法接受；以此為由，一九四九年一月初，共產黨也與其他民主黨派保持統一行動的形式，決定接受國家經費。

就這樣，共產黨停止經營黨產，其剩餘金額加上黨費，以及毛澤東的稿費等經費，一起併入了黨的「特別會計」。之後，除了充當黨的活動支出補助和幹部遺屬的生活保障之外，這些錢據說還用於以下情況：給實際上亡命蘇聯的王明匯款，上繳蘇聯共產黨對外聯絡部（資助其他國家處於在野黨立場的共產黨）等等。

再說幾句聊備參考。國民黨在大陸統治時期和撤往臺灣之後，都擁有極多的「黨營事業、黨產」。但是，近來這被視為國民黨在臺灣的活動資金，是滋生腐敗、貪污的溫床，社會對國民黨的批判也益發猛烈。執政黨的經費應自行籌措，還是從國庫支出？若從國庫支出，就會被批判特定政黨和政權之間過從甚密、缺乏緊張感；雖說如此，就算原則上要求政黨獨立核算，但這也會引發執政黨特有的種種特權和腐敗，對該政黨乃至政黨政治的不信任感也會隨之高漲。不論哪種選擇，都是難題。

共產黨從國庫得到了相當數額的援助（相當於日本的政黨助成金），這種情況如今依然繼續。雖說是執政黨，但在中國幾乎從未聽說過這樣的原則，即已經從黨員那裡徵收了黨費，活動經費就不應從國庫支出，而應該用政黨經費。或者說，人們通常不會意識到這個問題。因為黨國一體，就好比太陽從東邊升起那樣自然。然而不得不說，區分黨和國家的經費，在現實上極為困難。試想一下，人民解放軍做為黨的軍隊，同時也是國家的軍隊（本章第一節）。公開的軍費就高達二千多億美元，其中的一半由共產黨支出，這到底是怎麼辦到的？黨費是據黨員收入中徵收工資的〇．五％至二％而來，若黨員不是阿里巴巴的馬雲那樣級別的富豪*，這點黨費別說是軍費，就是日常活動也不夠。

另一方面，共產黨以外的黨派雖說也從國庫支出經費，但跟九千萬黨員的共產黨相比，各民主黨派的規模實在太小。即便是黨員數最多的中國民主同盟（民盟），黨員也不過三十多萬人而已，僅共產黨的三百分之一，彷彿是螞蟻和大象的差別。很容易想像，民主黨派分得的國庫金額，要遠遠小於共產黨的那份。

更進一步說，有時會出現共產黨員拖欠黨費、違反紀律的報導，偶爾也有關於黨費用途的報導，但黨究竟從國庫得到多少資助，或者說黨費收入以外的財政收支是什麼情況，則從未聽說有公開報導。在中國，把不放到檯面上說的儲備金叫作「小金庫」，但共產黨的「小金庫」卻是巨大的黑箱。分析中國政治的專家們都已指出中國的黨國密不可分的性質，而運作經費的整體結構如實體現了這種性質。該結構在人民共和國成立前夕已被確立，成為黨國體制的基礎，並延續至今。

1——師哲《在歷史巨人身邊——師哲回想錄（修訂版）》中央文獻出版社，一九九五年，二〇〇頁。

2——〈庫茲涅佐夫致斯大林報告：毛澤東來電談中國局勢〉（一九四七年十二月十日），沈志華主編《俄羅斯解密檔案選編——中蘇關係》第一卷，1945.1-1949.2，東方出版社，二〇一五年，二一二頁。

* 註五：據數年前公開的消息可知，阿里巴巴董事長馬雲是中共黨員，但不知道他繳納的黨費是多少。

第三章

毛澤東和他的同志們

1 了解毛澤東的意義

一九四九年十月，毛澤東在天安門城樓上宣告建立中華人民共和國，他的影像資料與其他眾多出席開國大典的領導人一起轉播到了全世界，使毛一躍成為著名人物。在這之前的十多年，毛還只是個在陝北革命根據地建設革命政黨的領導人，當時曾接受了美國記者埃德加·斯諾的首次採訪。後來斯諾寫成《紅星照耀中國》，講述了這個謎樣人物的為人與想法。不過，傳記要建構做為本國的國家領導人的應有形象，只會紀錄在合適的場合說應該說的話；在這樣的認知下，本書超出了傳記文學的範疇。

一九四九年以來，毛澤東成為國家領導人之後向人們展示的形象，在不同時間或不同場合，其實非常多樣，總體量亦十分龐大。儘管如此，若說能體現毛澤東個性的逸話，人民共和國時期發表的那些，多半是偉人傳說裡常見的、格式固定的陳腐故事，比起斯諾的報告文學，不得不說缺了些趣味。

比如毛入黨後不久，奉令參加了一九二一年召開的共產黨第二次全國代表大會，有關其過程，毛對斯諾表示，他本來打算參加，也去了上海，但是「忘記了開會的地點，又找不到任何同志，結果沒有能出席」。[1] 如今，中國不可能有哪個黨員坦然說，忘記了黨代會的地點而沒有去參加。毛為了參加會議，專門從湖南到了上海，想去會場，卻忘了在哪兒，這些理由在今天絕對行不通。但是在當時，卻好像不要緊。現在，中國共產黨自己講述的黨的歷程，是英雄們走過的苦難且光榮的道路。然而，若稍稍掀開歷史的面紗就會發現，很意外地，這些英雄都是普通的年輕人。但是，這些年輕人卻成就了普通人無法實現的事。一九二〇年代初加入共產黨、有時還放黨代會鴿子的毛澤東，到底是俗人，還是超人？他在共產黨這個組織中，在黨的百年歷史中，雖說是極為特別的存在，但也是在那個時代生活的無數中國青年當中的一個。同時，雖然不是他一個人實現了中國革命的成功，但對於中國共產黨而言，顯然直到今天，毛澤東依舊是無法忽略的重要人物。

圖 3-1　1936 年斯諾留下的這張毛澤東照片，雖說拍得不怎麼樣，但可以看到毛不加修飾的樣子。

毛離世已有四十多年。在這四十年間，中國共產黨的政策從高舉革命的旗幟，到降下革命的旗幟，發生了一百八十度的大轉彎。但毛澤東的肖像依然做為中國的象徵，高掛在天安門城樓上，意味著其存在已超越了單純的革命中國的框架，也超越了「後革命時代」中國的框架。而且，不消我多說，毛澤東現在仍是共產黨領導人的榜樣；共產黨的政治、政黨文化，有相當一部分是從毛時代繼承而來。第一章開篇提到共產黨的DNA來自共產國際，而共產黨DNA的另一源頭，就是毛澤東。

因此，如果要了解和後毛澤東時代一脈相連的今日的共產黨，或者說要搞清楚共產黨之所以是共產黨的理由，那麼就有必要了解毛的性格，以及毛的同志們到底是怎樣的人。事實上，在人民共和國最初的三十年，也就是毛在世的時期，若不考慮毛的性格，以及他和同志們在風格和想法上的差別，就很難說明中國共產黨走過的道路。因此，本書後半部在討論人民共和國政黨之前，特設一章探討毛及其周圍的同志們究竟是什麼樣的人。想必這會幫助我們更為立體地理解中國共產黨的歷史。

2 毛澤東的個性——什麼樣的青年成了共產黨員？

正如所有歷史人物都是所謂的「時代之子」一樣，毛澤東也是背負著近代中國的「時代之子」。就這點而言，直到青年時代，他都和許多生於近代中國、想要改變這個國家的年輕人們一樣，沒有任何區別。要說毛和其他人物有什麼不同，那就是後來他透過革命活動，擁有了壓倒性的存在感，最終成為中國共產黨乃至中國的化身。首先，我們來看他身上凝縮的二十世紀中國的時代性和共產黨的時代性。

毛澤東一八九三年生於湖南湘潭縣韶山的一戶農家。家中本來不是很富裕，由於父親的才能與勤勉，田地增多，後來過上了相當於富農（或曰小地主）的生活。在父親的指示下，毛從小就開始在田間勞作，幫家裡記帳，同時也學會了讀書寫字，如饑似渴地讀了各種書籍，對中國的衰退有強烈的危機感。毛的老家在距離省城長沙五十公里左右的地方，就在辛亥革命前一年（一九一〇年），長沙發生了大規模的搶米風潮，當時毛也目睹了逃難的民眾，感覺到了中國艱難的未來。因此，雖說是農村人，但其實在他成長的地方，也能夠直接感受到世間動態。

當時中國據說有四億人，超過八成住在農村。毛小時候還生活在清朝，如果是男子，住在鄉村的人也可以參加科舉考試。但若要認真備考，那得花相當一大筆錢，所以毛並未接受預備科舉考試的教育。除了家裡稍微富裕些，他就是個極普通的農家子弟。因此，共產黨以工人（無產階級）為主體的革命運動，能夠紮根於農民革命而獲得成功，也可以說是因為毛澤東的農民出身。

正如本書第一章已經說過的，毛澤東參加過一九二一年的中共一大，是中國最早期的黨員。當時全國黨員有五十多名，大半都是知識分子。我們再來看一下出席中共一大的十三名代表的出身家庭和學歷。像毛澤東這樣出身農民家庭的有六名，剩下的七人則出身於官僚、醫生或私塾教師等知識分子家庭。工人階級出身的一個也沒有。而農村出身的人當中，像毛這樣出身於有一定資產的農民家庭的有五人，佃農出身的僅一人；這一人也跟本家少爺去學堂念過書，因此，真正出身於貧困家庭的一個也沒有。總之，根據所謂的階級意識，早期的共產黨員當中，幾乎沒有誰是因為在實際生活中被地主或雇主奴役、壓榨，意識到這種矛盾後對社會主義產生覺醒的。

這麼一看，經常被強調說是農民出身的毛澤東，說他是參加一大的成員中的平均水平，也沒什麼問題。對了，他參加會議那時二十七歲，差不多剛好是十三位大會出席者的平均年齡。毛正是當時非常典型的中共黨員。那麼，他為何會對社會主義產生共鳴，又為何會成為共產黨員呢？極粗略地說，他是為了改變中國，為了改變天下國家。下面就來說明一下這種思考迴路。

中國正在衰落，生活其中的民眾正在受苦，這是因為中國是落後的封建社會，並正受到西方資本主義國家的壓迫。資本主義在西方也已經出現了問題，早晚會面臨瓦解的命運（馬克思以降，大家都這麼說）；因此，不應從引入資本主義開始，而應該選擇社會主義，由此改變社會、改變中國。一九二〇年，毛澤東在致蔡和森的信中談到了這些想法，提出要「改造中國與世界」。[2] 沒錯，該文有意識地站在天下國家應該如何的高度展開討論，內容也相當堅持說理。

有意識地去思考一切事物，正因為他是一位有相當水平的知識分子。當然，若是討論天下國家，這個程度對士大夫來說是小菜一碟；但要討論以馬克思主義為首的社會主義理論，著實有點難度。結果，參與建黨的各方人士，全部都是高學歷出身。

那就再來看看一大代表們的學歷。大學水平的有七人，高等師範水平的有三人（毛澤東是其中之一），高中水平的有一人，剩下兩人雖沒有接受過正規的近代式教育，但都是生員。這在從前是被稱為「士大夫」、「紳士」的統治階層，或者說是統治階層的預備軍，這些人占中國總人口的一％都不到，堪稱超級精英階層。

有關學歷的這個數字，後來共產黨到了革命活動實踐階段，實際上需要實際從事工人運動和農民活動，因而有了很大的變化；但是，在黨中央或各級地方組織的領導層，實際位處黨中樞地位的部分幹部，到後來也主要由知識份子構成，這一點並沒有多大變化。共產國際的活動自不必說，在大大小小各種會議上的發言和指示、撰寫報告文件等等，共產黨幹部的工作其實是相當高度的知性行為。若想到這點，也就可以理解擁有這種能力的知識分子們在黨內占據要職的原因了。

這些早期黨員的目標是改變世界和中國，而重點則放在改變世界。毛澤東在前文所述致蔡和森的信中，贊成採取俄國式的革命方針，並在此基礎上表示「凡是社會主義、都是國際的、都是不應該帶有愛國的色彩的」。

但是，這種「國際主義」的態度——和期待中國、愛中國盡可能保持距離——在那之後的國共合作，以及反帝運動如火如荼的國民革命時期以後，漸漸變得淡薄。尤其是到一九三〇年代之後，隨著日本侵略大陸的意圖日益露骨，抗日民族主義成為社會運動的標誌，「愛國」意識也因此變得空前強烈。曾經說過「社會主義不應該帶有愛國的色彩」的毛澤東，在一九三八年則說了以下這番話：

國際主義者的共產黨員，是否可以同時又是一個愛國主義者呢？我們認為不但是可以的，而且是應該的。……理由是：只有為著保衛祖國而戰才能出全民族於水火，只有全民族的解放才能有無產階級與勞動人民的解放，愛國主義就是國際主義在民族革命戰爭中的實施。……這些愛國主義，一切都是正當的，應該的，必須的，正是國際主義在中國的發揮，一點也沒有違背國際主義。

（〈論新階段〉一九三八年）

也就是說，愛國主義與全民族乃至無產階級的解放至為相關，它承擔著重任，是世界規模的解放運動之一環。這種邏輯將愛國主義納入了國際主義的框架。進而言之，共產黨的原則認為，所謂的「民族主義」也是資產階級式的價值觀，因此毛澤東用了「愛國主義」做為替代。包括這一點在內，毛認為「愛國主義」和「國際主義」不矛盾，這種觀點被共產黨繼承了下來，直到現在仍是黨的公開主張。

毛澤東當時所說的國際主義的榜樣，是抗戰時期來到中國的醫生白求恩（H. N. Bethune）。他是加拿大的共產黨員，在延安根據地獻身於醫療事業，後來死在中國。但是，毛澤東在稱讚他的文章中（〈紀念白求恩〉，後來在文革時期成為論述共產黨員應有精神的「老三篇」之一）強調的「這就是我們的國際主義」，是廢寢忘食投身醫療的精神。外國人無私地支援抗日的中國，這一點確實是白求恩的「國際主義」，但他並沒有反過來說自己的國際主義是什麼樣的。若是帶著惡意去看，就感覺是替換成了某種修養論：連外國人都發揮「國際主義」、支援抗爭和中國的民族主義，所以中國人也不要輸給他們，奮鬥吧！

不過，在思考毛澤東的國際主義和愛國主義之際，經常被人拿出來講的，是這樣一個事實：他在成為國家領導人之前，一次都沒有離開過中國。一九四九年十二月，他以中華人民共和國領袖的身分正式訪問蘇聯，這是他第一次出國，當時已五十多歲。而在他一生中，包括這次訪蘇在內，也只去過兩次國外。正如前文所述，不論是出身家庭還是所受的教育，毛在許多方面都和當時加入共產黨的年輕人們相似，在這個意義上來說，也可以叫他「典型共產黨員」，但只有建國前從未出國這一點極為例外。

對了，一九四九年當時，共產黨最高領導層——中央政治局委員以毛澤東為首，共有十四人（具體成員可參考下一節一八七頁表格）。截至此時沒有去過外國的，只有毛澤東、彭德懷、彭真三人。彭德懷出身貧農，一步步成為出色的軍人，而彭真曾在獄中度過六年，考慮到他們二人的特殊情況，那麼毛澤東沒有出過國這一點就顯得非常醒目。因為有共產國際的存在，直到一九四〇年代，共產黨的許多幹部或是去留學，或是出席共產國際的會議，大部分都曾去過莫斯科。比如周恩來，到一九四九年為止，光是蘇聯就去過三次（滯留時間約一年零兩個月），此外還去過日本、法國、德國等地；到一九四九年後，因為兼任外交部長的緣故，僅蘇聯就去過十次以上。

先不提成為國家領導人之後的出國訪問，共產黨員還有政治活動家們若要累積經驗，去蘇聯留學或研修，在當時是理所當然的經歷。在中共高層當中，反而是一次都沒去過外國的人必須做好覺悟，因為單憑這點，就可能被人看成是見識狹窄之輩。

在二十世紀中國，利用海外關係或在外國的經驗獲得好處，這種情況其實在共產黨之外也十分常見。大多數民眾終其一生都與外國無緣，與此同時，統治者們卻多數在海外名校學習，當中有人比起母語，更喜歡使用留學國家的英語或法語。這些人不信任本國制度、特別是高等教育和金融機關，將很多生活的重心都放在國外，由他們通過聯姻構成的上層社會正是所謂的殖民地式社會，二十世紀前半期的中國就很接近這種模式。比如國民黨領導人自己或家人大多都留過學。「宋氏三姐妹」（宋靄齡、宋慶齡、宋美齡，分別是孔祥熙、孫文、蔣介石的夫人）等人就是典型，幼年時被父母安排送到美國留學，讀寫方面都是英文勝過中文。

要之，不論國民黨還是共產黨，高層領導人大多認為，改變落後中國的方法只有師法外國，在這一點上，兩黨的想法沒有大差別。不同之處在於是學習歐美等發達國家或日本，還是學習蘇聯這個革命先進國家。而這之中，反而或許是因為毛不懂外國，不容易有崇拜外國的想法，因此才形成了他獨特的革命思想。

等一下，毛雖說同時也信奉馬克思主義，但毋寧說他還是更著眼於中國的在地社會，這一點是毫無疑問的。換言之，毛身上同時存在著與中國近代不可分割的本土成分和舶來成分，也同時有大眾世界和精英世界的文化，乍看都是無法相容的要素，卻彷彿渾然凝縮為一體。在從莫斯科回來的精英們眼中，這想必不同於以馬克思主義為基礎的革命運動，是異質的混合存在。

順便再來看看毛後來的中國領導人。比毛差不多小十歲的鄧小平一代，基本上都去過法國或蘇聯留學，再往後則大多幾乎沒在國外生活過。頂多是江澤民在一九五〇年代曾前往當時的友邦蘇聯進修技術，呆了一年。至於華國鋒、胡耀邦、趙紫陽等人，大都是一九八〇年代當上領導人後出國訪問，才去過外國。因為在他們的青年時代，中國所處的國際關係要麼是戰爭，要麼是在中蘇對立下的國際孤立之中。此外還有一個背景，那就是到了人民共和國時期，本國教育體系已經能夠培養人才。

再來看最近的情況，胡錦濤、溫家寶、習近平、李克強，都在國內名門大學接受過高等教育，但都沒有留過學。不過，改革開放之後，一旦可以去西方先進國家留學，他們的子女，也就是所謂的高級幹部子弟，統統去了歐美或日本的大學留學；某種意義上而言，與百年前相似的狀況又重演了。儘管表面上為本國的教育水準感到自豪，但現實上還是信賴外國的教育內容和水平，仍然是民國式（殖民地式）的狀況。同樣的狀況也可以從另一個事實上印證，那就是所謂的貪官們紛紛把自己的資產轉移到海外銀行帳戶，或在海外購買不動產。

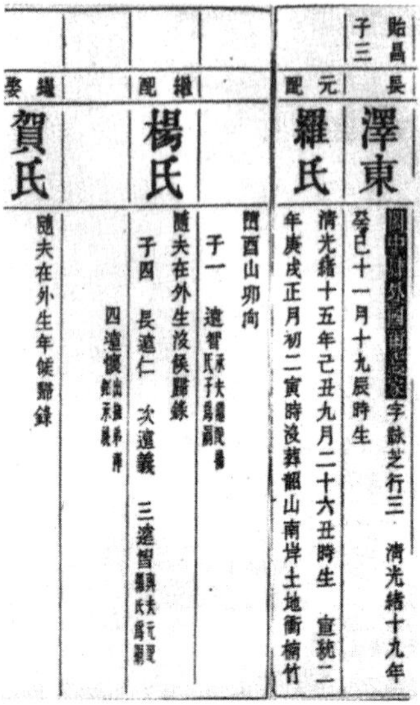

圖 3-2　毛澤東的族譜。可以查考元配羅氏、繼配楊氏、繼娶賀氏的生卒年及所出。

說回毛澤東，他的子女當中，長子岸英和次子岸青都曾被送往莫斯科。一九三六年，在當時祕密保護共產黨領導人子女的上海黨組織安排下，二人經歐洲抵達莫斯科。當時岸英十三歲，岸青十二歲。母親去世後，領袖的孩子失去了照顧，就得把他們送去安全的地方，於是岸英後來在莫斯科的軍校留學，一九四六年回國後入黨，一九五〇年死於朝鮮戰場。*雖說毛也把子女送去了海外的學校，但事實上是避難。直到一九三〇年代，父母在革命中犧牲而成為孤兒的黨內幹部子女，往往都像毛的兒子們那樣被送去莫斯科，在蘇聯的國際兒童院等機構養大。因為是黨內領導人的兒女或遺孤，所以要離開親人，在特殊的異鄉環境中成長，這些「紅二代」**們才是體現「國際主義」的存在。但是，他們回國後的境遇大多充滿苦難。首先是語言問題，他們很不容易適應中國的生活；到一九五〇年代後期，中蘇關係惡化，他們還被當成間諜；而因為父母地位的浮沉升降，兒女也不可避免地被捲入其中。

再看毛澤東個人的情況。接下來介紹他兩個兒子的母親，也就是毛的妻子楊開慧，看一看毛的女性觀和性別觀，以及一九二〇年代的中國青年普遍懷有怎樣的想法。

* 註一：岸英做為俄語翻譯兼機要祕書參軍。弟弟岸青有精神疾患，在一邊從事俄語翻譯、一邊療養中度過了後半生。此外，據說毛還有早夭的三子岸龍。

** 註二：瞿秋白、劉少奇、朱德、張太雷、高崗等人的孩子就是紅二代。

本書第一章第六節中，結合當時的時代狀況，介紹了早期共產黨員的戀愛觀，而在入黨前後跟楊開慧結婚的毛澤東，也是與封建家族制度和婚姻制度唱反調的青年之一。一九一九年有一起社會事件，某位年輕女子不滿父母安排的婚姻，在出嫁的花轎裡自殺。當時二十七歲的毛澤東就此事件連續寫了十篇評論，他的做法或許令今天的我們感到意外，但考慮到當時的時代思潮，他這麼做就一點也不奇怪了。毛澤東十四歲時，也在父母的安排下與鄰鄉比自己年長的女性結婚（元配四年後死去）。後來，在撰寫文章批判黑暗社會強迫女性之後，一九二〇年末，他與恩師楊昌濟的女兒楊開慧戀愛結婚。前文說過，當時考進大學的男學生，一半以上都與父母選中的女子結婚或訂婚，自己選擇對象的人不足三％（第一章第六節），若參考這個數字，可說毛是實現了自由戀愛結婚的極少數先進分子。

不過，毛和楊開慧的家庭生活極為平凡，沒聽說有什麼特別的嘗試。在和楊開慧生育三個兒子的期間，毛的大部分時間都用於黨的活動，幾乎無暇顧及家庭。楊開慧雖然也是黨員，但因為忙於育兒和照顧毛，沒有留下什麼值得一提的活動痕跡。從這層意義來說，她到底只是守護家庭的人，在男性社會的共產黨內部，並沒有成為超越「毛澤東夫人」之上的存在。

不過，就算沒有成為「之上的存在」，若丈夫是掌握很大權力的人物，自己被公認是某人的「夫人」，那麼還是有可能發揮相應的權勢。人民共和國時期的江青就是典型。但包括江青在內，黨的百年歷史中，沒有女性能進入中央核心領導層「中央政治局常務委員」。雖說如國家副主席、副總理等帶有名譽色彩的職位也會任用女性，但極少數的最高領導人之位，則完全由男性占據。

一九二七年，毛澤東為參加共產黨的武裝起義去往農村，那之後與楊開慧中斷了聯絡。次年，他把楊留在老家，與農村根據地的女性活動家賀子珍「結婚」了。一九三〇年，潛伏在老家的楊開慧被逮捕，不久被處死。半個世紀後，在楊開慧故居發現了她的書信和手稿，由此可知，她生前曾探問離家在外的毛的音信，也曾嘗試與毛取得聯絡。但這些對毛愛恨交織的書信等檔案，至今也沒有全部公開。

關於毛澤東的家庭生活和私生活，時不時會有混雜著親見或風聞的「真相揭密」出版品，引起世人熱議。當然，有很多是不著邊際的內容，但這些書會大行其道的原因之一，也是因為共產黨在資料公開方面態度極為消極。楊開慧留下的書信就是這類祕藏檔案的一例，因為資料不公開，所以才會不斷出現號稱是「機密資料」、「極密資料」的檔案或揭密書。我們應該知道，對這類事態的真正對策，不是禁止這類書籍的出版、流通、攜帶或閱讀，而是黨應該親自主導公開檔案。

3 黨的首腦們——「忠臣」與「佞臣」

將建黨以來的百年歷史大致分為毛澤東時代和後毛澤東時代，這種作法有一定的合理性。所謂毛澤東時代，即以毛澤東為首的領導人們經歷革命與戰爭、向建立共和國邁進的時期。建黨初期的陳獨秀等領導人都具有強大的個性，魅力超群，這一時期的戲劇性故事也格外多。而到後來，就沒有出現魅力能與毛相抗衡的領導人，最多是鄧小平那樣的「小巨人」，發揮了一些人格魅力。再之後的胡耀邦、江澤民、胡錦濤，他們的存在感就更低了。

正因為毛是這樣重要的存在，在黨的歷史中，從建黨到他死去的一九七六年之間的五十五年，可以圍繞著他來講述黨的歷程。但是，黨的歷史也不是僅僅只有毛澤東一人而已。比如建黨初期，首先要提的是推動建黨的陳獨秀，還有在北京和廣東協助陳獨秀建黨的李大釗、譚平山；陳獨秀失勢後，有在文學批評領域也很著名的瞿秋白，在工人運動中積累經驗、一舉成為中央領導人的李立三，以及在莫斯科國際共產主義運動中嶄露頭角的王明、張聞天，還有和毛反覆展開權力鬥爭的張國燾等人。而在這些實施了各種「錯誤」路線的領導人之外，還有不少正面人物值得一提，比如周恩來、劉少奇、高崗、鄧小平等等。

黨的領袖任免，本身是在高度的政治化機制下進行。正如早期和共產國際的關係中可以見到的，黨的主要領導人的任免不只是國內（黨內）的手續，還需要遵循莫斯科（共產國際）的意見。比如一九三一年一月，上海召開六屆四中全會，會議在來自莫斯科的共產國際代表米夫（P. Mif）的監督和指導下進行，米夫的弟子們甚至還被安排進了領導層。前文已說過，長征期間大大改變了這種狀況，在不經由共產國際介入的情況下，黨實際上也完成了領導層的改朝換代。

長征之後，共產黨在人事方面發生的另一項變化，是從陝北新根據地的本地幹部當中選拔人才，進入中央領導層。本來，毛澤東等人的中共中央與長征部隊最終會以陝北為目的地，是因為劉志丹等人從一九二〇年代就在那裡展開活動，開闢了根據地。陝北的黃土高原一望無際，是中國有名的貧困地帶。「黃色大地」聽著可能還沒什麼，但其實當地降水量少，土地也非常貧瘠。該處不僅迎來了毛澤東的長征部隊，還有從其他根據地不斷湧入的共產黨軍隊，總計約三萬人；單是養活黨的人才和士兵，對當地組織和居民而言，就是非常大的負擔。因此，重用陝北本地出身的幹部群體，某種意義而言是理所應當的。

其中的代表人物是高崗。陝北幹部群體的首領是劉志丹，他在長征部隊抵達後不久即戰死，部下高崗獲得毛澤東很高評價，因而被提拔為劉的後繼者，實現了前所未有的晉升。這個群體裡還有習仲勳，也就是如今最高領導人習近平的父親。高崗在一九四五年的第七次黨代會之後，入選了僅有十三人的中央政治局委員，在國共內戰時期鞏固東北地盤的事業中發揮了主導作用，一手掌握了東北的黨政軍大權，建國後就任中央政府副主席。

關於人民共和國建國之後黨的人事問題，人們常常談起國共內戰時期起源於大軍區的地域派系，即高崗率領的東北軍區和彭德懷等人率領的西北軍區等；或者內戰時期由軍事編制（第一至第四野戰軍）派生出來的軍隊集團派系。當然，也不是不能用這樣的方法概括各派的動向。但是，比這些軍事派系具有更強的傾向性、並為建國後黨內人事問題投下深刻暗影的，應該還是根據地出身的幹部與白區幹部之間的衝突。

所謂白區，即國民黨統治區，與共產黨統治的根據地（中共蘇區）相對，大城市等所謂敵占區就叫白區。白區的活動在性質上以地下活動和情報活動為中心，比起根據地轟轟烈烈的革命運動，是樸素無聞的存在。但在國共內戰時期，他們承擔了重要的任務，包括策反國民黨部隊，或向紅軍、解放軍提供情報及接應。他們是擁有共同革命目標的組織，只是活動的地方不同而已；但當時黨內有一種很強的氛圍，比較看輕這些在白區從事地下活動的黨員。因為偏見認為，大多數白區黨員既沒有經歷過長征的考驗，也沒有經歷過整風的鍛煉，只能算半吊子黨員。

於是，有不少根據地幹部帶領人民解放軍進入各大城市後，就把協助他們工作的白區幹部集中在廣場，對他們進行說教一般的訓話。在南京，對於從中央送來的本地黨員，甚至還採取了「降級安排，控制使用，就地消化，逐步淘汰」這樣的方針。

一方面，白區幹部的學歷和文化水平相對而言都比較高，在他們看來，根據地幹部無論在農村的經驗和戰鬥多麼長久，卻連字也不會寫。然而，白區幹部卻被置於這樣的心理狀態之下：即便對根據地幹部粗野和傲慢的做派有所不滿，也不可抵抗。但另一方面，隨著建國之後黨的活動重點由軍事轉向經濟建設和行政事務，內部開始要求黨員有一定的專業能力，因而在實際活動中，重用白區幹部的傾向逐漸加強。這種情況在中央也是一樣，政府各部門一旦開始要求實務的專門性和素養，那麼僅憑農村工作經驗而力不能及的工作就大大增多，這也促使了各部門進一步重用白區幹部。體現在中央層面，就是與劉少奇相關的人脈，比如彭真、薄一波、安子文、劉瀾濤等人；他們在白區活動時間很長，經驗非常豐富。有些幹部對此心懷不滿，甚至有人向毛澤東嚴肅諫言，說再這樣下去，黨中央就要被白區黨占領了。

如何領導這些差異顯著的幹部集團，正是毛澤東等黨領導的煩惱所在。共產黨成為執政黨之後，首要之務就是重新整編內戰時期設立的六大軍區。內戰最終階段的一年當中，人民解放軍由北向南，再向西南，橫掃中國全境。其間，共產黨的統治地區急速擴大，組織也益發龐大。為了從軍政兩方面管轄這些區域，遂於東北、華北、華東、中南、西北、西南設置六大軍區，分別任命實力雄厚的黨幹部統領負責；但若放任他們不管，那麼只會招致各地區的割據。因此，建國以來的幾年間，黨分別安排各軍區負責人中央部署的工作，以這種措施促使他們放手大權與領地。這也是避免中央領導人主管的部門趨向僵化的一項措施。也就是說，「東北王」高崗於一九五二年被中央召回，出任國家計劃委員會主席，由此分擔周恩來一手掌管的國務事項中的幾項工作，以及劉少奇負責的財政經濟委員會的幾項工作，目的在於重新平衡權力分配。

不過，高崗在中央的存在感卻因此更強。因為，他以內戰勝利的原動力成為東北地區的主人，占據了中央政界高位，還掌管了新中國建設中至關重要的國家計劃委員會，這堪稱是他的地位可以超越劉少奇、周恩來的徵兆。當時討論到毛的後繼者，即便高崗覺得自己夠格，也不奇怪；而事實上，彼時毛的人事安排與高的預想並無錯位。[3] 然而，高憑藉自己地位的提升，策劃取代劉少奇、周恩來等黨內領導人的位置，事後失敗，在一九五四年的調查過程中自殺。共產黨認為，高崗的罪狀在於將自己領導的東北地區「看作是獨立王國」，進行了「反黨分裂活動」，自殺則意味著承認了自己的罪行，拒絕贖罪，是對黨和人民更進一步的背叛行為。但是，有關其陰謀的實際情況，依然留下很多沒有搞清楚的謎題。這一事件裡還有另一個參與陰謀的黨內高層人士，即饒漱石，因此稱作「高饒事件」。後來，人民共和國時期數次發生了謎團重重的高層領導人落馬事件，該事件是當中的第一號。

在政治世界落馬，意味著這個人物的功績，甚至包括其存在，都從官方記錄和記憶中被抹除。我們且看歷史油畫〈開國大典〉。一九五三年，這幅畫剛完成的時候，畫面上，毛澤東在天安門城樓上宣讀建國宣言，他身後站著多位領導人，當中就有高崗的身影（圖3-3，圖A箭頭所指處）。然而在他下台之後，這幅畫的作者董希文被命令修改圖畫，畫中的高崗就被去掉了（圖B）。不久，文化大革命爆發，劉少奇被打倒後，畫中的劉少奇（圖B箭頭所指處）也被換成了其他人物（圖C）。*有關文藝和藝術的作用，毛澤東在延安整風時期發表的文藝講話中，強調藝術服務於政治的必要性。所謂服務，正如這幅油畫一般，意味著需要時時應對政治課題。

高崗之外，還有一位大人物康生，雖然曾是黨內高層，但他的名字也遭到了抹殺，如今幾乎不被提及。到一九三〇年代後期為止，他主要是莫斯科駐共產國際代表中的一人，有如王明的左右手。他和王明在一九三七年十一月末回國來到延安，成為毛的親信，和毛關係很近。他在莫斯科時代鍛煉出有關諜報與大清洗的特殊技能，以及對中國古典文化的深刻造詣，頗得毛澤東賞識，在黨內的肅反運動中，比如延安的搶救運動，發揮了令人悚然的手段。他就是所謂

* 註三：文化大革命結束後，劉少奇平反後，〈開國大典〉又經重修，將劉少奇重新畫了回去，之後高崗也在畫中復活。現在，這幅巨幅油畫收藏於中國國家博物館。

圖 3-3　A　〈開國大典〉原版

B　高崗倒台後的〈開國大典〉(局部)

C　劉少奇倒台後的〈開國大典〉(局部)

的肅反專家。儘管如此，因其穩重的人品和豐富的學識，他甚至被稱讚為「東海聖人」，戰後毛岸英從蘇聯回來，他還做過毛岸英的老師。要是在古代，就是太子太傅了。

康生體弱多病，在人民共和國時代，很少站到政治舞台中央。但到了病情稍有改善的文革時期，他就恢復了威望，回歸中央政界，在毛的庇護下發揮了肅反專家的能力。一九七三年，他成為黨副主席，不過兩年後死於癌症，在一萬五千人參加的追悼會上，被贈予「中國人民的偉大戰士」的稱號。但是，這個稱號僅限於毛澤東在世的短暫時期。賜下稱號的毛澤東一旦去世，康生生前的種種惡行（過火的大清洗）就被不斷揭露，結果到了一九八〇年，他被永久開除黨籍。追悼會上贈予的稱號也被取消，取而代之的是「反革命集團的主犯」，在國外則被稱為「中國的貝利亞」。*之後，死去的康生受到一系列討伐，骨灰被移除出革命公墓，故居被取消做為革命遺址的資格……

就這樣，他生前的痕跡盡可能地從歷史中被抹去了。如今，在共產黨史的相關影像資料集中，幾乎看不到康生的身影。這是刻意去除之下的結果。但是，就算這不正常，也持續了近半個世紀，歷史已被重塑。據說，最近有的中國青年學者甚至都不知道康生的存在。

圖3-4是一九六六年為讚頌文革領導人而製作的海報，左起是康生、周恩來、毛澤東、林彪、陳伯達、江青，當中除了周和毛，其餘四人在後來共產黨的官方歷史中都被「開除」了。若把毛比作皇帝，那麼這四人就是「佞臣」，受到毛的寵信、生出邪惡的野心、給黨和人民帶來無限災難。另一方面，在這些「佞臣」橫行之際忍辱負重、解救人民於水火、守護了黨的「忠

* 註四：貝利亞（Beriya）是蘇聯大清洗運動中的發揮核心作用的蘇聯共產黨領導人。

臣」，正是周恩來。

一九四九年人民共和國成立之際，中央政治局委員共有十三名。不久有人病死，因而在一九五五年補充了兩名，這樣算來共有十五名，且將毛之外十四人的結局簡單整理如表。

標記灰色的領導人名，在一九七六年毛澤東去世時或已被打倒，或非正常死亡的（如受迫害致死）一共有八人。董必武和林伯渠兩人是沒有實權的元老，朱德在一九六〇年代以後也差不多如此。任弼時身患重病，連開國大典也沒有參加，康生則是在毛生前權傾一時，在毛死後受到清算。能在毛時代倖存的，大約只有周恩來一人。就某種意義而言，在毛身邊工作屬於高危險職業，絕不簡單。

圖 3-4　歌頌文革領導人的宣傳畫

那麼，周恩來為何能長伴毛澤東身邊？毛相繼清洗高層領導人，加上毛還有經濟領域的失政，為何最終黨內沒有任何人能反對他呢？

周恩來曾留學日本和法國，和毛一樣，是從建黨初期開始活動的實務型黨幹部。從一九二

建國之初共產黨領導人及其結局（標記灰色者為毛去世前已受迫害致死或落馬）

		1955 年　　1966 年　　1976 年
朱　德	（1886-1976）	——病死
劉少奇	（1898-1969）	——迫害致死
周恩來	（1898-1976）	——病死
任弼時	（1904-1950）	—病死
陳　雲	（1905-1995）	——1969 實質落馬——1978 復出——病死
康　生	（1898-1975）	——病死　1980（除名）
高　崗	（1905-1954）	——落馬、自殺
彭　真	（1902-1997）	——1966 落馬——1979 復出——病死
董必武	（1886-1975）	——病死
林伯渠	（1886-1960）	——病死
張聞天	（1900-1976）	——1959 落馬——病死
彭德懷	（1898-1974）	——1959 落馬——迫害致死
林　彪	（1907-1971）	補充——亡命、飛機失事死亡
鄧小平	（1904-1997）	補充——1968 年（兩度落馬）—1977 復出——病死

○年代國民革命時期，到上海武裝起義和南昌起義等大事件，周都參與；到毛澤東通過農村游擊戰擴大革命根據地的時期，周主要轉向黨中央的黨務工作，斡旋於留蘇派和本土派的毛澤東之間，避免產生極端對立。然而，這種周旋式的調整遭到留蘇派和本土派兩邊的批判，即所謂的「調和主義」和「經驗主義」。這兩個主義是周恩來終其一生的標籤，其實他的性格也是不喜歡走極端和發生衝突。其後，在長征途中的遵義會議上，周同意毛進入領導層，在那以後，周漸漸開始支持成為第一領導人的毛，自己也成為一手擔當共產黨對外交涉的實務型領導人。

在人民共和國時期，周出任中央政府總理，直到一九七六年死去。高崗、劉少奇、林彪等二號人物被毛相繼打倒；在這種情況下，只有周一人始終得到毛的信賴，且未曾被打倒在地，這大概是因為不論大躍進還是文革期間，周基本上都沒有拂逆毛的意思；而毛儘管有時也對周抱有不滿，但還是承認周高超的實務能力。早在延安時代，毛就徹底批判過這種「經驗主義」，令周屈服，讓他發誓效忠毛澤東思想。對毛的屈從，到周的晚年變得更加顯著，但當中其實蘊藏著某種強烈的「反旗」意識，即革命理想已經實現到這個地步，如今實在不能再以什麼理由舉起反旗。關於跟隨毛一路到底的「晚節」有多麼重要，周在文化大革命剛開始的時候就這樣說過：

要跟著毛主席，毛主席今天是領袖，百年以後也是領袖，晚節不忠，一筆勾消。4

在去世前不久的一九七五年，周剛剛做完膀胱腫瘤切除手術，在給毛澤東的信裡講到了術後的情況，感謝了遵義會議以來四十年間受到的毛的大恩，並在結尾寫道，「現在病中，反覆回憶反省」，「要保持晚節」。5 若參照這個規範意識來說，追隨毛到半途、最終沒有保全「晚節」的，就是劉少奇、彭德懷、林彪他們了。周恩來的「節」，究竟是做為共產主義者來說，還是做為毛的忠僕而言？要區分二者，相當困難。因為周恩來的「節」看起來只是對毛個人的臣服，而在他自己看來，中國共產主義運動在經歷了種種曲折和苦難之後，最終抵達了唯一的道路，他恐怕很難與之分離。因此，離開毛，是做為共產黨人不應該有的轉向。

當時一般老百姓稱呼毛為「毛主席」，或者單叫「主席」，不會叫「毛澤東」，因為對他實在太過敬畏。一路走來的同志裡，也有像彭德懷那樣的強人，有時會親切地喊「老毛」，但這是例外中的例外。*與之對照，毛澤東的祕書田家英、多年來擔任全面服務中央領導的中央辦公廳主任的楊尚昆，在日記和書信裡提到毛時，常常用「主」、「主座」，或者「主公」等稱呼。[6] 一般就叫「主席」，而在「主」之後綴上「座」或「公」，可以說是為了表達敬意，也可以說是模仿古代臣下對君主的稱呼。毛身邊的人尚且如此，那麼黨內關係更遠的其他領導人，對毛就更彷彿是面對古代的君王。前文所引周恩來致毛澤東的書信，其措辭筆致，亦是如臣下對皇帝那般恭順謹慎。

那麼，毛超凡的領袖特質是從何而來？毛發動了激進的社會主義運動和文化大革命，以今日眼光來看是極魯莽的行動，但最終還是有很多領導人追隨他，這是為何？要回答這些問題，

---

* 註五：彭德懷在正式書信裡也會用「主席」。不過那是非常鄭重的意見書，觸了毛的逆鱗，直接與彭德懷下台相關聯，成為大清洗的開端。

其實很困難，若要簡單用三言兩語概括，大概就是出於經驗而獲得的、模模糊糊的全面信賴：「若跟隨這個人，從今往後都會順利吧。應該不會以失敗告終吧。最終若跟隨這個人是沒問題的。」而這種信賴感的另一面，是在延安整風運動後所確定的一種行動模式：因極度恐懼被毛批判，而藉由忠於毛的名義而自保（因為極端恐懼批判的矛頭和火花殃及自己，轉而以「搶救」的名義，對不幸成為代罪羔羊的同志進行批鬥的行動模式）；其結果是，對批判毛的言行展開歇斯底里般的群體攻擊。高崗之後，彭德懷、劉少奇、林彪相繼成為批鬥目標；回過神時，從前一路走來的同志就只剩下了周恩來一人。

專欄⑥ 由毛澤東「作詞」的歌曲——毛主席詩詞歌曲和語錄歌曲

人民共和國時期，對毛澤東的個人崇拜不斷升級，加上對文化活動的政治干涉日益增強，屢屢出現歌詞動輒成為政治問題的情況。因此，若是全黨、全國規模下推廣的歌曲，就需要周恩來等人檢查歌詞，確保萬無一失。禮讚毛澤東的經典曲目〈大海航行靠舵手〉（王雙印作，一九六四年），就是這類歌曲的代表。

到了文化大革命時期，這種傾向已發展至登峰造極的地步。崇拜毛澤東的風氣席捲全國，音樂、繪畫、書法等各個藝術領域都要歌頌毛。其中最極端的歌曲，是以毛的詩詞和文章改編的毛主席詩詞歌曲和語錄歌曲。這就不用擔心歌詞出問題了。毛澤東會作舊詩，這早就為人所知。一九五七年雜誌《詩刊》上刊登了包括未發表作品在內的毛的十八首詩詞作品，這些詩詞很快被作曲家們譜曲，誕生了大量歌曲。

其中有位才華橫溢的音樂家李劫夫，創作了許多詩詞歌曲。他曾活躍於延安人民劇社，後來在瀋陽音樂學院教書，雖一度被打成「右派」，但還是發揮了天生高產的特長，從一九五八年起持續為毛的詩詞譜曲。短短數年內，當時毛廣為人知的三十七首詩詞全被譜了曲。有時一首詩詞有幾個曲譜，統計起來一共有五十七首。一九九三年，人民音樂出版社從大量同類作品中挑選出一百首優秀作品，發行了《毛澤東詩詞歌曲百首》，其中李劫夫作曲的就有三十五首，超過全部作品的三分之一。

一九六三年，他發表了單曲名作〈我們走在大路上〉，從此確立了紅色音樂家不可動搖的地位。文革開始，他還為《毛主席語錄》的段落譜曲，即語錄歌曲。比如把「領導我們事業的核心力量是中國共產黨」一段做為歌詞，為之譜曲。一般而言，若先有歌詞，作曲者的自由度會受限。一般歌詞尚且如此，要給散文式的語錄譜曲，還不能有任何改動，其難度可想而知。李劫夫克服困難，創作的語錄歌曲竟多達一三〇首，只能說是超人了。或許，當時崇拜毛的能量不僅改變了李，還把許多普通人變成了超人。李的努力得到了認可，一九六九年，他被選為黨的第九次大會的代表。

李隔離審查期間的自畫像

然而，大量創作語錄歌曲也成為他悲劇的開端。林彪曾主持編纂毛語錄，他於語錄再版之際撰寫了前言，李劫夫為這前言也譜了曲。前言超過八百字，一曲唱完要七分多鐘，這首大型作品更像是合唱用的交響曲。一九六八年，李接受了林彪的接見，之後還為林的詩詞譜曲。林是當時公開的毛澤東後繼者，歌頌他，為他的作品譜曲，有什麼不合適的呢？然而不久後，李卻突然被逮捕，因為林彪發動政變失敗，殞命異國。林彪成了背叛黨和毛主席的罪大惡極之人，李則被視為林彪的支持者，接受了隔離審查。這位侍奉政治，又被政治改變人生的絕代「紅色音樂家」，在度過五年監禁生活之後，心臟病突發去世。他卒年六十三歲，那是毛死後三個月的事。

4 毛澤東與「文」——書齋中的皇帝

昔日的同志相繼離去，或因下台，或因鬱鬱不得志而終，或因死於非命；而在這過程中，晚年的毛澤東熱心從事的，是編纂自己的詩詞作品集成。一九七三年末，毛命近身照料的祕書謄錄自己的詩詞，並親自推敲校訂。這不止做了一次，而是兩次。那時毛已有八十歲，可以說表現出無與倫比的執著。毛是二十世紀中國的政治家，也是革命家中屈指可數的書法家、詩人，還對自己的文章與詩詞進行了極細緻的校訂，這種完美主義對於了解其人性格甚為重要。

共產黨早期幹部幾乎都是知識分子，因而不難推測，黨的第一代領導人還抱有濃厚的士大夫意識，熱愛代表中國傳統文化的詩詞、書法的幹部亦不在少數。其中，毛澤東非常愛讀書，特別是中國的古典書籍。本書開篇介紹了劉少奇截去床腳的小故事，而毛澤東生前用過的床也很有特色。他的大床上有一半地方堆滿了書籍，在床上躺著看書是他的習慣。

圖 3-5　中南海毛澤東的臥室兼書房

毛澤東不僅熱愛讀書，在書法和詩詞方面也有非凡的才能，留下了不少作品。自古以來，中國社會根深蒂固地留有對「文」的敬重，人們相信，政治家的才能、或者說領導人的資質，大多可以根據此人具備的「文」的水準來判斷。「文」的素養中，最重要的是「詩」和「書」。科舉

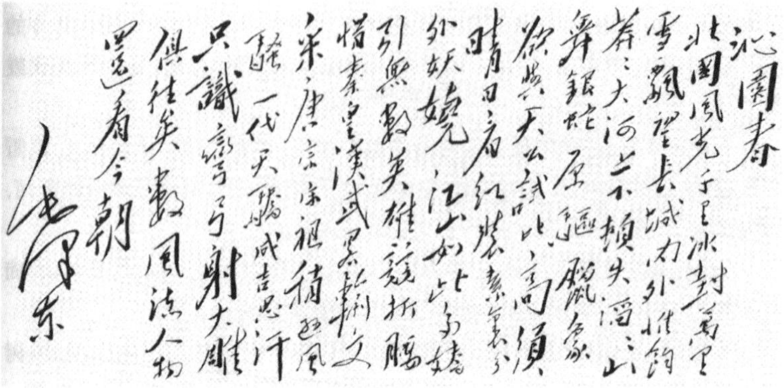

圖 3-6　毛親筆所書〈沁園春・雪〉

考試設置作詩的科目，就是根據某人能否將自己的抱負與氣概、乃至世間森羅萬象，透過限制嚴格的試帖詩表現出來，以判斷此人資質，甚至全部的人格。人們都相信，深諳古典、長於詩文，能以優美的文字表達自己思考的人，自然會行善政，這種觀點直至今日仍有深刻的影響。在這一點上，毛澤東毫無疑問是擁有「文」的人，其實力足使許多中國人服氣。

附言之，毛澤東一生篤好藏書，包括前文所說臥室裡的那些，約有九萬冊之多。這是什麼概念？以筆者所在的京大人文研究所為例，九十年間蒐羅的漢籍庫藏在海內外享有盛名，如今約有三十六萬冊。毛的九萬冊做為個人藏書，可想而知是多麼龐大。在對這些漢籍深刻理解的基礎上，他留下了那些書法和詩詞作品。[7] 圖 3-6 就是著名的〈沁園春・雪〉，由毛親筆書寫。

毛澤東的地位一旦變得堅不可摧，他這些作品的複

圖 3-7　正與祕書們編輯《毛澤東選集》第四卷的毛澤東

製品就大量流行於中國。毛的書法和文章籠罩了神聖的光芒，「字字句句閃金光」，很快遍及每一人之手。一九五〇年代前期開始刊行的《毛澤東選集》（全四卷，以下略稱《毛選》）與一九六〇年代出現的《毛澤東語錄》（原題《毛主席語錄》）即屬此類。在中國歷史上，著名的「語錄」有《近思錄》、《傳習錄》之類；至於《選集》，稍微有名一點的文人都可以出版。但毛澤東時代的《毛選》並非單純的著作集，《毛語錄》也不是單純的名句集錦。

一九四四年，中共旗下的報社晉察冀日報社自行出版《毛澤東選集》，在那之後，各地都出版過未經統一的毛澤東著作集。到建國後的一九四九年，官方開始著手正式編纂選集。共產黨發行冠以個人名義的文集，是此人做為黨領導人的明確認知，也是向國內外宣示中國革命是何人功績的儀式。正因著作集具有這樣的性質，所以從選擇應收入的篇目開始，到添加注釋、刪改不甚準確的記述或詞句，都需精心考慮。在提及列寧、史達林等其他革命家時，措辭是否恰當，當然需要高度的政治考量；在過去的主張與現今的政策方針有所齟齬時，也需要修改至沒有矛盾，需要極慎重的改訂工作。

也就是說，選集不是將自己從前寫下的東西按原樣編纂出來的歷史資料，而是將選出的文章加工成永久保存的定本。至少對於毛來說，選集就是這樣的性質。因此，準備《毛選》的陣仗很隆重，除了從蘇聯請來負責意識形態的專家擔任顧問，在國內募集政治、思想、歷史等各領域的專家，毛自己也躬親校訂、修正乃至添加注釋等工作。

中國有句老話，「文章乃經國之大業，不朽之盛事」（曹丕〈典論〉）。通常解釋為文章是治國的重大事業，永恆而不朽。看到毛澤東對自己的文章如此在意，腦海中就會立刻浮現出這句話。文章非常重要，直接關乎治國；反過來說，千萬不能留下於治國無所助益、可能引起誤解的文章。不論是詩詞還是文章，都是在這樣的信念之下，朝著完美的「定稿」方向而改訂。

《毛澤東選集》於一九五一年開始刊行，到一九六〇年出版了四卷，收錄了截至一九四九年所撰寫的文章。當然，假以時日，一九四九年之後發表的文章也會收入第五卷以後。但實際上，第五卷的準備工作要到毛去世後才進行，一九七七年出版的第五卷《選集》中收錄了毛截至一九五七年的著作。但是，毛在一九四九年之後的著述中，充滿給中國帶來許多災難——包括文革在內——的主張，將這些文章收入選集頗成問題，因此到改革開放後的一九八二年，第五卷遂停止出版。因此，直到現在，正式的《毛選》也只到第四卷為止，這四卷才被認為是正規的版本。

再來看《毛語錄》，最初是一九六四年發給解放軍部隊使用，是從毛的著作中選出的重要文句、段落集結。語錄開本比日本的文庫本稍微小一點，封面是紅色，也叫「紅寶書」。包括日常生活在內的大大小小活動場合，眾人會在領導的帶領下，齊聲誦讀書中相關段落。不論是《毛選》還是《毛語錄》，寫在其中的內容都被視為毛最直接的指示，擁有強大的規範性。迄今為止，《毛選》正式發行的數量總計三億冊，而僅在文革十年間，據說《毛語錄》就發行了五十多億冊。那還是世界總人口才三十多億的時代。

對黨領導人的文集、著作集進行的保護或管理，雖在程度上有些差異，但一直延續至今。在《毛選》的時代，因為毛澤東一人獨尊，所以黨內其他領導人的文集、著作集並未正式出版。毛一旦去世，文革在事實上劃上句號之後，周恩來、劉少奇、朱德等人民共和國元老級人物的著作集也相繼刊行。負責編纂工作的，是一九八〇年正式成立的中共中央文獻研究室。毛澤東選集有專門的「毛澤東選集出版委員會」負責編纂，而周、劉、朱等人的文集都由中央文獻編輯委員會（常設機關即中央文獻研究室）負責，在一九八〇年出版《周恩來選集》之後，陸續出版了其他各種文集。

耐人尋味的是，這些國家領導人的文集，包括傳記、年譜的編纂和出版，到今天仍由指定

圖 3-8　習近平著作集日譯版封面

的機構和出版社負責，禁止民營出版社或大學、普通研究機構編纂這類資料。也就是說，就算有誰發現了毛澤東等領導人年輕時的未刊詩文，哪怕是再珍貴的資料，這位發現者也不能號稱是最新發現的文獻，擅自編纂、印刷資料集。

現在，這一規定的適用範圍擴大至全體國家領導人。如今，國家領導人文集中最新的一種是習近平著作集，自二〇一四年後刊行至今，已出版了三卷，樣式近似《毛澤東選集》，禁止個人編纂、發行。不過在近年，習的著作做為「重要論述」被大量發表，廣涉政治、社會、意識形態等幾乎所有領域，黨員們無一例外必須認真學習，因此恐怕也沒有什麼人會特地想要親自出版習的文章……

對於共產黨領導人來說，撰寫論述政治思想的文章，是說明其人具備領導人資質的重要行為。此外，對於接收的種種案件和報告，黨的領導人需要作出大量裁決或指示，這些文章有多少真正出自領導人之手，恐怕很難為外界知曉。

至少在毛澤東這裡，就算成為領導人之後，他也努力儘量親自撰寫文章。當然，以黨中央名義下達的指示或通知等公文，有專門的人負責起草，並非都由毛執筆。但是，那些收入《毛選》的、表明本人意見或主張的報告，則大半出於毛親手所作。而且，毛對訊息是否確實傳遞到自己這裡甚為神經質，甚至曾在一九五三年下達指示，「嗣後，凡用中央名義發出的文件、電報，均須經我看過方能發出」。8

自己名義的文章自己撰寫，這是因為毛本來就喜歡寫文章，他不僅身先士卒，還這樣要求其他領導人。一九四八年下達的黨內文件中，命令中央級別的領導人「自己動手，不要祕書代勞」（〈關於建立報告制度〉一九四八年一月七日），建國後也反復要求「不可以一切依賴祕書」（〈工作方法六十條〉一九五八年）。因此，毛時代的黨幹部相當不容易。比如對軍人出身的幹部而言，本來就沒有寫文章的習慣，這可真是苦差事。反之，據說也有熱心親自起草工作報告的幹部得到了毛的寵信和提拔。人們經常提起的代表人物就是鄧小

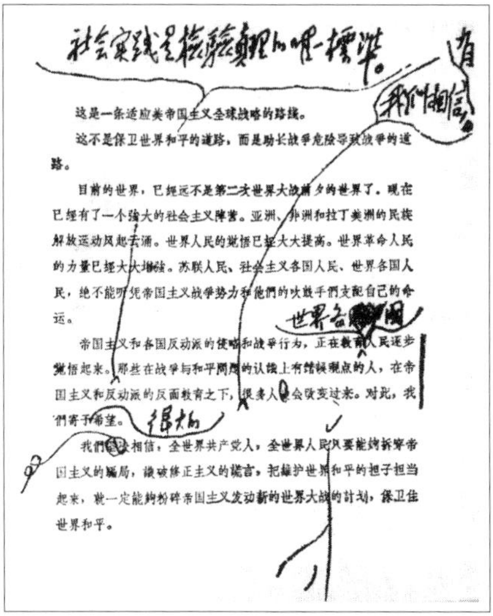
社会实践是检验真理的唯一标准。
我们相信
世界各国

这是一条适应美帝国主义全球战略的路线。

这不是保卫世界和平的道路，而是助长战争危险导致战争的道路。

目前的世界，已经远不是第二次世界大战前夕的世界了。现在已经有了一个強大的社会主义陣营。亚洲、非洲和拉丁美洲的民族解放运动风起云涌。世界人民的觉悟已经大大提高。世界革命人民的力量已经大大增強。苏联人民、社会主义各国人民、世界各国人民，绝不能听凭帝国主义战爭势力和他們的吹鼓手們支配自己的命运。

帝国主义和各国反动派的侵略和战爭行为，正在教育人民逐步觉悟起来。那些在战爭与和平問題的认識上有錯誤观点的人，在帝国主义和反动派的反面教育之下，很多人会改变过来。对此，我們寄予希望。

我們相信，全世界共产党人，全世界人民只要能夠拆穿帝国主义的騙局，識破修正主义的謊言，把維护世界和平的担子担当起来，就一定能夠粉碎帝国主义发动新的世界大战的計划，保卫住世界和平。

圖 3-9　毛對預定以中共中央名義發表的文稿（1961 年 11 月發表的〈五評蘇共中央的公開信〉）所作修訂

平。毛喜歡在收到的報告裡寫幾筆閱讀感想，而鄧小平的報告上常常有毛的按語，諸如「此報〔告〕很好，請轉發某某處」之類。前面提到編纂《毛選》時的修改，換言之也可以這麼理解：正因為是自己寫的文章，毛才如此執著於修訂。

毛後來的領導人裡，鄧小平算是比較在意親筆撰寫，江澤民雖擅長到處揮毫題詞，寫文章則不及鄧小平。再後來，領導人自己寫文章，也往往以毛澤東為參照而受到鼓勵，但實際上只是空喊口號。網上時不時會出現「揭露」文章，說《毛選》裡有的文章其實不是毛自己寫的。這也是因為毛對文章的在意，還有《毛選》的影響力實在非同尋常吧。

另外，在毛澤東時代，文學世界裡的榜樣是魯迅。魯迅很早就因〈狂人日記〉、〈阿Q正傳〉等文章確立了文壇地位，直到一九三六年秋在上海去世為止，他在左翼知識分子們活躍的文壇，一直是不可動搖的存在。正因他沒有入黨，又比較親近共產黨，對黨來說，非黨員身分這一點正是魯迅價值之所在。特別是在他晚年，共產黨透過魯迅傳達黨的聲音，把文學領域的黨幹部送到魯迅身邊。毛澤東很早就高度評價魯迅的作品和社會批判，據說魯迅對這位未曾謀面的共產黨領袖也很欣賞。*魯迅死後的一九四〇年，毛正式評價魯迅「不但是偉大的文學家，而且是偉大的思想家和偉大的革命家」，「魯迅的方向，就是中華民族新文化的方向」，這也是人民共和國時代的定論，可以說是最高級別的定性。

文學世界本來就被置於強大的政治磁場之中。到了人民共和國時期，與魯迅的關係也成為文藝界人士排序的基準。正如《毛澤東選集》成為政治規範的泉源那樣，《魯迅全集》也成為文藝、文化的整體標尺，中國現代文學的歷程開始以魯迅為中心、或以魯迅的歷程來書寫。其影響不限於中國國內。戰後日本的學校教育中，魯迅的作品〈故鄉〉被收入國語課本，這也絕對與他在中國國內的評價分不開關係。

文革時期，所有的文藝作品幾乎都不能出版，只有魯迅的著作還能繼續面世。當時中國解讀〈故鄉〉的角度，是對文中人物進行階級分析（誰是剝削階級，誰是受壓迫階級），因此，比起語文教材，這篇文章更是思想教育的教材。魯迅也被這樣利用，服務於政治。

一九五七年反右鬥爭時期（見本書二四二頁至二五一頁），許多知識分子和文藝工作者被扣上了「右派」的帽子，受到種種迫害，據說當時毛身邊有人問，「要是今天魯迅還活著，他可能會怎樣」。毛沉思片刻答，「要麼是關在牢裡還要寫，要麼他識大體不作聲」。毛真的這樣說過嗎？不能確定。但我認為，以毛的個性和當時反右鬥爭的情況（不論多了不起的知識分子，也

* 註六：魯迅對共產黨（或者毛澤東）究竟同情或支持到什麼程度，向來有爭議。傳說在共產黨結束長征、抵達陝北之後，魯迅給中共領導人寄去了高級火腿做為賀禮。事實上火腿確實寄到了，但這是當時共產黨的文化工作員馮雪峰探望病重的魯迅時，在其授意下代送的禮物，究竟有多少是魯迅真正的意願，則無從知曉。

決不容許他和黨唱反調）來看，這是很可能發生的對話。

在那個公開崇拜魯迅的時代，繼承了魯迅精神、對社會保持了批判眼光的人們究竟怎麼了呢？從各種角度說明這個問題的，正是反右鬥爭。其他時期姑且不論，反右鬥爭如火如荼之際，對於這個問題，毛澤東不可能不清楚這種提問的意圖。即便是聖人，或者說因為被當成了聖人，魯迅也應該明白自己的立場。這就是人民共和國時期魯迅的位置。

5 毛澤東的遺產——法律與歷史

一九七六年毛澤東去世，是共產黨和人民共和國歷史的重大轉捩點。因為毛死後，文化大革命也實質宣告終結，在經歷了若干政策調整的過渡期後，改革開放政策拉開序幕。今日的中國和毛在世的時代相比，發生了天翻地覆的變化；但若單說共產黨起到的作用及其活動機制，其實在本質上並沒有多大變化。也就是說，黨的DNA有很多繼承自毛澤東時代。「黨」的本質屬性，是理解今日共產黨的關鍵。接下來，我將圍繞著法律和歷史這兩點，結合毛的觀點展開介紹和討論。

大家都知道，中國沒有採用三權分立制，中國政府也承認這一點。共產黨的說法是，三權分立不過是許多制度中的一個，不予採用並不意味著體制或統治的缺陷；非但如此，三權分立制度也不合國情，絕不能採用。

關於依法統治者一條，共產黨畢竟沒到公開否定的地步，但常被批評說實際上採用的並非法治主義，而是人治主義。相對於毛澤東時代的極端情況，在毛之後不過是情況有所減輕，轉換成了合議制，或曰集體領導制。如今又提倡「習近平新時代中國特色社會主義思想」，特定領導人的意志再度橫亙於法律之前。暫且不論黨領導人如何，至少黨是高於法律的；且「法治」並不意味著「依法統治」，而是「（黨）利用法律的統治」，這兩點從來沒有變過。一九五八年，在被問到如何看待人治主義和法治主義的時候，毛澤東在黨內幹部面前這樣說：

不能靠法律治多數人，多數人要靠養成習慣。……憲法是我參加制定的，我也記不得。……我們每個決議案都是法，開會也是法。……我們各種規章制度，大多數，百分之九十是司局搞的，我們基本不靠那些，主要靠決議，開會。……不靠民法刑法來維持秩序。人民代表大會，國務院開會有他們那一套，我們還是靠我們那一套。[9]

人民代表大會是最高國家權力機關，法律和憲法本應是統治國家的最高準則，但這種態度卻完全不把它們放在眼裡，並將共產黨的會議和決議置於其上。讀者或許會震驚於這段發言本身的「無法」，但這不是毛一個人的認識，這是當時中國的常識。

在人民共和國建國之初，共產黨廢除了民國時期的《六法全書》，並沒有制定法典體系。類似刑法的，只有一九五〇年代初施行的〈反革命處罰條例〉和〈懲治貪污條例〉；在一九七九年頒布成體系的「刑法」之前，所有的刑事犯罪都依靠這兩部條例裁決。前面談話裡，毛雖然說了「不靠民法刑法」，但當時並沒有這些「法」；因而他強調法治，是為了批判錯誤的「資產階級法權主義」，這就是毛澤東時代。在沒有《六法全書》的時代，若非要找出替代品，那可能只有《毛選》了。

比方說，假設在人民共和國時期，有人曾經以托洛茨基主義者的身分活動，因為某些緣故暴露了過去的事。在他工作的地方和所在的地區，立刻會進行審查，但如果這類托派分子的政治性評價在《毛選》（包括附錄和注釋）或語錄裡有所記載，就被視為等同於毛澤東的裁判，並決定了是否處分及處分的程度。這樣的事在現實中也確實發生過。

毛澤東死後，雖一時出版了《毛選》第五卷，但後來又被回收；或是在一九九一年對一九五〇年代刊行的《毛選》四卷本加以改訂，特別是註釋部分作了相當大的修改；以上這些，都是因《毛選》具有強大的規定性，從而作出的措施。領導人的文章或黨的文獻、決議案、《毛選》等等被當成法律規範或法律代用品，正因為這種特性，才會像法案或編纂法典那樣，對這些資料反覆加以慎重修訂。

黨的會議凌駕於法律之上，這種想法並非此時忽然被毛提起，而是在一九四〇年代延安整風時期、即共產黨執政之前就已出現。再往前追溯，黨一切行動的指導章程——前述（本書一三八頁）《聯共（布）簡明歷史教程》中就能見到類似的觀點。

毛死後一段時間裡，因為政治改革，黨的優先地位也曾被認為是必須匡正的問題，但結果不僅沒有實現，最近甚至還大張旗鼓地宣揚「黨軍政民學，東西南北中，黨是領導一切的」。因為是一黨獨裁，所以黨優先於一切的價值觀，或許是不言自明的；然而一旦明確強調到如此地步，那麼就很難說明，這個價值觀是起源於共產主義，還是馬克思主義本身了。前面已說過，中國共產黨的DNA與其說是馬克思主義，不如說是來自俄國共產黨和共產國際的布爾什維克主義（第一章第二節），以及毛澤東本人；而黨優先於一切的觀念，恰恰很好地表現了中共DNA的來源。

毛在討論法治、人治時，還舉出了中國古代的韓非子（法家）和孔子（儒家）。國際著名的毛澤東研究專家斯圖爾特・施拉姆（Stuart R. Schram）指出，一九四〇年代、特別是一九四九年之後，毛澤東逐漸從依據馬克思、恩格斯的話語和理論進行思考，轉向引證中國歷史來考慮現實問題。[10]這見解可謂熟知毛澤東對中國歷史及一般歷史的看法。毛的藏書豐富，歷史又是他擅長的領域。他對歷史的執著非同一般，其背後是毛從古代史到自身經歷的革命史所具備的廣博知識，以及毛非同尋常的執著。

讀者諸君是否知道，關於黨和革命歷史，共產黨有兩大決議？其一是毛澤東在確立全黨領導權的過程中，經過數年的準備工作，在一九四五年四月中共第六屆七中全會上原則通過的〈關於若干歷史問題的決議〉（全體一致通過是在八月的七屆一中全會）；另一是毛澤東死後，一九八一年六月中共第十一屆六中全會上通過的〈關於建國以來黨的若干歷史問題的決議〉。二者題目很相似，前者全文約二萬七千字，後者約三萬五千字，二者全篇都是關於歷史的敘述與評價。

政黨用心敘述自己的歷史，這是當然的事；但對共產黨、特別是毛澤東而言，歷史敘述的重要性更為特別。據說一九四〇年代前期，毛歷時數年完成〈關於若干歷史問題的決議〉之際，國民黨著名政治家王世杰聽聞此事，曾這樣問周恩來：「為什麼要花這麼多時間概括歷史？」[11]王的意思是說，這在國民黨絕不可能，普通的政黨也不會這麼做。確實，某個政黨在長期準備和討論之後，將歷史敘述與評價做為決議文書予以通過，可說是相當特別的做法，而且前後還有兩次。

這兩個歷史決議中，前者概括了路線鬥爭的全過程，將建黨後到抗日戰爭這段時期的共產黨歷史，分為四個「錯誤路線」和以毛澤東為中心的「正確路線」，「路線」一詞出現了近兩百次。其中特別攻擊了王明，以他為核心的留蘇派代表了蘇聯和共產國際的權威，是一九三〇年代前半期黨中央的核心派系（延安整風時期稱為「二十八個布爾什維克」）。* 對毛來說，這份最初誕生的歷史決議，不僅是確立自身絕對權威的證明，同時也是凝聚自己心血的歷史教材。終其一生，毛都很喜歡談論這份決議上提到的種種歷史事件。接見外國政要時會提起這些話題，和黨中央幹部談話時也會講古。

但這樣提起過去，有時是要重提某位特定同志的舊事，拿出來斷罪；有時是要把某個案件和過去下台的某個領導人聯繫在一起。彭德懷曾因反對大躍進政策而觸怒毛，在一九五九年廬山會議上被毛當著眾人的面怒斥；後來，他三十多年前農村游擊戰時代的舊事也被翻了出來。習仲勳的下台事件（小說《劉志丹》事件，一九六二年）裡，習審閱了小說稿，其中有以高崗為原型的人物，這成了罪狀之一。小說裡的虛構人物也被當成試圖為「黨的叛徒」高崗恢復名

* 註七：王明等留蘇派被叫做「二十八個布爾什維克」（或曰「二十八個半布爾什維克」），是因他們曾經在莫斯科組織社團。這個稱呼應該是象徵性的叫法，「二十八個」的成員並不確定。

譽的陰謀行為。在當時，歷史就等於政治。

如前所述，歷史決議的特徵在於將共產黨的歷史視為正邪兩面的路線鬥爭史，在決議之後，每逢高崗、饒漱石、彭德懷、劉少奇、林彪等「錯誤路線」的幹部們下台，黨史路線鬥爭的次數就隨之增加；到了一九七〇年代，已多達十次。此即「十大路線鬥爭」，也就是將黨的歷程概括為十次路線鬥爭的歷史敘述。*提倡路線鬥爭的毛澤東還這樣斷言「路線」的重要性：「思想上政治上的路線正確與否是決定一切的。……路線是個綱。……對路線問題，原則問題我是抓住不放的。」[12] 後來，一九七三年共產黨第十次全國代表大會的政治報告中，周恩來公開說明了該十大路線鬥爭說，使之成為正式觀點；但從其他角度來看，通過一個個批判曾經並肩戰鬥的同志，周也避免了自己成為第十一個路線鬥爭的目標。

毛在生前主持的最後一次政治局會議上，還把「二十八個布爾什維克」拎出來反覆批判。到這個地步，或許已超出了執著的範疇，而近於偏執。不過，不論是十大路線鬥爭，還是「二十八個布爾什維克」，這過於極端的歷史觀也只風靡一時，在毛死後迅速降溫；到了一九八〇年代初，這種叫法本身也被取消了。毛澤東時代以「路線」講述歷史的思考方法，在有關中日戰爭的歷史認識上也投下了微妙的陰影。有一種說法是，在毛澤東時代，並沒有提出和強調日本的戰爭侵略責任；但更準確地說，這是因為比起對日本的敵意與厭惡，他更關心的是中國提出了正確的抗日「路線」，保證其取得勝利。也就是說，更強調的是在抗日戰爭時期的中國存在「兩條路線」的對立，即共產黨的「全面抗戰路線」和國民黨與蔣介石集團「消極抗戰路線」；這種強調相對上起到了掩蓋中日兩國之間根本對立的作用。因此，毛死後，一旦以路線鬥爭討論抗戰的觀念退卻，侵略者日本的存在當然也再次浮現出來。

這段期間，圍繞「路線」的歷史敘述轉變，最欲哭無淚的是歷史博物館。北京天安門廣場東側、面朝西側人民大會堂的地方有國家博物館，那幅政治油畫〈開國大典〉就收藏於此。這是中國級別最高的博物館，為了紀念建國十週年而建立，當時分為中國歷史博物館和革命歷史博物館兩個單位。一九八〇年代以前，這兩個博物館經常閉館，人們揶揄說不知道什麼時候去才能看到展覽。因為「路線鬥爭史觀」的出現、擴大以及撤回令人應接不暇，博物館每回都不得不變更展示內容。上海也曾計劃建設「上海革命歷史博物館」，從一九五〇年代初就成立了籌備處，結果半個多世紀過去了，也還只是籌備處，理由與北京一樣。

＊　註八：這十次分別是⑴陳獨秀右傾投降主義路線，⑵瞿秋白左傾盲動主義路線，⑶李立三冒險機會主義路線，⑷王明先左後右的機會主義路線，⑸羅章龍分裂主義路線，⑹張國燾分裂主義路線，⑺高崗、饒漱石反黨集團分裂主義路線，⑻彭德懷右傾機會主義路線，⑼劉少奇資產階級反動路線，⑽林彪反革命集團。（《建國以來毛澤東文稿》第十三冊，中央文獻出版社，一九九八年，第二四一至二五〇頁。

於是，毛時代的近現代史，特別是革命史及黨史研究，就成了極敏感的領域。因為歷史評價一度已經以黨的決議的形式加以確認，配合毛的絕對正確與成敗是非而確定下來；要對這種認識進行軌道修正，並評價決議制定者毛澤東的後半生，只有再次通過黨的決議，決定調整歷史敘述。這就是一九八一年另一個歷史決議。起草並寫就該份決議的，除了當時的最高領導人鄧小平，還有胡喬木、鄧力群等意識形態部門的領導人、以及黨內元老陳雲等人參與。其中，胡喬木扮演了重要角色，他在制定第一次歷史決議時曾輔助毛工作，擁有豐富的黨史知識。

第二次歷史決議廣為人知的，是指出了大躍進之後、特別是文革時期的毛澤東犯了嚴重錯誤，而在評價包括該錯誤在內的毛的一生時，則稱「他對中國革命的功績遠遠大於他的過失」。從這個意義上來說，一九八一年的決議並非對前項決議的修正和改訂，無論從形式還是內容，都是對前項決議的繼承與補充。主人公還是毛澤東，決議開篇有三千字左右的「建國以前二十八年歷史的回顧」，相當於前言，其內容基本沿襲了前項決議，充分說明了二者的繼承與補充關係。

但是，最早那份決議的關鍵詞「路線」已不能在第二次決議繼續使用。更準確地說，要用是可以，但卻是像「黨內同志間不同意見的正常爭論也被當作是所謂修正主義路線的表現或所謂路線鬥爭的表現」說的那樣，是在否定的語境中使用，認為曾經過度強調了「路線」一詞。

在離毛澤東時代已然很遙遠的今天，共產黨已不再使用「路線鬥爭」一詞，圍繞領導權的角逐多用「權力鬥爭」一詞形容。這不是主義問題，而是有一點這樣的意思：更直接的權力欲左右著共產黨的命運。但我們不能忘記，因為共產黨透過決議對全黨就黨史進行了統一認識，所以，毛死後歷史認識的轉換（不再討論路線），也不得不同樣採用決議這一手段。既然歷史被關進了黨的牢籠一次，那麼下一次，下下次，歷史都必須被關進黨的牢籠。黨的歷史什麼該寫，什麼不能寫，現在仍是共產黨的專權事項。

更進一步說，共產黨官方編纂的歷史，出於避免多餘糾紛的政治性考量，有著這樣一種傾向，也就是宛如活人獻祭般，將黨的負面歷史歸結到特定「壞人」頭上，避免詳述或探明原因。比如延安整風時期大搞肅清式「搶救運動」的康生，文化大革命時期破壞文化的四人幫，大搞毛澤東崇拜的林彪……都屬此類。歷史到底是為了黨和大局而服務，千萬不能招致無謂的糾紛與探索。有關這一情況，鄧小平已經說明過：「對歷史問題，還是要粗一點、概括一點，不要搞得太細。……總結過去是為了引導大家團結一致向前看」。13

毛澤東的存在和影響，跟他原本就是革命家，又是政治家、詩人、文人、歷史家……極廣泛地涉及各個領域有關，故而他帶來的影響之大，非同尋常。但是，不論在哪個領域活動，體能老病與精神衰朽必然會到來。一九七〇年代以後，毛已八十多歲，身體的衰老益發明顯。從前他在收到的報告書和裁決文件上，都會親筆手書指示或意見，到這個時候，他的字已越來越模糊。一九七五年，他因嚴重的「老年性白內障」接受了手術，視力有所改善；但第二年已不容易離開臥室，只能竭盡全力，讓祕書聽取模糊的發音傳達意思。

因此，毛最晚年階段的中國，可說是已極為停滯的歲月，除了等待他的死亡、無法期待社會有任何大的改變。換言之，這是毛時代政治系統發展到最末期的狀態：肉體凡胎的毛身上過度集中政策決定權，想要實現，肉體卻已無法支撐；但也沒有任何人可以取代他。由於統治者的衰老與判斷能力的低下，社會與國家走向凝滯；隨之而來的，還有領導人的孤獨與不安，這又導致了更進一步的停滯——在沒有政權交替規則的體制裡，很難避免週期性地重演這種情況。

專欄⑦ 「紅歌」浮沉——李劫夫與王雙印的結局

再來說說「紅色音樂家」李劫夫吧。他沒有參與過任何陰謀或政變，只是作了讚美林彪的歌，被邀請至林宅受到一次接見，就被當成了林彪反革命集團的共犯，受到長期隔離審查，讓人不禁同情他的境遇。

他的「倒台」也意味著他的許多歌曲被打入冷宮。以李接受隔離審查的一九七一年十月為分界，他作曲的〈我們走在大路上〉、毛的詩詞歌曲和語錄歌曲一概禁止演奏和播放。無論怎麼說，這些都是之前超級流行的歌曲，想要填補這些突如其來的缺口並不容易，但毛詩詞和語錄類歌曲部分，還有李以外的許多音樂家留下的大量作品，可以拿來取代李的曲子。只是，最流行的〈我們走在大路上〉卻找不到替代曲。有人無意中哼了這首歌，就被扣上「企圖恢復林彪名譽」的帽子，遭受了懲罰。

李劫夫悲慘地死去了。文革結束後，李的遺屬向有關部門申訴，終於在一九八一年恢復了李的名譽。曾經風靡一時的名曲再度流行起來。一九八三年，黨中央宣傳部重新發布通知，表示今後唱〈我們走在大路上〉已沒問題。一九八五年發行了《劫夫歌曲集》卡帶，緊接著是一九九〇年代之後興起的毛澤東熱潮。中央唱片總公司發行了李劫夫的作品集卡帶《紅太陽——毛澤東頌歌》，立刻賣出了五百萬張的數字。在市場經濟之下，盜版亦接連不斷，最後遺屬還提起訴訟，要求支付版權費。李的作品有多受人喜歡呢？一九九七年香港回歸時，當時的最高領導人江澤民曾經和上萬餘名市民一起合唱〈我們走在大路上〉。李在世時沒有趕上這些，若泉下有知，或許也會為這超高的人氣感到高興吧。

像這種受政治浪潮影響、經歷了天差地別待遇的作曲家，還有一位和李一樣，曾經盛極一時的王雙印，他的代表作是廣為流傳的〈大海航行靠舵手〉。王雙印原是普通的音樂愛好者，因這首曲子暴紅，成為全國人民代表，還被分配了高級幹部專用的住所。李劫夫是因為接受了林彪的接見而遭殃，王則是在文革時期為訪問視察的江青唱過歌，頗得其賞識。結果四人幫被打倒後，王被批為向江青表忠心，遭遇了長達十年的隔離審查。

比李劫夫幸運的是，王雙印熬過了這十年的試煉，在一九八七年聽到了自己得以恢復黨籍的決定。身為名曲〈大海航行靠舵手〉的作曲家，他的版權也得到了承認，獲致了名譽和版權費。在他接受隔離審查的十年裡，世間發生了巨變，人們開始有版權和版稅的概念。這也算是塞翁失馬，焉知非福。

1——《紅星照耀中國》，一三四頁。

2——毛澤東〈致蔡和森等〉（一九二〇年十二月一日），據《新民學會會員通信集》第三集刊印，中共中央文獻研究室編《毛澤東書信選集》，北京：中央文獻出版社，二〇〇三年，一～九頁。

3——〈建國後毛澤東心目中的接班人〉（林蘊暉《國史箚記 事件編》東方出版中心，二〇〇八年）

4——〈周恩來在中央政治局擴大會議上講話紀錄〉一九六六年五月二日（高文謙《晚年周恩來》明鏡出版社，二〇〇三年，一一一頁）。

5——〈周恩來致毛澤東的信〉一九七五年六月十六日（同前，一三頁）

6——高華《革命年代》廣東人民出版社，二〇一〇年，二七一頁。

7——有關做為書法家和詩人的毛澤東，可參考武田泰淳、竹內實《毛沢東——その詩と人生》（第二版，文藝春秋，一九七五年）。最近在拙編《中国近代の巨人とその著作——曾国藩、蒋介石、毛沢東》（研文出版，二〇一九年）中，專有一篇〈毛沢東——書家として詩人として〉討論，亦可備參照。

8——〈對劉少奇、楊尚昆破壞紀律擅自以中央名義發出文件的批評（一九五三年五月一九日）〉《毛澤東選集》第五卷，八〇頁。

9——〈在北戴河政治局擴大會議上的講話（四）〉（一九五八年八月二十一日下午）。

10——Stuart R. Schram, *The Thought of Mao Tse-Tung*, Cambridge, 1989, p. 140-145（北村稔譯《毛澤東の思想》，蒼蒼社，一九八九年，一八六～一九〇頁）。

11——《胡喬木回憶毛澤東》（增訂本）人民出版社，二〇〇三年，一〇頁。

12——《建國以來毛澤東文稿》第十三冊，中央文獻出版社，一九九八年，二四一～二五〇頁。

13——一九八〇年鄧小平的談話，《鄧小平文選》第二版第二卷，人民出版社，一九九四年，二二七～二三二頁。

第四章

人民共和國的舵手

1 巨大執政黨的今與昔

以中華人民共和國建國為分界，共產黨從在野的反體制革命政黨，變身為擔負國政的執政黨。之後的統治時間已超過七十年，比起反體制的時期（二十八年）還長上兩倍有餘。其間雖也偶有動盪，但共產黨從未下野，更基於「人民民主專政」的建國理念，將國家政治置於黨的指揮之下。所以，黨這七十多年的歷程，與人民共和國的歷程幾乎重合。也就是說，我們無法從中國的歷史當中，單獨挑出黨的部分來討論。因此，請讀者諸君理解，本章以後，與人民共和國歷史重疊的點將會很多。

國共內戰進行到一九四九年，國民黨的勢力幾乎從大陸被一掃而空，能與共產黨對抗的政治及軍事勢力已然消失。然而十月一日建國前，在與各黨派和社會賢達們確立的〈共同綱領〉中，共產黨刻意避免出頭，並表現出尊重各界賢達與各政治團體意見的態度。這固然可以說很有風度，但也是因為當時的確需要各界人士的支援與合作。長達八年的抗日戰爭與接踵而至的內戰，讓國內經濟十分凋敝，復興工作以經濟、科技為主，有許多專業領域，光靠共產黨不可能應對，必須仰賴這些黨外人士的協助。此外，考慮到當時中國經濟方面的落後，社會經濟尚未成熟，因此也未在〈共同綱領〉裡提起今後要朝向社會主義發展。

與之相對，七十年後，共產黨雖明定中國社會尚處於「社會主義初級階段」，還沒有消滅貧困階層，但也認為中國已具備本國人材，足以應對國家政治和國內外各種課題。在一九八二年修訂的憲法裡，也明確指出「黨」的領導性與優越性。建國初期，各民主黨派曾是重要的政治同盟，現在雖依舊存續，但在七十餘年間，其政治方面的重要性顯著降低。它們的存在不過是黨為了跟人說明，「我們也是允許存在不同政見的政治勢力的」。過去七十年間，共產黨這樣一個龐大存在，時而激進、時而和緩地朝前發展。因此，在評價和分析過去的共產黨之際，若以今日的標準去思考當時黨的狀況，可能會出現意想不到的誤解。

要說今日與過去的不同，首先應有的概念，是人民共和國在「冷戰」（即世界性的準戰時體制）中誕生，是在「意識形態」的時代成長起來的國家。「意識形態」，即自命非凡的世界觀與相應的社會知識體系，在馬列主義的共產主義運動中廣為人知。在中國，不僅共產黨如此，敵對勢力國民黨也是相當程度的「意識形態」政黨。兩黨在競合過程中對彼此的意識形態化解釋，在戰後已早一步有所經歷，又被捲入之後形成的冷戰結構，使得這種意識形態化的解釋進一步鞏固。這也是冷戰式的思維模式，是某種強迫性的觀念（以敵人的存在為前提，認為敵人企圖顛覆體制，這種企圖不僅存在於政治領域，在文化、經濟等領域也時刻存在），現代的共產黨領導人亦繼承了這種模式和觀念。今天看來，這些推測與懷疑只能是胡思亂想，但在那個時代，卻是深入人心的常識。那就是一九五〇年代的世界。

不過，在過去七十年間，共產主義本身的意識形態要素已被稀釋了許多。根據十多年前，以知識分子黨員（北京大學出身）為對象的社會意識調查[1]可知，對「社會主義是一種遠離現實的美好理想」這一命題，回答「非常同意／同意」的共青團員超過了八成，在黨員中也有七成。當然，入黨的目的也有變化，黨員中「因信仰共產主義理念而入黨」的，五十歲以上約有一半，三十多歲有三成多，二十多歲只有兩成多。二十多歲的年輕人的入黨理由主要是「實現自我」（一八％）和「利於找工作」（九・四％）。

前文介紹過延安整風時期的青年女黨員沈霞，她無怨無悔，為了革命和黨奉獻一切，如今已不能期待會出現這種獻身式黨員，更多的是自己有什麼別的想幹的事情，為了得到更好的環境和條件，才入了黨。在這點上，共產黨是相當厲害的組織，選擇「組織先進性」為入黨理由的黨員，不論哪個年齡層都有兩到三成，幾乎沒有年齡層的差距。數十年來，黨員的意識出現了巨大的變化，從奉獻自己全部的黨，變成了對自己有用的黨；雖說黨名沒有變化，但要用相同的視角與基準來分析和記述，實在是極困難的工作。

迎接建黨百年之際，習近平在各種場合指示「不忘初心，牢記使命」。他所說的「初心」，是「為中國人民謀幸福，為中華民族謀復興」；但這個「初心」，到底是什麼時候出現的？至少在一九二〇至一九二一年建黨時的文件裡，雖說寫了共產主義的理想，但並未提及中國或者中華民族要如何如何。那麼，一九四九年建國之初的理念是什麼呢？當時歌頌毛澤東的〈東方紅〉（參考專欄⑨）裡的確說了「他為人民謀幸福」，但並沒有僅限於中國。

那麼，這個「初心」到底是什麼？是如何發展變化至今的？本章的課題就是搞清楚這個問題。接下來就來看看一九四九年建國時的「初心」，當時的建國理念與現實情況到底是怎樣的。

2 戰爭中的啟航——新生國家的原初體驗

開國大典結束後不久，一九四九年十二月上旬，毛澤東搭乘專用列車，從北京出發前往莫斯科。五十六歲的毛澤東第一次出國旅行，以中央人民政府主席暨黨主席的身分，正式訪問蘇聯。訪蘇目的對外宣稱是參加史達林七十周歲慶典，其實是與蘇聯首腦確認中蘇關係的緊密程度，並與蘇聯達成協議，簽訂條約，希望蘇聯能給予剛剛建國的中國特別援助。這是國家領袖的親自出訪，當時在四川等西南內陸地區，和國民黨軍隊的戰鬥還沒有結束，因此這趟短暫的出訪，也意味著尋求蘇聯的援助是何等燃眉之急。

但莫斯科方面的回應未必令毛感到滿意。對於簽署新的中蘇條約，蘇聯方面很不痛快，這令毛相當焦躁。毛抵達莫斯科當日下午，史達林就接見了毛；但對於中蘇條約，史達林提出的方案，是在一九四五年與國民政府簽訂的〈中蘇友好同盟〉基礎上加以修正或改訂，這讓中國方面非常頭痛。日本投降前夕，該條約迫使中國接受若干條款（即雅爾達密約），承認蘇聯在中國的特權，中國方面對此一直抱有不滿。毛澤東雖然傳達了意見，表示既然中國體制已然改變，那麼條約也要重新締結。但在一週後重新展開的會談中，史達林並未說起條約一事。

結果，毛迫使史達林改變主意，周恩來被從北京叫來，正式開始新條約的談判，已是新年過了三個禮拜之後的事；而簽訂條約、回到北京時，已經是三月了。條約雖重新簽訂，但雅爾達密約中的一部分蘇聯權益，還是在新條約（〈中蘇友好同盟互助條約〉）的備忘錄裡保留了下來。不過，蘇聯承諾向中國提供大規模的經濟、技術、武器裝備、借款等項。中國在冷戰體制下明確選擇蘇聯，也的確得到了回報。

才剛建國不久，最高領導人就出國長達三個月，實屬少見。中蘇兩國媒體都熱烈報導了條約的簽訂，但漫長的談判期，也暗示了中蘇首腦構築信賴關係並不容易。但就在此時，突然發生了不得不增強兩國關係的事件，那就是毛回國三個月後（一九五〇年六月）爆發的韓戰。

中國革命的成功也刺激了北朝鮮，金日成為了打破南北分裂的狀態，決定實行武力統一。金日成急於開戰，對於他的強烈要求，史達林和毛澤東分別表示，如果對方同意開戰那自己就同意，雙方互相觀望牽制，對此事表示了同意。這場戰爭不僅導致聯合國軍隊（以美軍為主力）的介入，還因北朝鮮軍隊的敗退，使中國在建國一週年之際的一九五〇年十月，直接遭遇了軍事壓力。

建國以來這一年，共產黨的統治給人們留下了親民的新鮮印象，這也是因為此前國民黨統治時期經濟政策的失敗與貪污等情狀，令民眾極感失望。此外，不單是蘇聯和東歐等社會主義國家承認人民共和國政府，英國、北歐、印度等國也陸續認可，人民解放軍「解放臺灣」，看起來只是時間問題。但就在這時，爆發了預料之外的韓戰，中國還參戰了。在和平環境下展開國家建設已成為不可能，在那之後，中國也走上了完全不一樣的道路。

當時，中共高層大多反對參戰，因為風險和代價過高。在蘇聯不參戰的狀況（蘇聯認為直接交戰意味著世界大戰，故拒絕派兵）下，中國單獨派兵，的確相當莽撞。但從另一方面來看，若不出兵，就意味著要拋棄金日成和北朝鮮軍隊（其中含有此前隸屬人民解放軍、在中國作戰的在華朝鮮士兵），還必須有心理準備，誕生沒多久的新中國將成為美國的下一個目標。毛澤東一開始就強烈主張介入，中途雖也一度相當躊躇，但最後還是力排眾議，壓倒消極論，於十月九日決定參戰（派出志願軍）。蘇聯決定向中國提供武器，以及一定程度的航空支援，這是促使毛做出最終決斷的要因。最早派出的二十萬志願軍當中，有內戰時期的舊國軍俘虜，幾乎是半

圖 4-1　宣傳海報「美國侵略者必敗」(1951 年)。左側寫著蘇聯軍隊在第二次世界大戰中消滅納粹軍隊一千二百餘萬，右側寫著中國人民解放軍消滅了美國所武裝的國民政府軍隊八百餘萬。

強制性地把他們送上了前線。其中，有人在朝鮮戰場上被聯合國軍隊俘獲，又被送回臺灣的「國民政府」，經歷了曲折離奇的命運。

志願軍兵力最多時高達一二〇萬人，雖然擊退了聯合國軍隊，但戰局不久陷入膠著，建國不久的新政權受緊張的軍事局面和相應的龐大支出所影響（一九五三年訂立停戰協議），被迫在準戰時體制之下經營國家。參戰為這個新國家和毛澤東帶來了怎樣的得與失？首先，「抗美援朝」這一戰時動員運動被強調為「與美帝國主義的正義之戰」，成為一種契機，顯著提升了共產黨的動員能力和社會浸透能力。此外與美軍對戰，也確立了革命中國在國際社會的地位，成為廣為人知的存在。

毛也被視為正視國難、行動果斷的領導人，威望大增。若放任鄰國的戰爭，接下來可能就輪到自己了。毛的決策不僅是這種盱衡大局的判斷，更是和蘇聯慎重討論出兵條件之後的綜合結論，黨內許多主張慎重出兵論的幹部自然對毛更加尊敬。經歷種種試煉，毛成為了能把黨持續引向正確道路的、值得信賴的領導人，不拋棄鄰國同志、負責任的國際化領導人——這決定了共產黨高層對毛澤東無條件的尊崇，同時也確立了一切都委諸毛澤東判斷的心性。

另一方面，龐大的戰爭負擔及對外關係等問題，也給中國帶來了沉重的消極影響。戰爭死傷人數有各種說法，截至停戰時共計四十二萬（包括失蹤和被俘者），戰爭費用超出了國家預算的半數之多。中國還因為與形式上是經聯合國決議而出兵的美軍作戰，故遭受聯合國及國際社會對「侵略國」的制裁，被禁止輸入戰略資源和高水平技術製品。再者，此前美國雖曾聲明不介入臺灣海峽，卻因中國此次參戰而態度大變，封鎖了海峽；此前被視為攻下臺灣僅是時間問題，如今也變得遙遙無期。當時中國沒有海軍力量，這場封鎖堪稱是巨大的打擊，對臺灣的國民政府而言，則毋寧是天降神兵般的僥倖。就這樣，中國失去了與美國在內的廣大國際社會建立關係這個選項，不管願不願意，都只能選擇加入以蘇聯為中心的共產主義陣營。中蘇兩國形式上的結盟關係，是從簽訂條約時的談判不順開始的，如今因為蘇聯提供了大量軍事物資和武器，又因韓戰之故，兩者的關係一下子升格為軍事同盟。

接著看看中國國內的影響。伴隨著準戰時體制的來臨，在社會各界人士協力下以合理節奏逐步恢復經濟、如同建國時的總方針（共同綱領）那樣悠長的階段論，早已成為過去式，黨內呼籲儘快構築社會主義體制的聲音越來越高。透過韓戰，中國政府領導人痛感近代戰備之落後，對他們來說，發展做為軍需核心的重工業經濟，是國家應著手的首要事業。如果不發展重工業，就不能掌握國家命運——當時恐怕沒有人會反對這個看法。重工業是國防之要，應推進發展，因而急忙將方針調整為社會主義建設。一切就是在這樣的氛圍中醞釀出來的。

再來看國內的社會情況，透過保障市場供應、穩定物價等措施，韓戰參戰前的通貨膨脹得到緩解，民間企業和市場經濟總算恢復了生機。參戰之後，當然要呼籲增產節約，前線的捷報加上建國初期高昂的士氣，都推動了這場經濟復興；但與之同時進行的，是舉報、處罰被視為敵對勢力的人，這些都是戰時常見的情況。對外戰爭在朝鮮半島，對內戰爭就是揪出國內的敵對分子。新政權剛剛成立，就以鎮壓反革命的名義，對從前參與打壓共產黨的人們進行報復性檢舉，並打擊各地殘存的反共勢力。一九五一年末還開始了「三反運動」、「五反運動」＊，檢舉經濟活動中的投機倒把、官商勾結、腐敗貪污，連續透過民眾動員和宣傳進行批鬥和揭發。

在農村也能見到同樣的新氣象，還包括秩序、治安、社會管理方面的動向。據一九五〇年制定的〈土地改革法〉，共產黨長期高舉的一大目標——土地改革逐漸在全國展開，從地主手裡沒收的土地重新分配給三億農民。分到土地的農民對新政權、特別是新政權的象徵——毛澤東寄予了絕大信賴。與此同時，農民們也對實現了土改、宛如毛之分身的黨組織和土改工作隊充滿崇拜，以及恐懼。為什麼會恐懼呢？因為土改的時候，除了地主和土豪劣紳，扎根當地社會的民間結社、特別是有祕密結社性質的一貫道等組織也被徹底鎮壓。這在農村特別有效。許多

「反革命」嫌疑人被處決，單看檢舉和處決的方式，所謂的鎮壓「反革命」，與其說是消滅社會上各種敵對勢力，更像是在誇示黨的力量，並將對黨的畏懼滲透到基層社會。

還有一部大幅改變了社會的法律，那就是制定於一九五〇年的〈婚姻法〉（基於男女平等、個人意志的婚姻）。婚姻與家庭的樣態，素來受到以傳統為名的種種規矩所束縛，也因這部法律的頒布而發生很大的變化。國內外對於新政權之下大幅進展的社會革新，都留下了深刻印象。正如大家所熟悉的，一九五〇年代前期的嬰兒潮，後來成為考慮人口壓力時的重要因素；而婚姻法促成大量新家庭的出現，孩子們不斷出生，光這兩點，就是說明新社會很不錯的最好證據。再加上土改順利實施，共產黨當然對國家統治的各方面抱有相當的自信。這時也出現一種論調，認為社會主義可能提前實現，或者必須提前實現。

當然，對於這種冒進方針式的樂觀預測，也存在異議。比如一九五三年九月，在政府會議上，著名哲學家（新儒家）梁漱溟就提出意見，認為重工業雖也重要，但改善農民生活尚做得不夠。梁從民國時代起就著力獨自展開農村社會教育事業。對於他的意見，毛這樣回答：

＊註一：三反即反貪污、反浪費、反官僚主義，五反即反行賄、反偷稅漏稅、反偷工減料、反盜騙國家財產、反盜竊國家經濟情報。

照顧農民是小仁政，發展重工業、打美帝是大仁政。……兩者必須兼顧，不兼顧是錯誤的。那末重點放在什麼地方呢？重點應當放在大仁政上。

（毛澤東〈抗美援朝的偉大勝利和今後的任務〉（一九五三年九月十二日））

在會上當著眾人的面被這樣諷刺，梁漱溟表示抗議，問毛有沒有雅量，聽他把事情來龍去脈講完。但毛的回復是「偽君子」，「但我有一個雅量，就是你的政協委員還是可以當下去的」。對毛來說，自己（共產黨）才是最了解中國實情的人；梁漱溟對農民問題和國家政策發言，簡直是班門弄斧。

不過，就事物重要性區分大小和先後、或在指導運動時提出具體目標，的確是重視實踐的毛的基本思考方式。在日後的鬥爭或批判運動中，毛（黨中央）更傾向就揭發目標與數值作出指示，這在五〇年代初的反革命鎮壓運動中已見端倪。也就是說，一九五一年初，上海市黨委員會提交了有關鎮壓反革命的報告，毛對此作出指示：「在上海這樣的大城市，在今年一年內，恐怕需要處決一二千人，才能解決問題。在春季處決三五百人，壓低敵焰……爭取在春季處決一二百個最重要的反動分子。」[2]這一指示被貫徹執行，到了四月末，上海有二八五名反革命分子被槍決。[3]把人置換成這樣的數值並加以管理，是毛特有的社會認識。後來的「反右鬥爭」中也規定，右派的比例是五％。

就這樣，執政初期標榜新民主主義的共產黨政權，從一九五二年後半年到次年的前半年期間，朝著社會主義化作出了很大的方向調整。首先是提出計劃，在十年或十五年之間實現社會主義；接著在一九五四年二月召開的黨的第七屆四中全會上，明確通過了「過渡時期的總路線」。半年後，在第一屆全國人民代表大會（通過間接選舉選出的人民代表舉行的議會）上，通過了《中華人民共和國憲法》，當中也明確將建成社會主義社會做為國家目標。建國之初，社會主義還只是遙遠的未來，僅僅五年就到了眼前。成立於一九五二年、承擔計劃經濟的組織「國家計劃委員會」是社會主義建設的核心，也因此擁有很大的力量。

說起來，中國的計劃經濟並非是此時才開始構想。事實上，在國民政府時期就曾設想，對日戰爭將來會成為總體戰爭，為了計劃性地生產、動員人力和物力資源，一九三五年設置了政府機關「資源委員會」，實際負責政府經營的重工業建設與戰略資源的輸出。當時，蘇聯的五年計劃受到全世界矚目，該會也曾效仿蘇聯，對計劃經濟進行了研究。抗日戰爭期間，資源委員會通過指導工廠的遷移和撤退，積累了實際運作礦工業的專業知識；而這些幹部職工中的一部分在一九四九年後對國民黨失去信心，留在了大陸，成為接收舊國民政府資產和重建人民共和國經濟的重要助力。新政府也尊重他們的專業技能，該委員會的專家人才錢昌照、孫越崎等人，被人民共和國政府留用為中央財政經濟委員會的實務性人才。

但是，他們並沒有被安排參與「國家計劃委員會」的工作。有蘇聯派來的專家顧問負責指導計劃經濟，加上他們從前是國民黨黨員，因此在過渡時期的總路線以後被調離了一線崗位，僅被安排了政治協商會議委員之類的閒職。在其他政府機關，建國初期起用的各部門專家（非黨員），到這一時期也被調離重要崗位，代之以共產黨員主導的人事配置。也就是說，建國時存在感很淺的「社會主義」，經「過渡時期的總路線」而大顯威力；共產黨黨員曾經向非共產黨人開放政權，並努力韜光養晦，此時逐漸壟斷了一線工作。相應地，黨的行事風格也逐漸向全社會擴散、普及，改變了人們的日常生活。下一節我們就來看看，共產黨的統治如何改變了社會生活與人們的日常。

專欄⑧　成為國歌的救國電影歌曲——〈義勇軍進行曲〉

在奧運會等場合早已為人熟知的中華人民共和國國歌，叫做〈義勇軍進行曲〉。歌詞是這樣的：

起來，不願做奴隸的人們！
把我們的血肉，築成我們新的長城。
中華民族到了最危險的時候，每個人被迫著發出最後的吼聲！。
起來！起來！起來！我們萬眾一心，冒著敵人的砲火，前進！
冒著敵人的砲火，前進！
前進！前進！進！

這是相當有力量的一首歌曲。而且旋律和歌詞都很像〈國際歌〉。因此，或許有人覺得這是共產黨國家的國歌，所以才這樣，但其實並非如此。這首歌原本是一九三五年上映的救國電影《風雲兒女》的插曲，後來成為廣為傳唱的流行歌。歌詞相當激昂，是因為電影本來就是為了鼓舞人們守衛中國，免遭日本的侵略。但歌詞裡並沒有出現「日本」一詞，這是因為當時國民政府正在打壓抗日運動。電影票房雖不怎麼樣，但這首歌隨著不斷普及的電台播送，在整個抗戰期間廣泛流傳開來。

前面在介紹清朝和民國的國歌時，曾說過之前中國的國歌沒有反映民族共同的經歷與記憶，無法喚起人們的民族主義情感（專欄②）；但到一九三〇年代的中國，在日本的侵略與亡國危機下，這些過於強烈的民族體驗與記憶席捲了中國。正是與日本的戰爭成為「民族的共同經歷」，才催生了全民族的國家象徵——國歌，這是此前歷代政權就算努力也未曾企及的。作詞人是當時活躍於上海的文學家田漢，作曲人是當時在電影公司負責音樂製作的青年聶耳。

上海刊行的畫報《電通》（1935年）介紹的〈義勇軍進行曲〉

一九四九年，人民共和國建國之際，向全社會徵收新國歌，但沒有一首令人滿意。結果獲得眾人一致認可的，就是〈義勇軍進行曲〉。只有歌詞部分出現分歧意見。有意見認為，抗日戰爭已經結束了，應該順應時代變化修改歌詞。但是更多意見認為，若不是原來的歌詞，就不能傳達感情。最終，歌詞還是保留了原貌。

然而在那之後，等待著〈義勇軍進行曲〉的，是被人民共和國政治狂潮翻弄的命運。作詞者田漢在文革期間被打倒成小資產階級反動文人，這意味著田漢的歌詞已不適合做為國歌。於是，田漢被批倒後，國歌僅剩演奏，實在需要用到歌詞的時候，就暫以〈東方紅〉替代〈專欄

⑨）。不久，毛死後，文革亦告終結，華國鋒政權的態度表明，國歌還是有歌詞為好，故這次對歌詞作了全面修改。「我們萬眾一心，冒著敵人的砲火，前進！」改為了「我們千秋萬代高舉毛澤東旗幟，前進！」但是，原來的歌詞本就最得人心，被認為必不可少，因此修改版極不受認可。加上田漢也已被平反，因此華國鋒退出領導層後，國歌歌詞就恢復原貌，直至今日。

到了習近平領導的時代，隨著愛國主義潮流高漲，益發要求對國旗、國歌有充分的尊重，遂於二〇一七年制定了《國歌法》。該法將竄改國歌歌詞等行為視作對國歌的侮辱，並加以禁止。二〇二〇年，香港也施行了主旨相同的《國歌條例》。對於香港人而言，唱不唱國歌，如今已成了形同「踏繪」*一般的思想檢查。

* 譯注：江戶時代禁止基督教傳播，要求人們踩踏刻有聖母瑪利亞或耶穌聖像的木板、銅板，以此證明並非天主教徒。

3 被改造的人們——充滿意識形態與運動的社會

建國之初，社會全新的氛圍與高漲的情緒，加之下猛藥般地檢舉反革命和反動勢力，以及嚴刑峻罰，使得社會治安急遽改善。清末以來中國戰亂頻仍，貧困交加，與之相伴的還有人口流動和槍枝武器的擴散；因此，二十世紀前期的中國，不論城市還是農村，治安都極度惡化。在如此短暫的時間內，治安發生了天翻地覆的改善，堪稱奇蹟。與這樣的新世界相比，不久前的民國時代，很快地就被人們稱為「舊社會」或「黑暗時代」。

但即使在這樣黑暗的社會，強者和弱者之間也有相應的平衡、既似因襲亦似傳統的習俗與信仰、從血緣到地緣複雜多樣的人際關係，還有有正邪交織的善惡觀念，這一切的一切，都因社會的強制性清理而急速消滅，社會的樣貌徹底改變。迎接新時代和新社會的人們，也被期待蛻變、重生為與新時代和新社會相符的「人民」。所謂「人民」，是指受到期待、應當承擔革命任務的階層和階級的人們，但中國的所有人並不會自動成為人民。地主階級、富農或反動立場的人們沒有資格成為「人民」，他們無法擁有「人民」理所應當可享受的種種權利，比如教育、社會福利或政治權利等等，而是必須接受「人民專政」。這意味著，有時他們不會被視為有尊嚴的人；極端情況下，甚至還會被剝奪生命。因此，判斷是否為人民的分界線、或者階級區分，被設定得非常嚴格。

建國以來的二十多年裡，在中國生活的人們，最大的存在屬性就是「階級」。單憑階級出身好，也就是貧困的農民或貧困的城市工人出身，以及他們的子女，就會被評價說這個人擁有優秀的無產階級屬性。反過來，資本家、地主階級出身，或被視為資產階級家庭出身的人們，也會僅因為家庭出身而遭到社會性排斥，嘗盡辛酸。孩子和年輕人不能選擇出身，因此有許多人都深陷於原罪感。此外，也常常有人想著要儘量擺脫這種境遇，而與成為階級敵人的父母斷絕或清算關係。*因為這樣可以證明自己屬於「人民」的隊伍。只不過，就算跟敵對階級的父母斷絕了關係，也未必就能加入革命的隊伍。

配合這種根據階級劃分人群的方式形成社會基礎的，是城市地區實行的一種社會運行方式，即中國所說的「單位」(所有人都屬於某一組織，通過該組織提供生活各方面的服務)，比如公司、工廠、政府部門、學校、軍隊等等。人們為了過日子而所屬的機構，都是「單位」。照日語的語感來看，最接近的詞語可能是「所屬」。在人民共和國，城市裡的所有人都屬於大大小小各種「單位」，沒有「單位」的人無法生存。因為從配給糧食的糧票等生活物資，到住房、醫療、社會保險等等人類維持社會生活的必需與服務，都是通過「單位」提供的。而像電影放映

* 註二：文化大革命時期的流行歌這樣唱道：「天大地大不如黨的恩情大，爹親娘親不如毛主席親。」

會之類的娛樂活動，集會之類的政治動員，也都以「單位」為中心實施。

前面提到計劃經濟的先鋒，介紹了國民政府時期的資源委員會，該會為名下的國家企業工作的人們設置了制度，「單位」制度似乎起源於此；而蘇聯也有類似的制度，故「單位」制度似亦有所參考。從抗戰時期開始，在延安等共產黨根據地，已經嘗試過這種剛發展起來的制度；因而到人民共和國建國之後，這項制度就廣泛在城市地區推廣開來。在所謂的「解放」前後，中國有大量失業和流離失所的人群，有乞丐和娼妓，也有行腳商人和按日結算的臨時工。這些人基本上都被半強制性地安排進入了某些組織。通過擁有「單位」，人們的生活變得安定，「從搖籃到墳墓」的生活與福利，都能透過低額的支出獲得保障。若政府有負責計劃經濟的部門，那麼，讓該部門指令下的統制經濟得以發揮功能的社會基礎，正是「單位」。

另一方面，對於政權或黨組織而言，不論是動員民眾參加政治運動，管理城市居民，還是透過民眾的相互監視來維持治安和統治，這種「單位」社會使得一切都變得很容易，擁有絕大的效果。本來生產及生活的場所相同，這點本身就和管理該住民相互關聯；而人民共和國的城市居民管理，也通過「單位」和「個人檔案」掛鉤，成為非常堅固的存在。所謂「個人檔案」，在第二章第五節已有說明，是共產黨為了管理和掌握黨員資訊，在一九四〇年代前期完備的制度。檔案記錄了個人的種種調查資訊，本人不得查看。到了一九四九年之後，不僅黨員，一般

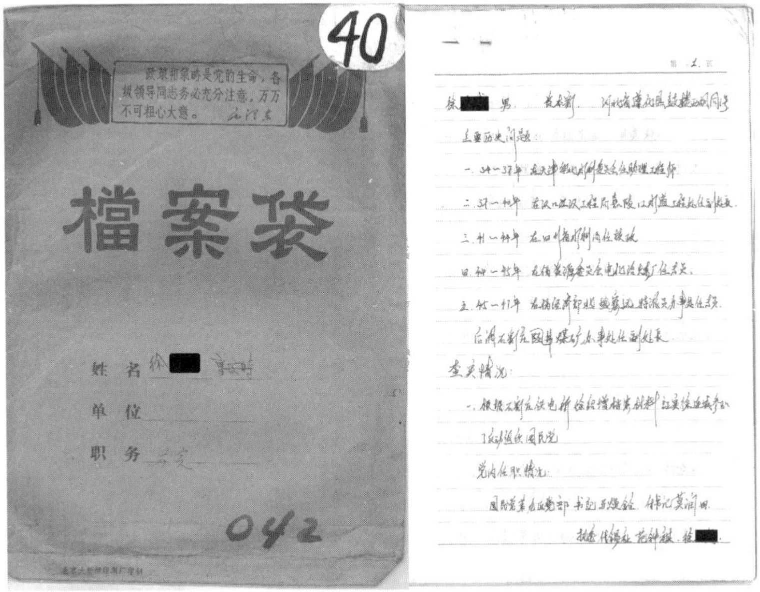

圖 4-2　保存個人檔案的「檔案袋」及內容。這是河北石家莊某資本家的檔案，主要歷史問題裡記錄了曾經加入國民黨云云。

城市居民也開始有個人檔案。找工作、換工作的時候，「個人檔案」也會跟著調動，由新「單位」接管，並在其中記入新資訊，一直持續到此人死亡。拜「單位」所賜，事無巨細地搜集詳細的「個人資訊」，就變得極為容易。舉個例子，中國介入韓戰後被西方各國認定為「侵略國」，與各國的貿易、交流管道變窄；那麼，這時在海外有親人或家屬的人就會被高度警戒，其檔案資料的「海外關係」欄內便開始記入相關資訊，因為此人存在勾結境外勢力的可能性。

由於導入了這種「單位」制度，可以獲得穩定的配給制糧食供給，因此即便計劃經濟和工業建設會造成人口流入城市，城市地區的物價也能控制得很低，拿比較一般的工資也能生活。與這種城市居民得到的全面優待相對，農村則被賦予供養城市的任務，不論在經濟還是社會層面，農村政策都和城市政策都存在著極大差距。通過土地革命，農民雖分配到土地、生產手段、家畜、役畜等等物資，但基本上失去了遷徙、移居、選擇職業的自由。農民和城市居民的戶籍分別管理，兩種身分壁壘森嚴，其間的鴻溝絕非輕易可以逾越。生活在農村的人就算想搬到城市，要是不能加入城市生活必需的「單位」，就不可能在城市生活。也有例外，那就是優秀的農民子弟考入大學或參加軍隊，後來被分配到城市的單位；當然，只有極少數的部分幸運兒才能如此。

本來，近代中國人口移動就極為頻繁。海外的移動有包括苦力在內的移民，國內的移動有的是為了逃離貧困與饑荒，有的是想找到更好的謀生之所，人們的確常常遷徙。到了人民共和國時代，情況一變，城鄉之間築起高牆，二者原本在空間上相互聯繫，卻在制度上呈現出截然不同的樣態。對於發展重工業建設的城市居民，國家令他們在「單位」中共同生產、生活，發揮最大限度的生產，同時不讓外部人口無秩序地流入城市；對於農民，原則上則將他們都綁定在鄉村地區。這就是一九五〇年代匆忙轉向社會主義道路時確立的總方針。在中國漫長的歷史中，建國以來的數十年間，可說是極端抑制人口移動的時代。

此外，自一九五三年起，開始實行糧食統購統銷制度；農民收穫的糧食中，除了自家消費的部分，全部由政府收購，而且收購量要盡可能地多，收購價被壓得很低。也就是說，政府將低價收購的農產品，低價提供給國內的城市地區、出口國外，由此籌措以工業設備為主的社會主義建設資金來源。同時，供給城市的農產品價格被壓低，那麼也就能壓低城市工人的工資，這就讓國有企業可以獲得相對高額的利潤。再將之上繳給國家，政府就能積累重工業建設的資本。總之，可以概括為不論農民還是工人，都要交出剩餘價值。但這並不被視為壓榨，因為按道理來說，這是由代表人民的政府做的事；自己從自己的儲蓄罐裡拿錢，並不叫盜竊。

生活在人民共和國的「人民」很忙碌。生產活動就算了，黨還不斷發布「運動」的指令；每到這時，人們就必須參與「群眾專政」的活動。在建國初期的「鎮壓反革命運動」之後，一九五一年末到次年緊接著是「三反運動」、「五反運動」，當時私營企業的經營者做為「鬥爭」對象，接受了審查和批鬥。同樣地，經常遭受這種壓力的還有「知識分子」，他們被要求必須成為「新人」，要努力清除自己棲身的小資產階級思想。這就叫做「思想改造」。

思想改造的方法多種多樣，有的是跟隨指導土改的工作隊暫住農村，親身見聞種種「鬥爭」（包括處決）；有的是在自己工作的大學的「批鬥大會」上接受周圍同事和學生批判，或解釋清楚，或自我批判（有時「自我檢查」或「檢討」）。比如一九五一年，清華大學召開大規模的「控訴大會」，在該校教授英國文學的楊絳突然被一名女生點名揭露：「楊季康先生上課不講工人，專談戀愛。」楊絳在課上曾以狄更斯小說為素材討論戀愛心理，因而遭到學生如此批判。當時她沒有辯解，也沒有自我批判，大會就結束了。會後還有同事過來問：「你真的說了那種話嗎？」後來也有同事疏遠她，氣氛益發壓抑。

這一時期，就算不在公開場合被揭發，在教室或辦公室的無心之言，也可能被當成是小資產階級言論或反黨言論，被祕密報告給黨組織，這些都是日常。然而遺憾的是，這些並不只是往事。特別在最近幾年的中國，大學課堂的內容如被認為有「違礙」之處，充當監視員的學生或巡查教室的工作人員，便會非常理所當然地向大學或更上級機構舉報，差別只是現在沒有「控訴大會」那樣的群眾聚會而已。像這樣在本人不知道的情況下，將個人言行記入個人檔案、或視情況接受處分的情形，今天和過去並無區別。

大大小小的政治運動也好，批鬥大會也好，共產黨敦促人們參加這些活動的聲音，非常有效地傳遞至社會末端，這其中有相當的用心和技巧。共產黨本來就是極重視宣傳活動且長於此道的組織。提到人民共和國時期共產黨的宣傳，廣為人知的便是用色鮮麗的海報；不過，要說實際影響更大的，應該是利用擴音器放送的有線廣播。在此之前，南京國民政府時代的一九二八年，中央廣播電台正式開始播送。不過直到一九三四年，全國的廣播聽眾才大概不到九萬人，其中，上海和南京所在的江蘇省幾乎占了八成。這固然是因為很難把電波發送到全國，但更主要的原因還是收音機太貴，有能力消費的階層實在有限。

與之相對，共產黨統治時期的廣播特徵，是在公共場所安裝擴音器放送廣播，用的是能更穩定接收信號的有線播送。最開始，多半是在街頭或廣場設置喇叭狀的擴音器；不久，各家各戶都安裝了小型有線收音機。廣播內容有天氣預報、新聞、娛樂、音樂或政治宣傳，不僅轉播全國版的內容，也可以播放地區或村莊的通知與指令。家裡的收音機且另說，戶外的大喇叭不能自己關閉。做為宣傳和動員的手段，實在是好用極了。

擴音器最初從城市開始安裝，在一九五〇年代後期開始向農村普及；到了一九五七年，全國已有九十四萬台擴音器，不容分說地傳送著黨的聲音。一九五八年，這個數字超過了三百萬，到一九六〇年更是翻倍，一九七六年文革結束時，竟高達一億一千萬台。[4] 這個數字包括了各家安裝的小型收音機，若單純對比當時中國的人口（約十億），那麼差不多每十個人就有一台擴音器，每天放送著黨的聲音。現在當然幾乎看不見擴音器了，但在筆者留學北京大學的一九八〇年代中期，擴音器依然健在；至今還能回想起那時，清晨與黃昏

圖 4-3　宣傳畫〈紅色喇叭家家響〉（1972 年），喇叭狀的擴音器之外，還生產和普及了盒狀收音機。

的固定時間，大學校園內響起的政治宣傳。

在農村地區，很少有機會接觸娛樂與資訊，有線廣播在教育和政治宣傳方面發揮了重要作用。民眾據此獲知國內外大事，並聽到領導人的聲音。當然，廣播報導的國內外大事都經過了精心選擇，不會播放於黨和政府不利的資訊。雖說如此，廣播確實有銘印般的效果，黨的意識形態、世界觀及價值觀經過反覆播放，深深刻印入人們的腦海，逐漸形成了中國人民的共同認識。舊社會的地主和資本家是何等可惡、何等兇殘地虐待貧苦百姓；帝國主義是如何奴役中國；而為了打倒這一切，共產黨又是如何英勇地戰鬥。即便自己沒有親自見聞或體驗，通過充滿臨場感的播送，反覆收聽這些據說是發生在中國各地的故事，也就彷彿成為了自己經歷過的一部分。可以說，透過廣播，中國人擁有了做為人民的共通記憶。

4 浮出水面的社會主義——中國式計劃經濟與反右鬥爭

建國之初在韓戰與美軍對峙，痛感以武器為主的軍事近代化與重工業發展之遲緩；國際社會身處冷戰體制，不知什麼時候可能會再發生戰爭；這些都是中國在一九五三年轉向社會主義革命的重要原因。同時，與國內治安、經濟的顯著恢復不同，農業生產並未達到期待中的增長，這些因素都成為共產黨領導人們決定大幅提前實行社會主義的要因。的確，土改在全國進展順利，超出了預想，許多農民都分到了土地，但這並不意味著農業生產會立竿見影地增產增收；因為，土地分配雖然催生了無數小農，但農業的特性是規模一旦過小，經營效率也會下降。

要發展農業生產，就得集中土地、大規模集體化經營，蘇聯曾如此實行過，中國的結論是要模仿蘇聯。但事實上，蘇聯一九三〇年代強行實施集體化農業，餓死了許多人。中共黨內也有意見認為應以此為訓，慎重實行集體化，但毛澤東等人的主張占了上風。毛等人認為，小農經濟增產有限，無法解決經濟發展的需要。推行集體化，隨之而來的問題是要用怎樣的速度，又要推進至怎樣的規模，但共產黨對此並無答案。因為毛澤東等共產黨領導人雖然自負長年在農村建設根據地，與農民一路並肩戰鬥，但他們這些經驗是把地主的土地分給農民，由此獲得支持，並非是處理如何發展農業生產這種長期的經濟課題。當時，他們並不存在超出集體農業化這種蘇聯社會主義模式的構想。

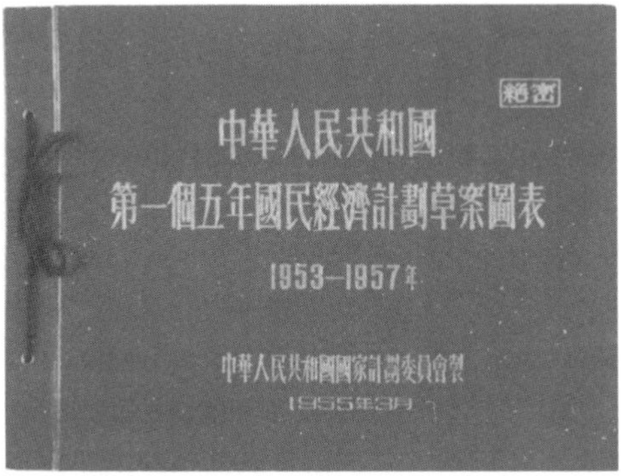

圖 4-4　第一個五年計劃時製作的《第一個五年國民經濟計劃草案圖表（1953-1957 年）》

就這樣，一九五三年第一次五年計劃開始實施後，農村迅速開始推進集體化。有些聲音認為應愼重實施，被毛斥責說這是走得太快而哭泣的「小腳女人」（一九五五年），這也影響了加速推進。之前只是生產隊規模，叫做「生產互助組」（二十到三十家農戶在農忙期協力合作）；到了一九五六年末，兩百到三百戶規模的高級合作社（土地公有）已成為中心（占全部農戶的八七・八％）。這時幾乎沒有出現像之前蘇聯發生過的對抗集體化現象，共產黨認為這是自身統治獲得農民支持的鐵證，因此更有自信；但事實上，集體化後來並未提高農業生產。一九五三年，農業人口平均每人的糧食生產量為九六三公斤，到一九七七年是九六〇公斤，完全處於停滯狀態。這並不是農業技術本身的限制，而是因為同時代日本的生產量高出中國七成；文革結束、停止集體化模式後，生產力也大幅提高，這些都是明證。當然，集體化的意義並不僅在生產量，還關乎水利、農場建設等集體化制度之下進行的土地整治，無法單純比較；但不可否認的是，「集體化＝提高生產」的公式本身是有問題的。

再來看工業建設的情況。因為有蘇聯的全面支援和技術協助，重工業做為重點，一共計劃並實行了十五項；與此同時，還陸續實施民間企業國營化等措施。比如在「公私合營」的名義下，政府開始參與企業活動。而此前在生產要素價格、工資水平等方面，民間企業擁有的裁量權已大幅降低；於是短時間內，就進行了工商業的全面集體化與國營化。

就這樣，伴隨經濟公有化帶來的民間企業部門的消亡，被理解為社會主義改造。一九五六年上半年，各地大張旗鼓地舉行了「已經實現社會主義」的紀念慶祝活動；同年九月，黨的第八次全國代表大會上也確認社會主義改造已基本完成，今後的任務是發展社會生產力。一九五七年，第一個五年計劃提前完成，共產黨的領導人實實在在地感受到，自己正領導著這個國家。

在共產黨統治的國家，無不千篇一律地推進「五年計劃」。也有像北朝鮮那樣制定六年、七年計劃的國家，先不提這個，中共「五年計劃」所代表的計劃經濟，與老大哥蘇聯相比，又有什麼樣的特徵呢？首先與蘇聯相較，中國的五年計劃大幅偏向工業（特別是重工業）建設。蘇聯的第一個五年計劃（一九二九年〜）中，對工業的投資占全體的二七％，低於對農業的投資（三八％）；而中國對工業的投資十分突出，約占整體的五八％，對農業的投資還不到八％。在這點上，正好說明這是為了工業發展（特別是重工業）而制定的計劃，但彼時中國的經濟幾乎全以農業為主；換句話說，難題是如何實現工業化。剛開始五年計劃的時候，與蘇聯苦於勞動力不足相對，中國則是勞動力過剩。總之，比起達到高度經濟發展階段的社會主義建設，脫離依賴農業的落後經濟狀態，才是中國計劃經濟的關鍵所在。

此外，中蘇計劃還有一點應當指出的差異，那就是中央政府計劃管理的產品數目：中國少，而蘇聯多。雖然都叫計劃經濟，但根據中央制定統制計劃的部門能以何種程度來控制物資供需，計劃的程度也各種各樣。中國雖學習蘇聯，但管控有其邊界，範圍相當有限。比如，蘇聯計劃經濟的中樞機構——國家計劃委員會，每年都會列出大約兩千種統制品名單；而在第一個五年計劃制定之初的一九五三年，中國版的「國家計劃委員會」共掌管一一五種物品，到一九五六年也只有三八〇種。這個數字在後面有所減少，到文革尾聲的一九七五年，只有一六〇種左右。

當然，僅靠這幾種物資，現代社會是無法運轉的。那麼，其他物資又是什麼情況呢？自然是由省市地方政府或工廠、企業來承擔統制或供給、調配等工作。也就是說，這是相當「和緩」的計劃經濟。不過，也未必說只要像老大哥蘇聯那樣管控大量產品，就能順利發展；考慮到在強硬的計劃經濟體系下，反而不易發展長期經濟，那麼也可以認為，「不成熟」的計劃經濟反而利於通融，地方和企業也多了裁量的餘地。實際上，的確有觀點認為，正因為有能力順應在這種和緩的分權體制之下孕育出的經濟活動，到改革開放時，中國才能夠順利適應市場經濟。儘管如此，第一個五年計劃偏向重工業，幾乎沒有對農業和農村展開近代化投資，這種齟齬不久就變得很明顯。

蘇聯是中國社會主義建設方面的模範，實際上中國也受到蘇聯的諸多支援。在這段時期，蘇聯發生了很大的變化，那就是一九五三年，曾深刻影響中國革命的史達林去世了。毛澤東等中共領導人對史達林的感情似乎非常複雜，交織著崇拜與不信任。史達林死後，在赫魯雪夫（Nikita Khrushchev）主持的蘇聯共產黨代表大會（一九五六年）上，祕密發起「史達林批判」，披露了史達林生前以大清洗為首的種種罪惡。不久，祕密報告詳情公開，給中國共產黨帶來了猛烈的衝擊。毛澤東斷定，「（赫魯雪夫）捅了簍子，祕密報告無論在內容上或方法上，都有嚴重錯誤」，並未附和赫魯雪夫。此外，社會主義陣營的東歐諸國當時興起了反共群眾運動，蘇聯新領導層態度起初猶豫不決，中共對此甚為不滿，促使赫魯雪夫決心出兵匈牙利。如此，中國對蘇聯的不信任也進一步加強，曾經堅不可摧的中蘇關係逐漸冷卻。

在此過程中，中共推出了「百花齊放，百家爭鳴」（一九五六年五月～）的政策，鼓勵大家對黨提出批評，展開自由討論。「百花齊放」、「百家爭鳴」（以下簡稱「雙百」）都是見諸中國古典的說法，提倡鼓勵黨外人士展開自由討論，表明多種多樣的思考方式與意見。共產黨對於知識分子，正如前面介紹過的要求知識分子進行思想改造那樣，要求他們順從黨的意識形態政策；如果有誰拒絕接受，或採取抵抗態度，則堅決處理。一九五四年至一九五五年之間發起對文藝理論家胡風的批判，以及將其判為「反革命」並予以逮捕，就是典型的例子。胡風是左翼作家，曾與魯迅交往親厚，他對毛所主張並強行要求的思想改造提出異議，成了大問題。毛親自指示對其發起批判，並下令逮捕胡，更波及周邊許多人，有近百人遭逮捕。

因此，第二年開始的「雙百」，就算是黨提倡的政策，最初也沒有多少人附和。但是，如果提出意見和批評是黨的要求，那麼就不得不表明意見。在社會上，黨（黨員）自以為是的傲慢行為是很惹人側目的，這也起到了推波助瀾的作用，各界知識分子、專家便紛紛開始向黨提出嚴厲批評。一開始，「雙百」肯定是共產黨在充分自信的背景下打出的政策：儘管黨不搞控制言論的社會主義體制，不像蘇聯那樣用祕密警察，民眾也能對黨心服口服。但這項政策推行了一年後，一九五七年六月，毛澤東就下令對批判黨的人士發動「反右鬥爭」。一開始懇請別人「沒有顧忌地提出批判」，現在又對別人進行「反擊」，毛將這奇怪的道理解釋成是「引蛇出洞」的策略。不是陰謀，而是「陽謀」。

不論是「陰謀」還是「陽謀」，根據毛的說明，一系列的政治運動都是事先計劃好的，但不可能這麼簡單。因為「雙百」運動最高潮之際，在黨的第八次全國代表大會（共產黨執政以來首次召開的代表大會，一九五六年九月）上，已明顯可以看到依照「雙百」方針進行改革的趨勢。這次大會距離前次的第七次大會已經過去了十一年，會上提出了好幾個新方案，可稱為黨運行模式的近代化萌芽。其中一條，就是刪去了前次大會上寫入黨章的「以毛澤東思想做為全黨一切工作的指針」，還增設名譽主席制，由這些措施明顯可以看出對毛個人崇拜的淡化。某種意義而言，這是意識到了蘇聯的史達林批判而做的調整。大會祕書長鄧小平就修改黨的章程作出說明，表示「堅持集體領導原則和反對個人崇拜」，指出「個人決定重大問題，是同共產主義政黨的建黨原則相違背的，是必然要犯錯誤的」（鄧小平〈關於修改黨的章程的報告〉）。

包括黨內運作的分工制和確立集體領導體制的決心在內，大會的這些基調在今天看來仍別具意義，很難認為這些都是為了「誘敵深入」的策略。反右鬥爭恐怕還是因為「雙百」中湧現對黨的批判言詞，已上升到了質疑「黨天下」的地步。對於這種超出預想的情況，陷入不安的毛等人發動了強力反攻。

在「雙百」中，各民主黨派領導和知識分子們聽從了黨的指示，從而提出意見，但等待他們的，卻是「右派」這頂帽子，以及被趕出職場或重要崗位等等無情的對待。毛當時判斷右派在知識分子中至少占百分之一，多則可能到百分之十，這是曖昧卻又明確的數字。各單位收到任務，也機械地照著定額般的制定比例劃分右派。這就是「反右鬥爭」。雖然叫「鬥爭」，但實際上只是對被扣上「右派」帽子的人們展開社會性、政治性的制裁。

被劃為右派的人當中，有不少人被送去自然條件殘酷的工地或勞動改造設施。很長一段時間內，「勞動改造」被視為人民共和國重大的侵害人權問題，而當中相關的幾個規定（比如〈關於勞動教養問題的決定〉），其實是「反右」時期制定的。在透過勞動改造人（矯正、改造）的理念下，蘇聯曾設有強制收容所，中國也制定了相同的處罰規則，也就是勞動改造，或者叫勞動教養。中國對「右派」的處罰是針對「言論」或「思想」，在任意適用下，以可能的行政處罰形式執行。

當時被認定為「右派」的人，在全國實則高達五十五萬人之多。這些充滿見識和知識的人才被逐出一線社會，在那之後的中國，也不會再有人對共產黨真摯地提意見了。對了，上一節介紹到的楊絳，在雙百運動的時候，上司和同事曾力勸她暢所欲言，但由於種種難以言喻的理由，她到最後什麼都沒說，也幸運地沒被劃為右派。這回值得同情的就是同事們了，他們力勸她暢所欲言，都被認為是教唆他人從事反黨活動，被打為右派。從那以後，她和丈夫錢鍾書（著名學者、作家）謹慎小心，不再輕易說出自己的想法，或積極做什麼事，將此做為生存之道牢記於心。這真是知識分子悲哀的生存方式。

此外，還有一群人不在「右派」處分的範圍內，他們是優秀的自然科學家和技術人才。當時發布通知，成果特別優異的理科技術人才，不做為反右鬥爭的對象。一想到先進科學領域會直接關係到國防、軍事等國家安全問題，這麼做的緣故就很清楚了。雖然也有部分受害者，但在後來的大躍進和文革時期，先進科學領域的專家們大多被視為保護對象。中國國防軍事技術的關鍵詞是「兩彈一星」。兩彈是「原子彈」和「導彈」，一星是「人造衛星」，都是包括太空開發在內的先進軍事技術。負責開發的國防部第五研究院技術人才和留學歸來的研究者們，大多沒有受到政治運動的直接影響或動員，得到了種種保護和照顧。

就這樣，中國在一九六四年成功引爆第一顆原子彈；兩年後，搭載原子彈的「東風」號導彈成功發射；一九七〇年，人造衛星「東方紅」一號順利升空。如今，以長征系列運載火箭為首，中國宇宙開發活動非常活躍，兩彈一星就是這一切的起點。因為有這樣的歷史背景，在今天的中國，仍有很多父母希望孩子學理科，因為不容易受政治風波紛擾。

5 大饑荒和大動亂——大躍進與文化大革命的爆發

共產黨第八次全國代表大會（一九五六年）作出種種近代化的努力，嘗試淡化個人崇拜色彩、初步實現黨和政府的分開運作；比如從黨章裡刪掉「毛澤東思想」，支持集體領導制等等。但在那之後不久，第二年發生的反右鬥爭便撲滅了這樣的趨勢。此外，由於第一個五年計劃偏向重工業，破壞了經濟發展平衡，使得糧食、消費品供給和交通運輸的擴充等方面都很落後，是故第八次大會上對之加以反省；在該會上通過的第二個五年計劃（一九五八～一九六二年）中也表示，將增加生活消費品的生產，並發展農業、林業、水產養殖業等多種農業經濟。但這些內容不久後也都被改掉了。黨中央有人覺得「社會主義化進展太慢」，以毛為首的激進派採納了這種意見，指出只有進一步加快社會主義建設，才能提高生產力，國防方面也非常有必要實現獨立的安全保障。於是，以國際形勢發生變化等理由，一九五八年五月召開了黨的第八次全國代表大會第二次會議；在第八次全國代表大會第一次會議上，黨章規定，全國代表大會會議每年應召開一次。

在第二次會議中，果然通過了「多快好省地建設社會主義」的激進方針，還提出了「十五年超英」的口號，以實現鋼鐵、糧食大幅增產為目標。所謂的「大躍進」運動就這樣拉開了序幕。「十五年超英」的說法，是因為赫魯雪夫將美蘇體制競爭的目標定為蘇聯要「十五年趕超美國」；但是，赫魯雪夫也積極與美國對話，探索和平共存的可能。而中國在國際政治中明確採取反美反帝的立場，蘇聯接近美國的舉動，持續招致了中國的不信任。

高唱鋼鐵和糧食大增產的大躍進運動，還有一項引人注目的事業，即人民公社。人民公社是農村地區的大型綜合性共同體（一九五八年急速推廣的鄉級行政區劃），其特徵在於不僅進一步擴充了之前合作社（集體化單位）的規模，還吸收了既有的鄉級地方政府的機能。也就是說，人民公社不僅是集體化農業生產的大型生產單位，還擁有涵括了政治、生活（福利、教育、徵收農業稅，乃至組織民兵）等全方面領域的職能。因此，一旦「大躍進」發起增產號令，「人民公社」就首當其衝，開始行動。

在後面推波助瀾的，是試圖領會毛的意向、以表忠心的地方黨幹部。前面也提過，中國的計劃經濟賦予地方相當大的權限，地方幹部們也爭先恐後地提高各自的生產目標值。一九五八年最初的鋼鐵生產量目標值（並非實際生產量），在大躍進的八個月時間裡增加了兩倍；到了第二年，目標值更增加兩到三倍。總之，事態變得非常狂熱，原本計劃十五年趕超英國鋼鐵生產量，不久後就打算兩年內追上。

農村地區理當主要生產糧食，然而城鄉都被要求大煉鋼鐵。明明沒有像樣的技術或設備，但不管怎樣都要提高鋼鐵產量，這完全是胡來；但既然是黨的命令，那就不得不全力以赴。本土小規模技術「土法高爐」被大加傳揚，最後各種鐵製品都要求上交，回爐重鑄，生產出大量廢鐵。在農業方面，也引進了乍看非常新穎的技術，比如「深耕密植法」，據說可以帶來驚人的收穫，因而投入實踐。「深耕密植」一如字面意思，把深層的土壤耕出，再密密播種，就可以增加產

圖 4-5　畫報《漫畫》1958 年 11 月號封面。雖然誇耀棉花產量（7000 萬擔 ≈ 420 萬噸）超過了美國，但實際上只有一半，到 1960 年又減產一半。

量，這是一種冒充科學的耕作方法。

此外，人民公社被視為農村社會向更高階段的共產主義社會發展的橋樑；可容易看出這種理想的具體事例，是在各地開設免費供應食物的公共食堂。如果各家各戶省去了做飯的時間，就能多出多少從事生產活動的時間，從「按勞分配」的狀態發展到「按需分配」的狀態；人類社會朝共產主義階段邁出一大步，沒有什麼比這個更棒的了。新聞報導中實現增產的數值，充滿了不斷飛漲的虛妄與揑造。

結果演變成令人不忍直視的殘酷境地。因為虛報糧食增產，政府照虛報數字收購，人們在公共食堂大肆浪費，吃得滿地都是，也生產了大量類似廢鐵的東西；緊接而來的，便是嚴重的糧食不足和饑荒。也因為人手都派去煉鋼，疏於收割作物，因此一九五九、一九六〇年連續兩年大幅減產。今天我們利用歷史文獻，可以一定程度了解大幅減產的事實情況；但在當時虛報和誇大報告橫行之下，就算想要採取措施，也沒有可靠的數據。

在這期間，一九五九年夏，在廬山召開的中央政治局擴大會議和中央委員會總會（即廬山會議）上，資格很老、與毛關係深厚的彭德懷（當時是國防部長）私下給毛寫信，要求調整政策，糾正極左風潮。這令毛大為憤怒，反擊說彭德懷進行了反黨活動，要徹底打倒。其實在廬山會議之前，毛已把國家主席的位子讓給了劉少奇（黨主席沒有讓出），這場會議本來也要以糾正大躍進為議題；然而結果非但沒有糾正，還將大躍進更加強力地推行下去。就這樣，接下來一年仍重複著大躍進荒唐的嘗試，餓死了許多人。因飢餓、營養失調而死亡的，估算超過三千萬人。這是一次重大的政治失敗。

為什麼會實行這種偏離常識的政策，為什麼不能對荒謬的數字和目標提出質疑？毛澤東等中共領導人真的相信，憑藉土法煉鋼和反科學的農業技術，生產就能增加數十倍嗎？誰都有這樣的疑問。對此有人認為，因為毛澤東等中央領導人收到的資訊或報告本來就有問題，因此他們無法做出正常的判斷。的確，包括虛報在內，迎合中央領導人意向的成果報告占了大多數，這是事實。要是不表現得積極點，說不定會像前年那樣，被說成是「右派」。這種恐怖心理影響下，大概也讓數字變得更誇張。但是，正如彭德懷的諫言那樣，大躍進開始後不久，就已有情報上達至中央高層，告知事態正朝著無法無天的方向發展。毛澤東也親自派祕書和警衛員去地方，要求不加隱瞞地回報實情，他們回來後確實向毛報告了地方上的慘狀。那麼，為何還會這樣呢？

毛的這些親信不只報告了地方上的悲慘狀況。他們同時還匯報了這樣的情景：在大躍進的號令下，農民和當地幹部們是何等竭盡全力地埋頭苦幹，為了黨和毛主席不眠不休地努力著。不能對農民的熱情潑冷水——這是毛經常掛在嘴邊的話，夾雜著他想盡早實現社會主義建設的信念。僅僅看到悲慘的狀況就下令停止，意味著給民眾的熱情潑冷水。這種搞不清是信念還是妄念的心情，讓大躍進的災難空前嚴重。因此，當並肩作戰多年的老同志指出大躍進是脫離現實的虛妄之舉時，毛表現出超越常規的激昂態度，將彭德懷和張聞天等幾位贊同彭意見的人打為「反黨集團」，剝奪了他們的政治權利。

但同時應當強調的是，不管是推行大躍進，還是廬山會議上批判彭德懷，以周恩來、劉少奇為首的黨內人士，沒有人敢發出反對的聲音；反而有不少人像林彪那樣維護毛澤東，稱大躍進之所以進展不順利，就是因為沒有嚴格執行主席說的話。一九六〇年調整政策的，也是毛自己。在後來一九六二年召開的七千人大會上，劉少奇將大躍進的失敗總結為「三分天災，七分人禍」，毛也談到了自己的責任。但當時擁護毛的聲音依然不小。周恩來就在會上發言，表示「這幾年的社會主義建設工作……缺點和錯誤，恰恰是由於違反了總路線所確定的正確方針，違反了毛主席的許多寶貴的、合乎實際而有遠見的意見才發生的」。

常有人指出，包括後來的文革在內，晚年的毛澤東有一種近乎偏執的病態氣質。當然，討論毛的時候，包括他是不是正在生病，病況又是如何，這些都是大問題；但更根本的問題在於政治體制——疾病本是個人問題，卻影響到組織和國家政治的運作。如果毛有責任，那麼不在於他有什麼病，而在於沒有可以讓領導人更換、休息的體制。中央領導人們的心性，使毛的獨尊成為可能，這在第三章第三節已經說明過；但與其說毛自己成了暴君，不如說是眾人支持他成為暴君。

無論如何，到了一九六〇年代前期，中共採取了比較穩健的政策，亦即「調整政策」，對過度瘋狂的社會主義化做出若干糾正。透過恢復部分市場經濟、降低農業稅、調高強制收購價格、允許農民擁有自留地和家庭副業、發展輕工業等措施，社會回歸了平靜。且以五年為單位大致看一下經濟增長情況，一九六〇年代前半期GDP（國內生產毛額）增長率是一五％，實際上比後來的改革開放時期還高。固然有對之前大躍進時期負增長的反彈，但也可以說對農村地區的補救措施確實有效果。另外在政治方面，雖然一九六二年推進了毛提出的社會主義教育運動，但因為毛不再插手經濟工作，劉少奇等領導人堅持了經濟調整政策，故而經濟恢復較為順利。

與之相對，中國所處的國際形勢非常緊迫。與同盟國蘇聯的關係在史達林死後暫時維持了一陣，但面對推進和美國和平共存的赫魯雪夫政權，中國抗議說這是與帝國主義勾結的修正主義；另一方面，蘇聯也批判中國的大躍進是無視現實的「空想式社會主義」，雙方都基於社會主義的意識形態，互相展開了激烈的抨擊。就這樣，一九五九年，蘇聯單方面撕毀中蘇同盟賴以維繫的〈國防新技術協定〉，第二年也召回全部蘇聯專家——他們是蘇聯對華支援的象徵，中蘇對立已成定局。中國通過加強和東南亞、非洲等第三世界新興國家的往來，彌補未加入聯合國的不足，宣示了存在感。雖然周恩來和尼赫魯（Jawaharlal Nehru）在一九五四年一致同意《和平共處五項原則》，但中國和印度之間也爆發了領土爭端，並在一九六二年發展成軍事衝突。無法否認，中國在當時的國際世界是備受孤立的。

對中國國內政治也產生極大影響的，是中蘇對立。自韓戰以來，美國的軍事威脅發展到一九六〇年代初期，已經變成隔著越南、朝鮮半島和臺灣的間接性威脅；但蘇聯，與之相鄰的國境超過七千公里，這是更切實的直接性威脅。因此，第三個五年計劃（一九六六年～）中，便決定優先發展內陸地區軍需工業基地建設，這叫做「三線建設」。其戰略構想是，即便第一線（邊境地區、沿海地區）被攻破，接下來的平原地區（第二線）也遭侵略，內陸地區第三線的重工業也能支持長期抗戰。後來為了應對大規模戰爭，還以大城市為中心建造了許多防空洞。而在這種緊迫形勢下，一九六六年爆發了文化大革命，這比之前的大躍進給國內外帶來了更大的衝擊。

毛承認了大躍進的失敗，暫時韜光養晦，靜觀調整政策的動向；但這段期間，他仍強烈主張階級鬥爭不能忘，在社會主義時期這一從資本主義到共產主義的過渡時期，階級鬥爭會更激烈，這也會反映到黨內。對農民的優待政策帶來了國內經濟活動的恢復和農業生產的提高，但在毛看來，這卻是和社會主義背道而馳的姑息行為，或者說最多不過是一時的補救措施而已；越實施，越遠離能真正提高生產力的社會主義的實現。某些人戴著社會主義的假面具，其實妄圖「修正」社會主義，走向墮落——外有蘇聯的赫魯雪夫，內有推進「調整政策」的劉少奇。

毛還認為，藝術和學術領域的社會主義改造很不充分，管理這些領域的黨內官僚中了資產階級思想和修正主義的毒。為了徹底清掃內外呼應的「修正主義」，就要對自己一直率領的共產黨這一組織從根本處進行革新，這就是一九六六年發動的無產階級文化大革命（以下簡稱「文革」）。黨內的確也有領導認同毛澤東獨特的群眾運動方式，甚至還贊同毛澤東在經濟政策方面的社會主義推進論。正如前文所述，從這個角度而言，毛並非孤立無援的獨裁者。只不過，他把黨本身的革新也列入考慮範圍，幾乎沒有同志對這點產生共鳴。正因如此，一九六六年，文化大革命這一大動亂爆發時，黨內其他領導人幾乎都沒理解到，該事態意味著什麼。

一九六五年，上海《文匯報》發表了姚文元對新編歷史劇《海瑞罷官》的批判文章，文革以此為開端。在沒有論述能反駁這篇文章的情況下，第二年，北京市委書記彭真等人因有意保護該劇作者吳晗，很快被打成了反黨集團，從此揭開了掃除資產階級反動思想的大規模活動。毛澤東透過《人民日報》等報刊，煽動年輕人打倒舊勢力和舊權威；一九六六年八月，毛宣揚「造反有理」，進一步點燃年輕人的狂熱。北京發起的這項運動瞬間波及全國，更引發了共產黨領導

圖 4-6　高舉《毛澤東語錄》，高喊著文革口號的紅衛兵。

層的變動。劉少奇（黨副主席）本來試圖收拾亂局，反而被迫自我批判，八月被撤職，不久更被扣上了「黨內最大的走資派」、「中國的赫魯雪夫」等一系列罪名。*

這場年輕人的自發性組織活動誕生於一九六六年五月末，之後迅速擴大並蔚為流行。人們開始清楚意識到，這次的運動與此前的各種運動有很大不同，大約是從年輕人們參與街頭行動、徹底破壞舊事物那會兒開始的。這些十幾二十歲的年輕人穿軍裝，佩戴染上「紅衛兵」字樣的紅袖章，手持紅色小冊子，從八月起參加街頭示威。他們手裡拿的是《毛主席語錄》，也就是《毛澤東語錄》。大躍進失敗後，毛的領導力開始蒙上陰影，這時在黨中央堅持表明支持毛的幾乎只有一個人，那就是老同志林彪（彭德懷卸任後，出任國防部長）。這個小冊子是林彪當作人民解放軍政治教育資料而編纂的，最早於一九六四年開始發給解放軍部隊。毛的老朋友裡頭，如果說無所顧忌地提出剛直意見的是彭德懷，那麼同樣是老部下、對毛百依百順而得到寵信的，就是林彪。

透過激進學生們發表觀點時用的手段——大字報，毛澤東自己也在八月發表了〈炮打司令部——我的一張大字報〉；緊接著，毛在天安門廣場接見了來自全國各地約百萬餘名的年輕紅衛兵。到十一月為止，一共舉行了八次接見大會，共約有一千萬人參加。毛被這盛大的人群鼓動，人群也受到毛的煽動，擴大成難以收拾的群眾運動，造成了社會秩序的巨大混亂。黨內許多資深老幹部、在職幹部，學校、企業、少數民族地區的知識分子和官僚，以及宗教界人士，都遭到了屈辱的折磨，甚至被施暴或虐殺。許多寶貴的歷史文物和遺跡也慘遭破壞。

年輕人行動的規模和激烈程度，有時會超出了毛澤東的預期，其背景很複雜。若非要舉出一個理由不可，那就是此前的人民共和國是令許多人感到難以呼吸的閉塞社會。一方面，日常生活由個人檔案和告密制度建構的社會管理，根據出身階級差別對待；另一方面，通過學校教育和宣傳，革命先烈的英雄事蹟和共產黨的歷史深深刻印於年輕人的內心，讓他們有了透過革命改變世界的夢想。

因此，紅衛兵的能量朝向破壞舊事物和打倒權威的方面爆發；但同時，也出現了不同的聲音，即對共產黨的統治原理和社會制度的不合理提出批判。比如，一位叫遇羅克的年輕學徒工人發表了〈出身論〉（一九六六年十二月）。遇羅克出身資本階級家庭，他在文中表示，根據先

* 註三：劉少奇一九六八年被開除黨籍，不久遭迫害致死。

天出身階級決定的血統論造成了「人為的鴻溝」，成為露骨歧視的根源，也揭露了人民共和國社會原理的本質。但是，紅衛兵和工人們參與文革的狂熱，如地獄烈火般蔓延開來，這樣的內省並沒有深入的餘地。一年多之後，遇羅克反被誣告為大肆傳播反革命言論，遭到逮捕，並以反革命罪處死。

各地紛紛出現了造反組織，都主張自己才是忠實執行毛澤東教導的一方，最後開始了武力抗爭。有些地方的武鬥甚至發展到使用機關槍、迫擊砲的地步，事態已然十分異常，正常的經濟活動和日常生活被迫停止，連國家運行也出現障礙。當時，中國社會稱得上組織的組織，除了共產黨之外別無存在；因而黨組織一旦陷入痲痺，就意味著社會失去了唯一的控制系統。

在那之後，毛澤東等人苦思對策，試圖通過人民解放軍維持社會秩序；此外，一九六九年起，也將城市青年半強制性地送去農村地區（即「下放」）。道理上是說讓他們向農民和工人學習，但實際是為了解決城市青年這些不安定分子。這也是因為文革造成了生產體制和經濟制度的混亂，城市地區已喪失吸收年輕勞動力的功能。包括文革前後在內，送去農村的年輕人總計有一千六百萬至二千萬人。

被趕出城市的不僅是青年。此前經歷了多次思想改造的知識分子幹部，這次也成了發配對象。一會兒在工作單位被揪出來參加批鬥大會，一會兒被抄家；在種種迫害後，他們被送往

「五七幹部學校」接受再教育。所謂「五七」，是毛澤東就說明文革精神致信林彪的日期（一九六六年五月七日）。指示表明，要開辦大規模學校，將全國革命化；為了貫徹這項精神，兩年後在地方農場等處建立了相關設施。全國的黨幹部和知識分子幾乎都被命令去這種「學校」接受再教育。名字雖叫學校，實際上是軍隊管理的勞動收容所，有些地方純粹就是流放地。

前面提到過楊絳，說她僥倖躲過反右鬥爭，但文革一開始，她就被社會科學院（外國文學研究所）打為「資產階級學術權威」，遭受屈辱對待，之後被遣往河南的「幹部學校」。而尚稱得上幸運的，是儘管她和其他收容者一樣，被當成「牛鬼蛇神」，但一九六九年末之後的兩年間，她只被分配到打掃廁所這樣還算輕的勞動。反右鬥爭的對象是因為做了某些行動被打成右派的人，但文革時的迫害，只需要資產階級知識分子這一條理由就足夠了。像楊絳這樣被送到五七幹校的黨內幹部和知識分子，據說有數百萬人，也有說法認為大約一千萬人；但既沒有公開數據，連有沒有可靠的統計本身都不清楚。因為不管是下放還是幹部學校等事蹟，最多只從文學作品得見，中國國內至今都不容許自由研究或整理公開統計資料。文革期間，鄧小平被打為劉少奇之後的「黨內第二號當權派」，雖沒被送去「幹部學校」，但被下放到江西的拖拉機工廠勞動，軟禁了大約三年。

由於文革初期的造反和奪權運動，既有的黨組織和行政組織已風雨飄搖，取而代之的是各地重新組織的權力機構——革命委員會。一九六七年到次年間，各省市成立的革命委員會，號稱是由人民解放軍、革命幹部、革命群眾這三者的代表組成；但並非通過特別的選舉，最被尊重的，還是實體組織軍隊的意見。革命委員會是獨裁機構，擁有黨務、行政、軍事和司法等非常廣泛的權限，但專業和技術人才早在文革浪潮中被逐出社會第一線。因此，一開始就不可能指望像樣的行政服務或經濟運行。文革時期取代他們上位的，是維持治安和做為國防支柱的軍隊（其代表是林彪），還有以毛澤東崇拜為武器，在意識形態和文化領域發跡的江青、張春橋等「四人幫」。

一九六九年四月，這一系列大規模的變動暫告一段落，共產黨召開了睽違十三年的黨代會（第九次）。通常，召開共產黨代表大會都必須經過充分的準備。在地下活動時期尚可理解，但執政以來已過去十多年都還不召開黨代會，由此亦可窺見當時中國政治的激盪與混亂。這場大會上明確了「毛澤東的親密戰友」林彪是毛的繼承人，而中央委員近半數都是軍隊出身。

專欄⑨　第二國歌——〈東方紅〉

世間有「第二國歌」的說法，說的是那些雖然不是正式國歌、但深受國民喜愛的歌曲。

比如美國的〈天佑美利堅〉，英國的〈威風凜凜〉。因為大半不是法律規定的，所以不同的人有不同的意見。在中國，可能很多人會提到〈歌唱祖國〉（作詞作曲人為王莘），這首歌創作於一九五〇年建國一週年之際。二〇〇八年北京奧運會開幕式上，九歲的少女林妙可曾獨唱此曲，後來爆出是假唱，一時成了大新聞。「五星紅旗迎風飄揚，勝利歌聲多麼響亮」，這歌詞做為國歌也是綽綽有餘了。

而上了年紀的人，可能會推舉〈東方紅〉。但歌詞中讚美毛澤東的色彩太濃郁了，今天若做為第二國歌，應該會有人反對：

東方紅，太陽升，中國出了個毛澤東，
他為人民謀幸福，呼兒咳呀，他是人民大救星。

但直到文革結束，〈東方紅〉都是當仁不讓的第二國歌，在〈義勇軍進行曲〉出問題的時候（參考專欄⑧），這就是事實上的國歌。這首旋律簡單的歌曲也來自民謠重新填詞，就如專欄④說過的，來歷也不明。與〈三大紀律八項注意〉不同的是，這首歌的基本資訊明確，比如旋律是陝北民謠〈騎白馬〉，填詞的是一位叫李有源的貧苦農民（民謠歌手），最早傳唱於一九四三年。

一九四三年三月，毛澤東在中央書記處（管理黨內日常事務的部門）的「最終決定權」得到承認，五月共產國際決定解散，這正是毛的領導權在黨內得以確立的重要一年。前一年，毛澤東發表了延安文藝講話，強調藝術要為了勞動人民服務。就在這樣的時期，陝北農民用當地民謠填詞，「創作」了歌頌毛澤東的曲子，這一話題無疑展示了藝術應有的最理想狀態。

從人民共和國成立到文革時期，〈東方紅〉的待遇類似國歌，共產黨的很多活動上，開場都要唱〈東方紅〉，最後一起唱〈國際歌〉。面向海外的廣播電台（北京電台）也一樣。中國發射的第一顆人造衛星就叫「東方紅一號」（一九七〇年），它向地面傳送的音樂也是〈東方紅〉。不過，〈東方紅〉歌詞裡表達對救世主的渴望（毛澤東是大救星），和〈國際歌〉精神（從來沒有什麼救世主，全靠自己救自己）明顯相齟齬，據說有部分黨內幹部對此頗覺困惑。

來看看習近平的情況，最近他各方面都被拿來跟毛澤東比較。過去五年間，出現了大量崇拜他的歌曲。首先是二〇一六年三月在網上公開的〈東方又紅〉，在當時是不小的話題。既然叫「又紅」，就是為〈東方紅〉重新填詞，「東方又紅，太陽又升，中國出了個習近平」。有說是支持習近平的勢力創作的，也有說是惡搞的宣傳歌，為了「捧殺」習的諷刺之作。傳言紛紛，真相卻不明。一年後，十九大前後出現了一首〈跟著你就是跟著那太陽〉，但看起來也不像能成為第二國歌的樣子。

1——小島華津子〈エリート層における党の存在——中国エリート層意識調査（二〇〇八〜二〇〇九）に基づいて〉，菱田雅晴編《中国共産党のサバイバル戦略》三和書籍，二〇一二年。
2——〈關於鎮反部署給上海市委的電報（一九五一年一月二一日）〉（《建國以來毛澤東文稿》第二冊，中央文獻出版社，一九八八年，四七頁）。
3——《中國共產黨在上海八十年》上海人民出版社，二〇〇一年，四三二頁。
4——趙玉明主編《中國廣播電視通史（第二版）》中國傳媒大學出版社，二〇〇六年，三一七頁。

第五章

遠離革命

1 脫文革的探索——是什麼維繫了中國共產黨？

文化大革命給國內外帶來了巨大的影響。特別是一九六八年前後，在歐洲、日本、美國等西方諸國，社會運動和學生運動如火如荼。國際社會中，與蘇聯涇渭分明的新左翼力量很強，因此，毛澤東思想和文化大革命受到很高的關注，甚至成為崇拜的對象。讀者或許會感到意外，在日本，比如關西地區，就有「毛澤東思想學院」（兼研修設施），這是確切的事實。當時，日本與中國處於斷交狀態，有關中國的資訊極其有限，對革命中國和毛澤東有不加批判、全盤禮讚的傾向；因此，要客觀分析文化大革命極為困難。而連這些文革支持者也無法理解的，是一九七一年九月的林彪事件。

就在兩年前，林彪剛被指定為毛澤東的接班人，他是對毛極為忠誠的黨副主席，卻據說發動了打倒毛的政變，失敗後偕同妻子乘機逃亡蘇聯，途中在外蒙古草原墜機而死，實在是太令人震驚的事件。但海外媒體報導這件大事，要到十個月之後的一九七二年七月。這段期間，中國媒體一概不報導林的動向，海外媒體據此推測林已下台；而當中國官方說明報導，這是「政變」「墜機而死」，全世界都大吃一驚。

林彪是老共產黨員，國民革命時期就讀黃埔軍校，從井岡山時代起就是毛的部下。一直到文革期間，從編纂、發行《毛語錄》開始，他都向全軍強調對毛的忠誠，也被指定為接班人，為何非要逃亡國外？飛機又是怎麼在外蒙古失事的？……中國的官方觀點強調了林的野心和他暴露的反黨活動，但很少有人全盤相信，謎團一直留到今日。也有一說認為，就像之前劉少奇那樣，劉雖然已是二把手，還是逐漸被毛疏遠，不久便成為毛打倒的對象；林彪雖深受毛的信賴，也難免遭到加倍的猜疑，終被逼迫到自我毀滅的地步。但一切都只是間接證據。

可以肯定的是，過去深信文革意義和革命大義的許多人，在面對這樁充滿迷團的事件和曖昧不清的官方說明後，逐漸開始從革命的狂熱和傾倒中清醒過來。林彪事件後，黨發動了批判林彪和孔子的運動（批林批孔），在批判孔子的背後，據說隱藏著毛批判周恩來的意圖——以孔子讚頌的上古聖人周公作比。但這種謎語般、指桑罵槐式的政治運動已無法吸引人們，運動本身也逐漸受到冷落。

從林彪事件前後起，毛的身體狀況越來越糟。一九七二年實現了風波暗湧的政策大轉換，相繼和美國、日本等國改善了外交關係，一九七六年便靜靜離開了這個世界。在毛去世之前，周恩來、朱德這兩位與毛多年來風雨同舟的黨內元老也先後逝去；人們感覺，在這一年，一個時代已然終結。對毛的接班人之位，相關人士展開了種種明爭暗鬥，最後由華國鋒（黨的第一副主席、國務院總理）壓倒四人幫一派，成了新任主席。他曾在地方上工作忠誠得力，因而受到毛的讚賞和提拔。

圖 5-1　宣傳畫〈你辦事，我放心〉（1977 年）。與華國鋒談話的毛澤東看起來非常年輕，但這場會面實際上發生在 1976 年 4 月 30 日，據說當時毛已無法說話。

在黨內根基薄弱的華國鋒，憑藉的是毛的信賴，還有毛生前親筆寫下的「你辦事，我放心」為之背書。想必華也會自負，自己如此被信賴，因而坐上了主席的位子。在毛死後不久（一九七六年十月），就聯手軍中人脈深廣且有威望的葉劍英（國防部長）、指揮黨中央警衛局的汪東興（警衛局第一書記）等人祕密達成共識，閃電式一舉逮捕「四人幫」。就某種意義而言，四人幫替毛澤東背負了人們對激進社會主義的批判，因而成為人們怨恨的目標，如今他們終於被逮捕，人人都歡呼。

華國鋒就任黨主席之初，宣言要全盤繼承以文革為中心的毛澤東思想。但「你辦事」神力的通行期，到一九七七年中就結束了；此時鄧小平回歸黨中央，就任黨副主席和副總理。先是一九七六年一月周恩來死後，民間舉行了自發性追悼活動，被毛等人視為反革命活動而遭到鎮壓（第一次天安門事件，四月）。當時，鄧被指為煽動民眾的幕後黑手，再度下台，這是他一生多次起伏的其中一次。毛死後，鄧向華國鋒表示希望復職，順利回歸中央。黨的主導權瞬間轉移到鄧小平身上，因為無論是黨的資歷，還是人脈和經歷，鄧都遠遠超過華國鋒，是真正有實力的人。鄧小平名義上是黨副主席，實際上是最高領導人，他和在文革中倖存下來並先後回歸中央政界的陳雲、彭真、胡喬木等昔日的實權派，以及支持他回歸的胡耀邦等人，在一九七八年末黨的重要會議（第十一屆三中全會）上，打出了「改革開放政策」的全新路線。

改革開放政策的特徵留待後文詳述，這裡我要指出的，是這項政策在文革期間其實已然萌芽。通常，「改革開放」時期的中國，多被描述成毛澤東時期的中國的對照面。也就是說，毛澤東時代接連不斷的政治運動與缺乏效率的計劃經濟，帶來了很多災難，拖累了中國的發展；而抑制政治運動、謀求社會安定，果斷將計劃經濟轉變為市場經濟之後，鄧小平時代的中國就迅速富裕起來。即使形式有所改變，改革開放也一直延續到今日，奠定了中國的世界地位。因此，人們都覺得文革把中國經濟搞得一團糟。的確，文革期間中國的GDP曾有幾年負成長；但在那十年間，平均也有近四％的成長率；也就是說，文革時的中國雖處於貧困，但亦有發展。

發展背景在前一章第四節也說過，毛時代的政策雖說是計劃經濟，但中央管理、統制的範圍很小，生產管理和調整權限有相當大部分都委託給地方——即通過地方分權化實現的軟性經濟結構。北京的中央政府和管轄各省市的地方政府財政規模，在一九五〇年代是中央占八成，地方占二成；但到六〇年代之後，這個比例就逆轉為二比八了。當然，地方要上繳一部分，但對剩下的部分擁有裁量權；用今天的說法，就是一種獎勵機制。比如趙紫陽就做得很好，成功重振四川的經濟，更被提拔到中央。

近年研究指出，文革在破壞了以黨組織為首的社會基礎之後，從一九七一年左右開始，黨紀廢弛、社會混亂、糧食缺乏等情況益發嚴重，因而在農村地區，數以千百萬計的農民以包產到戶的做法，實際分配了公有的資產和土地，並在農村恢復市集。[1]集體所有徒具其名，實際上有各戶承包的企業活動。總之，不待毛去世，農村地區實際上已放棄了計劃經濟，而悄悄開始了「脫集體化」。一九八三年之後，人民公社逐漸被取消，但在那之前早已是一具空殼。

更極端地說，由於毛澤東不加通融地強制推動集體農業化，反覆被飢餓折磨的農民們沒有顛覆共產黨政權、發動叛亂，正是因為他們沒有遵守毛主席強求的做法，或者說悄悄打破了規矩才得以生存，更為接下來的時代做好了準備。可以說，由於文革導致黨組織的廢弛與壞死，才使這一切成為可能，不得不說這真是諷刺。儘管大躍進失敗、許多人餓死，加上文革十年動亂導致生產活動停滯，但共產黨依然能夠堅持下來，這不是因為黨有什麼德行或政策，使自己可以「堅持」；而是因為農村社會熬過了荒謬的統治，在最絕望的時候沒有言聽計從，發起了「靜悄悄的革命」，因而使共產黨「堅持」了下來。

文革時期，個體經營形成市場，經濟活動十分發達，足可稱為「第二社會」，形同對計劃經濟的嘲諷，後來鄧小平的領導班子將之靈活地納入了體制內部。到了改革開放時期，集體經營的叫地方鄉鎮企業，個人經營的叫個體戶，政府追認了他們的存在和意義。

文革期間準備好的還不止這些。由於教育方針否定資產階級式的知識，文革時的高等教育機構被迫相繼關閉；與此同時，初等、中等教育相對受到了較多保護，結果到了改革開放時期，為外資進駐的工廠提供了順從且廉價的勞動力。毛推行這樣的教育政策，也絕非為了西方資本主義國家提供勞動力。但毛的後繼者們獲得了始料未及的庇蔭，有這批豐富且高質量的勞動力成為未來「世界工廠」的根基。

此外，在經濟開發方面，中國開闢廣東深圳等經濟特區，引進外資，為外國的投資和事業準備好環境。另一方面則準備好國際外交環境，積極借款，並引入先進技術。其中具有代表性的，就是一九七二年與日本恢復建交之後，引入高達八十億美元的工廠設備，之後還陸續有巨額的日圓貸款。這種大膽的自由化和外資引進，結合後來階段性展開的市場經濟，被稱為社會主義市場經濟。改革開放政策這樣進行，成果非常耀眼。一九八〇年到一九八八年，GDP不論全國總量還是人均數值，都增長了兩倍，同時財政收入也增長了一倍。之後雖略有變動，但這種經濟成長仍然持續，最終將中國推舉為經濟總量世界排名第二的經濟大國。

但是，改革開放政策帶給中國的，不僅是外資和先進技術。與國外人才和物資一起進入中國的，還有西方的文化與流行風潮。這在中國，是建國後時隔三十年才到來的海外思潮。直到文革結束，中國的資訊環境幾乎與世隔絕。一九七一年，中華人民共和國獲得聯合國代表權，成為安理會一員，在國際社會得到了相應的位置；但正如由林彪事件可以看出的那樣，外部還是很難窺知中國和共產黨的實際情況。外國人當然不用說，連中國人也不能在國內自由旅行。同時，中國人也不知道世界上發生的種種。人們經常說，紅衛兵連披頭四和搖擺舞都不知道，但既然這些是落後、墮落的資產階級藝術，那麼中國肯定不會介紹。在文革時期的藝術，只能上演極有限的劇目，比如江青指導的革命樣板戲——她在戲劇和電影方面有絕對的發言權；國內能聽到的都是歌頌毛的革命宣傳歌曲，西方流行音樂完全沒有公開演奏過。

改革開放政策大幅改變了這種文化方面的閉關鎖國。同時，對於當時國內熱烈討論的「四個現代化」，一些知識分子開始提出意見，認為也有必要推進政治的現代化（民主化），這是「第五個現代化」。當時內部有這類開放的討論，當時叫「北京之春」；外部有種種西方信息和文化滲透。因此，既然採取了改革開放政策，那麼重新調整意識形態政策，就成了無法避免的課題。

共產黨提倡的意識形態對策，是「四項基本原則」，即中國必須堅持「社會主義道路」、「人民民主專政」、「共產黨的領導」、「馬列主義、毛澤東思想」。表達文革時人們備嘗艱辛的文學作品，或關於知識分子信任黨卻遭到背叛的電影作品，乃至魏京生等人通過大字報表達民主化的訴求等等，全部違背了這些基本原則，而成為禁止和打壓的對象。特別在一九八〇年代，這些思想被概括為因「資產階級自由化」導致的「精神污染」，被視為西方資本主義國家企圖用和平手段顛覆社會主義國家的陰謀，是「和平演變」之一環，必須提高警惕。對了，第三章第五節講到的〈關於建國以來黨的若干歷史問題的決議〉，論及黨的歷史和毛澤東的功過，這也可以視為處理文革遺留問題時採取的一種意識形態對策。

另一方面，再來看黨的運行模式。雖說叫改革開放，但對於公然復活資本主義的經濟特區，黨內元老也有異議，鄧小平為了推進改革和維持黨內平衡費盡苦心。基於對毛澤東時代的反省，應該制定新憲法、朝著區分黨和政府的方向而努力，一九八二年九月的第十二次黨代會上改正了黨章，廢除黨中央委員會主席——即「毛澤東—華國鋒—胡耀邦」歷任的黨的最高領導制度，新設總書記一職，做為黨的最高領導。同時規定該職位是掌管中央書記處、處理黨的日常業務的最高負責人。與此同時，剛做了一年多黨主席的胡耀邦就任黨總書記。我這麼寫，乍看之下好像只不過是調任，但自毛澤東以來，擁有絕大權威的「主席」（代表黨中央委員會）變成了「總書記」（在黨中央政治局指導之下統領日常業務），個人獨裁的色彩被微妙地沖淡了。

既然說到了「總書記」這個詞，在這裡就對這個有點奇特的詞語稍作補充說明。當今中國共產黨最高領導人習近平的職位，也是黨的「總書記」，但問題是，為什麼是「書記」？要說明這一切，不僅要談到社會主義相關詞彙的日文譯詞，還需要回溯至共產國際時代蘇俄的影響。

「書記」一詞不論在日文還是中文裡，原本都是指記錄之人；是負責記錄某個大人物在會議上所說內容的人，「書記」本身一般並不是什麼了不起的人物。但在共產黨的世界，「書記」卻是領導人，「總書記」則是凌駕於數千萬黨員之上的統治者。將共產黨領導人叫做「書記」的理由，在中國是這樣說明的。古代「書記」是「文員」、「祕書」等身分低微的職官名，但共產黨與過去的統治階級或官僚不同，為了說明自己站在民眾一方，從建黨之初就使用了「書記」這一身分低下的職官名。[2]也就是說，這是一種謙稱，表明自己不會高高在上。但事實又是如何呢？

來看一下詞語變遷的大致過程。中國共產黨建立之初，的確用過「書記」一詞。一九二一年召開一大之際，當時黨的領導人陳獨秀以「中央局書記」的名義發過布告，同一時期成立的工人運動總部叫做「中國勞動組合書記部」。*之後，陳獨秀的職位從一九二二年起的三年間內叫做「中央執行委員會委員長」，但一九二五年之後領導人更換，仍叫做「書記」或「總書記」。一九四〇年代後期以後的毛澤東時代雖然升格成「主席」，但在他去世後又基本恢復為「總書記」，直至今日。但在陳獨秀等早期領導人使用「書記」的時候，完全沒有任何跡象表明他們指的是身分低微的「書記」。

在當時的中國，雖然沒有別的政黨用「書記」指稱領導人，但在國外，相當於「書記」的Secretary一詞也用於總務、事務的職稱，未必僅限於低等職級。一九二〇年設立的國際聯盟「事務總長」（General Secretary）就是一例，當時日本和中國的報刊雜誌上寫作「書記」、「書記長」。確實，出任聯盟副事務長的新渡戶稻造，在中日兩國的報刊上就被稱為「書記局副書記長」、「副書記長」。別國的共產黨，比如美國共產黨，中央事務部門的領導是Executive Secretary，在共產黨一九二一年的雜誌上則刊登了「國際青年共產黨執行委員會東方書記部」寄來的國際會議邀請函。總之，不論日文還是中文，這一時期都將國外機構統管日常業務的職位稱作「書記」（書記長、總書記）。關鍵問題是怎麼翻譯，如今聯合國的Secretary General也可以不譯成「祕書長」，而是「總書記」；同樣地，將中共總書記（General Secretary）稱作「中共中央祕書長」也沒有問題。

這樣一來，問題就是Secretary這一職位如何擁有獨裁式權力了。一九二二年，俄國共產黨組織改編，在中央委員會設置政治局和書記局，史達林出任了負責日常業務的「書記局」最高

＊註一：該組織名中的「組合」一詞來自日語，如今「勞動組合」通常叫做「工會」。

圖 5-2　中國共產黨組織圖概略

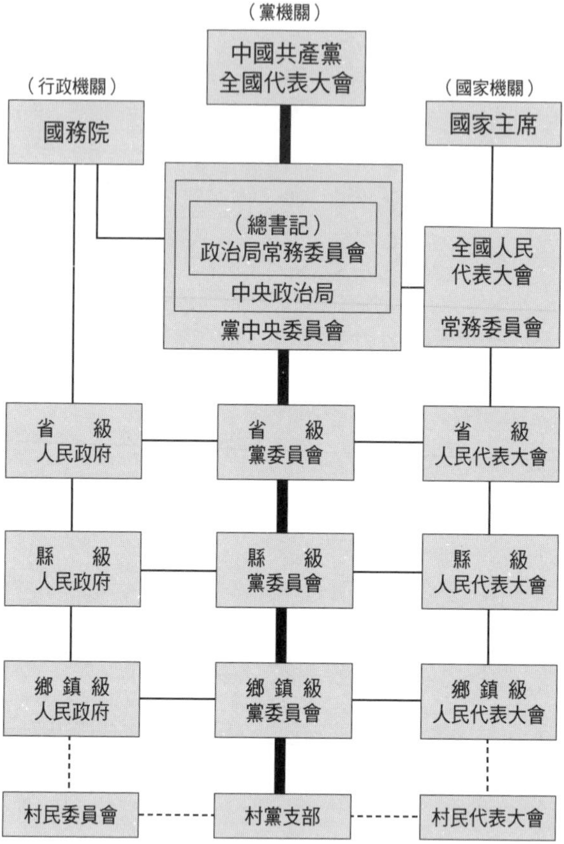

※ 人民公社時代的鄉鎮級以下組織由人民公社編成

領導（書記長）。就是從這時開始，Secretary 成為實質上的最高領導部門（領導人）。此後，「書記局」以統管日常事務工作的名義，開始實質代理政治局，成為在組織上保證最高領導人史達林獨裁地位的存在。大略言之，不過就是「書記長」（英文是 General Secretary）一詞傳播至全世界的共產主義政黨，「書記」開始等同於「領導人」。同樣地，共產黨將 General Secretary 譯作「書記長、總書記」，聯合國等國際機構則譯作「祕書長」。就這點來看，陳獨秀在一九二一年稱作的「書記」近於「祕書長」，而四年後的「書記」，字面雖相同，但已是俄國共產黨式的產物，如同後來「總書記」所繼承的那樣，開始擁有濃厚的集權式色彩。

說到黨的中央集權式運作原理，其運行機制當中有顯著的代理主義，即中央委員會代理黨代會、中央政治局代理中央委員會、中央書記局代理政治局、總書記（書記長）代理書記局；而象徵這種走向個人獨裁的嵌套式代理結構的，正是「總書記」。因此不僅中國，包括像北韓、古巴這些有「總書記」或「第一書記」的國家，都因為黨的代理主義，讓少數領導人得以獨占權力，變成一種制度。毛澤東更將這種代理結構簡化了一個階段，不是在「總書記」的位子上，而是在「中央委員會主席」的位子上彰顯權力。日後中共反省，這種黨主席制破壞了集體領導制，在文革期間帶來了很大的災難，遂廢除黨主席制，將「總書記」重新改為統轄政治局事務的職能。因此，雖然只是小小的努力，卻也剎住了個人獨裁的勢頭。

但是，近年來透過強化權限，如今「總書記」的實權已和毛澤東時代的「主席」差不多大。部分觀察認為，習近平不滿足於「總書記」，最近可能會恢復黨主席制度。但如果說習非想要一枚和毛澤東一樣的「主席」金徽章，那是另一回事；就制度上來看，「總書記」已沒有任何限制，因為已是「黨中央和全黨的核心」。所以，將恢復黨主席制度的討論擺到檯面上，並推進制度改變，這樣的可能性應該很低吧。

專欄⑩ 建黨人士之子與最高領導人的夫人——〈在希望的田野上〉

一九七六年十月，毛澤東死後不到一個月，曾經仗著毛的威勢權傾一時的四人幫被突然逮捕。全國各地一直對文革深懷不滿的人們聽說了這個消息，皆拍手叫好。據說大家都想要舉杯暢飲，一時間，店裡的酒竟全賣光了。見此情境，年輕音樂家施光南創作了一首旋律輕快的〈祝酒歌〉，表現人們的感動與喜悅，成為人們非常喜愛的歌曲。

施光南的父親施存統是建黨初期全國五十多名的共產黨員當中的一位，是社會主義青年團的第一代領導人。不過他後來親自發表聲明，宣布脫離共產黨；也由於這段經歷，到人民共和國時期，他成為背離黨的「變節分子」，度過了蕭條的晚年。其子施光南也因此很難有出頭

年輕時代的施光南與彭麗媛

的幸運，但這首〈祝酒歌〉一改其境運，恰好與當時走出文革的氣氛相契，他成為大作曲家，創作了許多流行歌曲。那首膾炙人口的〈在希望的田野上〉，是他一九八一年的作品。這首歌讚頌了因改革開放政策而恢復生機的農村景象，得到許多人的支持，大家早已厭倦了過於激昂的文革歌曲。這首歌獲得了一九八三年第一屆「晨鐘獎」——中國音樂創作界最高獎項。

> 我們的家鄉，在希望的田野上，炊煙在新建的住房上飄蕩
> 小河在美麗的村莊旁流淌，一片冬麥，一片高粱
> 十里荷塘，十里果香……

光看歌詞，就知道是理想的鄉村風景，彷彿畫卷一般，躍動的旋律更為這首歌帶來了純粹熱烈的情緒。

這首歌還打開了另一個人的命運之門，那就是彭麗媛，如今的習近平夫人。當時彭十九歲，是人民解放軍的文藝兵，施光南發現了她的才華，推薦她在一九八二年的春節文藝晚會

上演唱這首歌。在她悠揚的歌聲裡，這首歌響徹了神州大地。還曾有這樣的佳話：地方廣播台想播這首歌，但買不到唱片，於是給彭寫了信，彭很快把收錄了這首歌曲的磁帶寄了過去。一九八七年，已經成名的彭麗媛經人介紹，與當時的廈門市副市長習近平結婚，二人日後並肩走上了中國的巔峰。

一九八四年，施光南終於加入了父親等老一輩黨員創建的共產黨，創作領域也擴大至歌劇曲目和芭蕾舞曲。但一九九〇年，他突發腦溢血去世，年僅四十九歲。身後，政府追贈了「人民音樂家」的稱號。彭麗媛之後在施光南追悼記念演唱會等舞台上，還多次演唱過〈在希望的田野上〉。習近平進入中央政治界後，彭在公開場合演唱的次數便大幅減少；等丈夫成為黨總書記後，她再未踏上過舞台，直到今天。

二〇二一年七月，建黨一百週年，共產黨也將舉行大型紀念音樂會〈建黨一百週年紀念聯歡晚會〉，做為各種活動的一個環節。既然改革開放是黨的偉大功績，那麼肯定要唱〈在希望的田野上〉。但是，誰是唱這首歌最合適的人選呢？自然非當今總書記夫人莫屬。這首人們耳熟能詳的歌曲，是建黨人士之子創作的名曲，也是她的代表性曲目。百年慶典上，編導可不應該錯過這樣絕好的安排。但事實會如何呢？總書記對黨，對夫人，會有怎樣的安排？我拭目以待。

2「改革開放」的光與影——一九八九年的民主運動

改革開放政策獲得了許多追求富裕的人們支持，在此背景之下，即使有若干異議或風波，一九八〇年代前期的發展還是很順利，中國經濟逐漸開始出現異常的過熱增長。中國的年經濟成長率在一九八四年達到一五・二%，一九八五年為一三・五%，之前在三%以下的物價上升率在一九八四～一九八七年之間為七・三%，在一九八八年上半年就高達一三%。在這種過熱增長之中，一旦部分黨員幹部利用職權謀求私利的事件增多，學生和知識分子要求根本性政治體制改革的呼聲就越來越高。他們之前就主張，有必要在更廣泛的社會經濟領域推行制度改革。

呼籲政治改革的人當中，還有從前在反右鬥爭中遭到迫害的知識分子，比如王若望（評論家）、方勵之（科學技術大學副校長）、劉賓雁（記者）等人。逐漸知曉海外各種資訊的學生們開始上街，很快發展到政治遊行（一九八六年十二月）的地步。這是文革之後的首次非官方遊行。黨總書記胡耀邦認為，有必要進行某種政治改革。雖然他試圖傾聽學生們的呼聲，但在黨內元老看來，學生們的主張有強烈的潛在敵意，他們反對共產黨的政治主導。在一九八七年一月的「民主生活會」和政治擴大會議上，胡耀邦受到批評，被迫辭職。

「民主生活會」是黨內領導人無所顧忌地交換意見、進行批評和自我批評的聚會，在一九八〇年代初期被制度化；但其實是以延安整風為某種原型，繼承了整風的精神。因此，名字聽起來雖然不錯，實際卻是迫使某人自我批判的場所。這場「生活會」由中央顧問委員會召開，主要討論胡耀邦的問題；政治局的正式成員之外，還召集了黨齡超過四十年的各位元老，前後一共六天。據說胡耀邦飽受嚴詞批評，在最後一天的自我總結上，忍不住黯然落淚。隨後召開政治局會議，是為辦理胡耀邦的辭職手續，本來應該由總書記主持，但因為是討論如何處理總書記的會議，故由鄧小平（時任中央政治局常務委員）主持。

總書記是制度上的最高領導人，卻要作自我批評，這本身已經非常例外；還要被元老們絮絮叨叨批評，最後被迫辭職，這是前所未有的事。從前的遵義會議上，當時的領導層被毛澤東等人嚴厲批評，也只是作了部分的自我批評，沒有到當場辭職的地步。這麼看來，胡耀邦的辭職形同宮廷政變。對胡耀邦叱責尤其嚴厲的，是有六十餘年黨齡的元老陳雲。會議記錄文件稱，胡在中央的各種會議，召開和推進方式都是亂來，視察太多，提拔幹部有偏頗，起用了沒有德行的人……並將這一切概括為「會議對胡耀邦同志進行了嚴肅的同志式的批評」，胡辭職的理由是違反黨的集體領導制原則、在重大的政治原則問題上有失誤。文件中所謂「同志式」的語境，是站在「同志」立場上才有的批評。會議結束後第二天，胡耀邦就卸下了總書記的一切相關職務，後任者（代理總書記）是國務院總理趙紫陽。

有觀察認為，胡的辭職是因為對前一年學生們的民主化要求對應遲緩。但鄧小平在學生們爆發抗議之前，就已對胡有很深的不滿，認為胡在意識形態領域，沒有積極參與反對資產階級自由化和精神污染的活動；在外交活動中，也有很多輕率的發言。所謂輕率的發言，比如一九八六年十一月，和訪華的中曾根康弘首相的會談中，胡曾說過「十三大要讓老一代退休」之類的話。從鄧小平的角度來看，改革開放政策本身正處於考驗之中，頭腦頑固的元老們很容易對意識形態領域提意見，胡耀邦卻惹來不必要的風波。早在一九八六年夏天，鄧對胡的不滿似乎已經到了難以忍耐的地步。對於當時的情形，趙紫陽曾回憶說：

> 鄧一九八六年夏天在北戴河對楊尚昆等一些老同志說，他犯了一個大錯誤，就是看錯了耀邦這個人。這是帶結論性的一句話，並向他們透露十三大胡不能再連任總書記了。3

鄧小平曾經非常信賴胡、趙二人，甚至說過，「天塌下來也有這兩人頂住」，但後來卻與胡耀邦決裂，加入了保守派元老一邊。人事方面，彷彿是和胡的辭職做了某種交換，第十三次黨代會（一九八七年十月～十一月）上，鄧小平和陳雲、李先念等第一代元老都退下政治局常務委員的位子，政治局極大地實現了年輕化。不過，鄧小平仍然是中央軍事委員會主席，陳雲是中央顧問委員會主任，李先念是政治協商會議主席，都是半退休的形式。此外，他們做為顧問委員會幹部，雖無表決權，但仍有參加政治局會議和發言的權利。一九八〇年代前期到九〇年代初，黨的最高領導層的組織運作受到握有隱形力量的長老們把控，在當時已成常態，也對一九八九年共產黨的危機處理帶來了很大影響。

鄧小平換下胡耀邦，以此撫慰保守派元老們，同時推出趙紫陽，冒著通貨膨脹的風險，繼續推進一貫的經濟改革。結果，一九八八至一九八九年物價急速上漲，保守派元老對市場經濟的出現與主張民主化的學生抱有強烈的警惕。既然他們做為「中央顧問委員」出席政治局會議的結構沒有改變，那麼政治局掀起風波，也只是時間早晚問題。

對於國外流入的「資產階級自由主義」和社會主義價值觀的改變，陳雲懷有特別強烈的危機感。即便是培養黨幹部的中央黨校，也沒有人能回答出「什麼是社會主義經濟」，讓他相當震驚。目睹意識形態方面的混亂，他甚至說：「現在無產階級的思想陣地幾乎全部喪失，被形形色色的資產階級流派占領，已經到了不得不反擊的時候了。」口氣完全就是二、三十年前的毛澤東。陳雲從一九三〇年代開始擔任黨中央委員，也出席過遵義會議，被視為改革開放時期典型的保守派。不過，單就意識形態而言，應該有很多黨幹部都和陳雲有同樣的想法吧。

物價上漲、黨內幹部貪污受賄、政治改革止步不前，面對這一切，當時社會上瀰漫著焦躁情緒，還有世界冷戰格局的鬆動。就在這樣的情況下，一九八九年四月十五日，胡耀邦病逝（下台後，他在既沒有實權也沒有發言的政治局會議上突然倒下，一週後死於心肌梗塞）。在年輕人和學生們看來，胡是黨內想要推進政治改革卻賫志而沒的不幸之人，人們在天安門廣場為他舉行了盛大的追悼紀念，如同周恩來去世時那樣。以此為契機，此前積累的對社會和黨的不滿，加上學生們想要一洩窒悶的熱情，在四月下旬到五月間進一步升溫。而且這一年還是五四運動七十週年，蘇聯領導人戈巴契夫（M. Gorbachev）總書記五月計劃訪華，應該會為長期以來的中蘇對立劃上句號。

起初學生們的運動比較克制，但後來使其朝著反黨方向發展的導火線，是四月下旬《人民日報》發表的一篇社論〈必須旗幟鮮明地反對動亂〉。文章將學生們的行動定性為「一場有計劃的陰謀」、「一場動亂」。因此，學生們頓時失去了和黨對話的餘地，為追求民主化而聚集在天安門廣場的學生們將近五十萬人，開始了連日的抗議。參加抗議的不僅年輕學生，還有工人和媒體從業者，並從北京向其他大城市擴展。剛從北韓正式訪問（四月廿三日至三十日）回國的趙紫陽在政治局會議上反覆訴求，試圖撤回這篇社論，但未能力挽狂瀾。期間，趙會見了戈巴契夫，並告知實情，即在一年半前的黨十三屆一中全會後已決定，「在最重要的問題上仍要由鄧小平同志掌舵」，這引起了黨內外的激烈動盪。各國媒體認為，這是傀儡狀態的趙紫陽發出的悲痛呼喊，便大加報導；黨內也有嚴厲批評的聲音，認為這不僅是不顧時期和狀況的輕率舉動，還是將一切歸咎於鄧小平的惡意發言。

學生們得知，原來將民主化請願行動定調為動亂，是幕後元老鄧小平的意向，抗議遂升級為百萬人規模，甚至喊出了打倒鄧小平的口號。五月十七日，趙紫陽再次請求鄧小平撤回「動亂」社論，鄧在自家住所召開政治局常務委員會擴大會議，拒絕撤回社論，也拒絕向學生們妥協，反而下令發布北京戒嚴令。在首都北京發布戒嚴令，當然是人民共和國成立以來的大事件。對此，趙紫陽反對戒嚴，表示要辭去黨總書記的職務，卻被叱責為不負責任。

圖 5-3　鄧小平家中召開的政治局會議。這不是 1989 年 5 月那次，而是之後的會議，但拍到了鄧小平、江澤民、姚依林和楊尚昆。

之後，在沒有總書記出席的情況下，召開了原本由總書記召集的政治局常務委員會會議。比起李鵬（國務院總理）等現任委員，實際主持討論和做決定的，是陳雲、李先念、王震、彭真、楊尚昆等元老，以及擁有「掌舵」權限的鄧小平。

會議確立了戒嚴令的發布和趙紫陽的撤職。十九日凌晨，趙紫陽來到天安門廣場，含淚說「我們來得太晚了」，留下了悲愴的身影，那是他最後一次出現在公開場合。二十日，北京發布戒嚴令，市內各地出現了人民解放軍的坦克、裝甲車和士兵；為了防止戒嚴部隊進入市中心，市內各處用公交車等等設置了路障。同一天，元老們再次於鄧小平家中召開會議，會上，鄧小平推舉時任上海市黨委書記的江澤民接任總書記。*早在四月，江就要求《世界經濟導報》刪除有關胡耀邦功績的報導，並下令該報停刊整頓，是個「旗幟鮮明」的能幹角色。

經過戒嚴令下的對峙，並呼籲廣場上的年輕人撤離之後，六月三日晚，天安門廣場上開始了軍事鎮壓。戒嚴軍隊向沿路抵抗的市民毫不留情地舉起槍口，步步逼近廣場。在不顧逼近的軍隊跟前，堅守陣地到最後的學生們也開始撤出廣場。到四日清晨，廣場已完全被武力鎮壓。當局公布稱，加上士兵和市民，一系列的軍事行動中的死者有三一九人，但實際的犧牲人數據說遠超此數。

根據武力鎮壓的日期，這次事件叫做「六四天安門事件」；或者聯想到一九七六年天安門廣場上周恩來追悼活動中發生的騷亂，又叫做「第二次天安門事件」。海內外對中國共產黨的印

* 註二：有關江澤民被推舉為下任總書記的日期（鄧小平家中召開的八老會議），有五月二十日說（《彭真年譜》《鄧小平年譜》）、五月二十七日說（張良編《天安門文書》山田耕介、高岡正展譯，文藝春秋，二〇〇一年，三一五頁）。

圖 5-4　民主運動鎮壓後，戒嚴令下北京街頭充當警備的人民解放軍戰士。著者攝影，1989 年 7 月

象因此變得非常壞，是個「向本國國民毫不在乎地舉起槍口的可怕的專制政權」。

在全世界媒體跟前上演的民主運動，以及對運動的暴力鎮壓，這對中國及中共因改革開放而獲得的海內外威信，帶來了決定性的損傷。包括鄧小平在內的元老們，在熟知這點的前提下，仍然選擇將槍口對準民眾，他們到底是怎麼想的，又是怎麼做出這樣的決定？發布戒嚴令後過了幾天，五月下旬，形勢尚混沌不清，這段期間召開了中央顧問委員會。會議上，陳雲（當時八十三歲）的發言很能說明他們的想法，以及為何會跟民眾對立。當時部分與會者表現出對學生的理解和同情，對此，陳雲這樣說：

> 現在是關鍵時刻，不能後退。如果後退，兩千萬革命先烈用人頭換來的社會主義的中華人民共和國，就會變成資本主義的共和國。（一九八九年五月二十六日）[4]

這話的意思是說，哪怕有一點接受民主化的態度，都會令共產黨統治出現裂痕，導致社會主義體制終結，那就無顏面對過去為革命犧牲的先烈。類似這樣的說明，其他元老也反覆說過，是他們某種共通的思想觀念。

共產黨將為了革命奉獻生命的人稱為「烈士」，陳雲說的「先烈」含義相同。關於全國「烈士」總數，陳雲所說的兩千萬數字非常多，但這沒有正確的統計或根據，而是憑感覺喊出的數字。此前，共產黨曾推算從一九二一年到一九四五年之間，為了革命運動而犧牲的共有七十六萬人，當中共產黨員是三十二萬人。[5] 一九八五年公開了重新統計的數字，包括人民共和國時期（社會主義建設），總計有一百五十萬人犧牲。兩千萬的數字怎麼看都太多了。

先不說數字，中國共產黨成立以來，的確有許多烈士為之拋灑熱血，這是不爭的事實，其經過正如本書所述。陳雲自一九二五年入黨後，親眼見過身邊許多同志的犧牲，自己得以倖存，成為人民共和國建國的見證人。對他來說，一九八九年的危機喚起了他某種強烈的使命感——若發生導致體制變化的事態，則無顏面對死去的同志。

為了說明一九八九年的中國是如何對待這些「先烈」的，請容許我在這裡介紹自己的親身經歷和一張照片。這是一九八九年三月，我在中國獨自旅行時，攝於貴州遵義烈士陵園的一張照片。中國大部分地方都有修建得像公園那樣的「烈士陵園」，這樣的設施是為了紀念和彰顯為革命運動奉獻生命的人們，還建有紀念碑。遵義是曾經召開了「遵義會議」的革命聖地，但在當時，遵義烈士陵園卻不是能夠喚起人們對「先烈」尊崇之念的地方。因為紀念碑的清掃非常敷衍，髒得厲害，偶爾有人過來，也不是要祭拜先烈，而是忙著穿上租來的衣服拍紀念照。正如照片所示，大家開開心心，穿著殺害烈士一方人們的服裝（軍閥、流氓、特務、國民黨軍人）合影留念。用黨意識形態部門或元老們的話來說，因改革開放造成的「精神污染」，導致人們對烈士的崇敬之念喪失殆盡，實在是可悲的風潮。若是進一步助長，導致社會主義體制的崩壞，那就沒有顏面見烈士們了。

圖 5-5　在烈士陵園租借了拍紀念照的服裝。著者攝影，1989 年 3 月。如今早已禁止提供這類侮辱先烈的服裝。

但是，我們不能忽略這裡有某種奇特的概念偷換。用陳雲的話說，必須守護「社會主義的中華人民共和國」的理由，與其說是其本身的體制非常出眾，不如說是為了實現這個體制，共產黨人流了許多鮮血。也就是說，為了往昔死去的人，要殺掉如今活著的人。在這之中完全沒有內省——自己從前也是舉著社會改造旗號的「暴亂分子」。即使有，那麼烈士們為了共產黨革命而流淌的鮮血，顯然要比如今追求民主化的人們流淌的鮮血遠為高貴。

近年來，烈士陵園大加修整，已變得整潔漂亮。也因為共產黨推進了「愛國主義教育活動」和「紅色旅遊」（革命歷史遺跡巡禮），許多地方都聚集了大量參觀者。另外，之前做為烈士紀念的大多是共產黨相關人士，最近增加了不少協助共產黨的黨外人士。那些正面對抗帝國主義列強而犧牲的人們，也逐漸被全部納入「烈士」的範疇。烈士們用生命換來的，從前是「社會主義的人民共和國」，如今變成了祖國壯麗的河山——更為抽象且充滿情緒的存在。於是，就逐漸形成了這種民族主義的敘事：生活在現代的所有人，都背負著守護祖國河山而獻出生命的烈士們的囑託，要守住這壯麗的祖國。

鎮壓民主運動之後，在共產主義意識形態的光環已然褪色之際，江澤民的領導班子強力推動中華意識形態動員的愛國主義教育，以此彌補共產主義意識形態的不足。因此這個時代，中日兩國的歷史形態成了新的問題，有關這點，後文還會談及。黨中央對六四天安門事件的應對，比當時西方媒體和海外調查機構預測的要遠為強硬和頑固，這或許是因為鄧小平等元老級人物被這種近乎強迫症式的、維護體制的強烈使命感束縛了。其程度之強烈，凌駕於趙紫陽之上；即使在制度層面上，趙的地位原本是比他們更高的。瀕臨危機的共產黨向我們展示了一點：在制度之外，還有其他機制在運作。

趙紫陽因反對戒嚴令等一系列決定，被視為企圖分裂黨，在黨內受到激烈批判，但直到最後，他也沒有承認自己有錯誤。從被撤職到二〇〇五年去世，他一直被軟禁在北京東城區的家中，讓人聯想到清朝的光緒帝。甲午戰爭失敗後，光緒試圖在清朝進行大變革，接受年輕改革家康有為和梁啟超的建議，果斷推行了戊戌變法（一八九八年）。但這場改革過於激進，招致了幕後慈禧的憤怒，變法僅百日即夭折。光緒雖免遭廢黜，卻以健康問題為由，被幽禁在瀛台，長達十年之久。清王朝覆滅前三年，他在蕭條失意中死去。

在戊戌政變和幽禁光緒的一八九八年，當時的列強只是過問了皇帝的病況，並沒有露骨的干涉。而在一九八九年，中國對民主運動的鎮壓，透過電視向全球報導，不僅引來國際輿論的激烈批判，還招致了歐美先進國家的經濟制裁。一九八九年，中國GDP當中對外貿易所占比例幾乎高達四〇％*，經濟制裁打擊之大，可想而知；同年秋天之後，東歐各國共產主義體制一個接一個瓦解，對於一黨獨裁型社會主義國家的存在和成立，很多聲音開始質疑。對此，同樣是社會主義國家的改革，中國看到東歐各國因有限政治改革而加快了體制的弱化，認為決不能重蹈覆轍，便採取了優先經濟改革的方針。

於是，江澤民領導下的共產黨對外秉持「韜光養晦、有所作為」的方針，不誇耀自身實力、忍耐制裁、積蓄力量，並透過和亞洲各國維持和改善關係，重新調整了過去偏重歐美的經濟關係。比如從前因革命外交而交惡（或斷交）的印尼、新加坡、外蒙古（一九九〇年），一九七九年交戰以來關係對立的越南（一九九一年），還有韓戰中的對立國南韓（一九九二年），都實現了外交關係的正常化，建立了邦交。一九七二年恢復邦交的日本也基於重視對華經濟關係的角度，不久結束了對華經濟制裁，恢復了日圓貸款（一九九〇年）。

在全盤的危機意識之中，保守的意識形態仍然很強勢，而一改這種遲滯風潮的，是一九九二年鄧小平的一系列呼籲。他到全國各地視察，釋放了重啟經濟改革的強烈訊號。因為是他在上海、武漢、廣東這些南方城市視察時作出的指示，故而統稱為「南巡講話」。講話主調基於鄧的一貫觀點「革命是解放生產力」，認為不妨讓一些地方先富裕起來，要求在地方、沿海各城市實施大膽的經濟政策，這被宣傳為「社會主義市場經濟」。而後接替江澤民繼任上海市長、市黨委書記的朱鎔基被提拔為總理，九〇年代中期開始陸續實施國有企業改革、引入分稅制等種種大膽的經濟政策。過去由「單位」提供的住宅也在轉賣或融資、補助的基礎上，改為

* 註三：GDP中對外貿易所占比例未必意味著整體經濟照此比例依存於對外貿易。這一時期像中國這樣有很多加工貿易的國家，出口對GDP比例很容易就偏高。

由各自購買和擁有。

至於歐美對中國的經濟制裁，也因各國考慮到中國潛在的市場價值，漸漸變得有名無實，反而調整方向，試圖將中國納入國際經濟、金融制度的框架。中國積極表明參加國際經濟的態度：一九九〇年代漸趨充實的經濟能力，市場經濟的體制化，制定有關通商、貿易的法律制度等等；而這一切開花結果的象徵，是二〇〇一年，中國加入了WTO（世界貿易組織）。同為舊共產主義世界一員的俄國加入WTO的時間比中國晚了十年，這可以說明，中國為儘早加入WTO付出了相當大的努力，而世界也高度評價中國的實力。

專欄⑪ 中國流行歌曲的特點——以統計法分析歌詞

俗話說「歌隨世變，世伴歌移」，既然歌曲可以反映世情，那麼社會和文化不同，流行歌曲當然也不同。日本和中國的流行歌曲有何不同？中日兩國的語言學家有過一項共同研究，並透過統計比較歌詞，探明了這個問題（中野洋、王志英等〈中国における流行歌の語彙〉《計量国語学》第十九卷第八號）。研究對象是一九八七年發行的中國流行歌曲集中五十三首歌的歌詞出現的詞語和頻率，大致可以反映改革開放初期的狀況。

首先，論文舉出了「主題」的特徵，中國是「發揮政治性作用」，「不像日本那樣的享樂主義」。這些不用特地調查也能知道，但討論到詞彙分布和頻率，就出現了比較有趣的結論。比如「愛」的頻率，中日兩國都沒有大差別，但日本多半用於男女之間，而中國則多用於對親人和國家的感情。中國的流行歌中多見「山」、「河」、「海」等表現自然的詞彙，且第二人稱（你，您……）多指稱自然。也就是說，將祖國的山河比喻作人，稱作「你」、「您」。

基於這項分析，找一找相應的流行歌，的確如此。比如一九八二年的電影《大海在呼喚》的主題曲〈大海啊，故鄉〉（作詞作曲：王立平），歌詞是「大海啊大海，就像媽媽一樣，走遍天涯海角，總在我的身旁」。再舉一例，一九八〇年代後期流行的〈長江之歌〉，本是電視紀錄片《話說長江》的主題曲，「你從雪山走來」、「春潮是你的風采」，是一首呼喚長江的歌曲。

這正是八〇年代流行歌的特徵。因為從前滿是黨啊、毛澤東啊之類的革命「紅歌」大幅退潮；取而代之的，是出現了大量歌頌祖國山河的歌曲，或逕呼「你」，或比作母親。這種意識等同於將過去的政治性身分「我們人民」，轉換為「我們中國人」這種民族認同感。臺灣音樂家侯德健有一首在大陸極流行的名曲〈龍的傳人〉（一九七八年），將擁有黑眼睛、黑頭髮、黃皮膚的人叫作龍的傳人，呼喚著「巨龍巨龍你擦亮眼……」。這種意識近於把長江稱作「你」，強調隔著海峽的中國大陸與臺灣，還有全世界華人在血緣上的一體性。

一九八三年，或許是為了尋覓身為中國人的自己，侯德健設法來到了中國大陸。事實上，這被視為是叛逃。共產黨很歡迎他的到來，同意他在中國從事音樂活動，他在不同於從前的音樂創作環境中，與新搭檔、年輕女歌手程琳推出了《新鞋子舊鞋子》（一九八四年）、《三十以後才明白》（一九八八年）等專輯，為中國音樂界帶來了新風格。他移居大陸後，〈龍的傳人〉和這首歌中的意識，即超越政治體制的中國人意識不斷浸潤，而他在大陸又看到了什麼呢？「我們中國人」這樣的問題，下一篇專欄還會繼續討論。

3 民族主義的呼聲——脫胎換骨，成為愛國者之黨

二〇〇一年，中國成功加入WTO，給全世界留下了富饒的印象。而在這樣的富饒之中，這一年也是中國共產黨的理想狀態正在不斷變化的象徵年分。在七月慶祝黨成立八十週年大會的講話裡，時任總書記的江澤民表明，將入黨資格由工人、農民、軍人擴大至更為廣泛的階層。該方針在次年召開的十六大上成為明文化規定，黨章第一章第一條的入黨資格中補入了「其他社會階層的先進分子」。這說得有點曖昧，但實際上，過去被叫作「資本家、資產階級」的私營企業主等等也包含其中。

建黨以來，共產黨自命是「無產階級的先鋒隊」。在人民共和國時期，入黨資格有嚴格限制，必須是工人、農民、軍人之類，而工人及農民階級所占比例在文革剛結束時大約有七成。與此相反，反覆的政治運動使得被稱作私營企業主的人們幾乎從社會上絕跡。這裡說的私營企業主正如字面意思，是一種新的社會階層，經改革開放政策認可，由個人經營的企業活動而形成。他們一度銷聲匿跡，又如中國的財富增長比例一樣成長起來，成為社會的一員。因為黨接納了他們，在建黨八十週年之際，黨也親自轉變了自我認同。江澤民發表講話的二〇〇一年，工人及農民階層的黨員約占半數，也可以說是對這種現狀作出了事後承認。

不過，私營企業主也能入黨，還是需要一些合理的理由。其根據是稍早之前江澤民提出的「三個代表」理論——代表中國先進社會生產力的發展要求，代表中國先進文化的前進方向，代表中國最廣大人民的根本利益。因此，只要是「先進」的，「其他社會階層」也可以成為黨員。從江澤民之後，形成了這樣的習慣：黨的領導人換屆時會提出叫作「某某論」的理論或原型，並將之置於黨章或前言內。二〇〇二年，胡錦濤接任江澤民成為黨總書記，他提出了「科學發展觀」；再往後是「習近平新時代中國特色社會主義思想」。胡錦濤在任時，十七大（二〇〇七年）、十八大（二〇一二年）的黨章中，做為「主要方針」和「行動指針」，提出了「科學發展觀」；江澤民時代的「三個代表」也同樣寫入了黨章，因此可以說，在黨的運作路線方面，胡錦濤政

人民共和國成立以來黨員人數推移表

年分	黨員數（萬人）	對人口比例（%）	工農階級黨員所占比例（%）	大學以上學歷所占比例（%）	共產黨大事
1949	448.8	0.83	63.12	0.32	建國
1956	1250.4	1.99	61.17	1.05	建國後首屆黨代會
1976	3507.8	3.76	69.15	無數據	工農階級比例最高值
1979	3841.7	3.96	66.49	3.07	鄧小平時代開始
1992	5279.3	4.58	53.33	11.74	鄧小平時代結束
1993	5406.5	4.65	52.36	12.65	江澤民時代
1997	6041.7	5.01	49.71	16.75	工農階級約半數
2002	6694.1	5.21	45.1	24.2	江澤民時代結束
2003	6823.2	5.28	44.1	25.7	胡錦濤時代開始
2012	8512.7	6.29	38.3	40	胡錦濤時代最後一年
2013	8668.6	6.37	38.12	41.6	習近平時代開始
2018	9059.4	6.49	35.27	49.6	廢除國家主席任期制
2019	9191.4	6.57	34.8	50.7	最新統計

出典：以川島真、小嶋華津子著《よくわかる現代中国政治》（ミネルヴァ書房，2020年）為基礎，兼據郭瑞廷主編《中國共產黨黨內統計資料彙編（1921-2000）》（黨建讀物出版社，2002年）、歷年《人民日報》報導作成。

權基本沿襲了江澤民政權。

進入二十一世紀後，實際上發生的，不僅有私人企業主能夠入黨這一大變化。還有一種顯著的傾向，那就是大學生等高學歷人才紛紛入黨。據二〇二〇年的統計可知，全體黨員中擁有大學以上學歷者的比例已超過半數。回想昔日，建國之初大學以上學歷的黨員不足一%，文盲約占七成（第二章第六節），這真是巨大的變化。本書反覆介紹，人民共和國所謂的知識分子，長期以來都是被改造的對象。文革時期，只要是知識分子，就會遭遇苛刻的對待。文革的結束，意味著長期以來對知識分子的迫害終於結束了。不僅恢復了大學教育、切實改善了教師待遇，過去統一規定的教師低工資，也隨其社會地位的提高而大幅增加。

若將開放新興領域的先進分子入黨一併來看，二十一世紀的共產黨已不再是以工農階層為基礎、實行階級專政的政黨；它改變角色，承擔了調整功能，積極吸收富裕階層和知識分子，並以擴大經濟規模為前提，盡可能公平地分配種種資本及利益的大餅。在這個意義上來說，將黨員資格開放給企業家、知識分子和高學歷人才，也可視為一種政治資源的分配。說到重新分配經濟大餅，黨也以中國的高速經濟增長為背景，在農村等開發程度較低的地區展開扶貧工作，並給予熟知國際輿論動向的知識分子相應於其知性成果的豐厚支援。一九八九年民主運動的起因，是人們對部分中飽私囊的黨幹部有強烈的反感；而共產黨從中得到的教訓，就是在不超出黨規章制度的範疇內，一定程度上認可言論和研究的自主性，由此拉攏這些知識分子。這個範疇不是從前的「階級專政」，而是黨本身的專政。於是，一些過去參加一九八九年民主運動的學生們也放棄部分權利，妥協轉投於「特權階層」。

黨員組成從工農階級轉為知識分子或高學歷人才，他們是相對新興的社會階層。配合脫共產主義意識形態的進程，對於他們如何定義黨的存在意義和歷史任務，從中亦可見到顯著的意識變化。

前文提到江澤民建黨八十週年的紀念講話，是我們理解黨如何看待自身歷史人物的絕佳材料。講話中，江舉出黨的最大歷史功績，是「徹底結束了中國近代以來屈辱外交的歷史」。因為，正是我們黨結束了鴉片戰爭以來的半殖民地狀態。中國經濟的飛躍伴隨著軍事力量的擴大，引發了所謂的「中國威脅論」，共產黨新的意識形態向心力也開始越來越偏向民族主義。「結束了屈辱外交的歷史」，也就是進一步強調找回民族獨立和尊嚴。

共產黨的這種民族主義的特徵，除了冷戰思考模式之外，還殘存著歷史角度的思考方式，這是固有的中國近代思想的胎記。大略言之，可以概括為以下三種思考模式。

①國外的敵對勢力和反共勢力要顛覆共產黨的統治，通過日常的陰謀與情報戰，不斷攪亂、挑釁中國，企圖唆使年輕人瓦解體制。（和平演變論）

②國際政治最終是在弱肉強食的原理下運轉。必須強大。就算提出漂亮的觀點和理想空論，弱小者還是會被欺辱，弱國無外交。（社會進化論）

③中國近代的歷程，是做為文明後進者被欺壓，從而反抗、發憤進步，直面歐美列強、艱苦奮鬥的歷史，要世世代代牢記這段歷史。（歷史論）

我們一條一條來看。①是改革開放政策剛開始時就宣傳的，在一九八九年鎮壓民主運動之際，也認為學生們的行動背後，有試圖顛覆體制的資本主義者、帝國主義者操縱著年輕人。這種解釋的特徵在於「陰謀論」式的世界觀。特別是一九九〇年代初東歐、蘇聯體制改革之後，冷戰體制一瓦解，共產黨領導人的擔憂就愈深，危機感愈強，認為以美國為首的西方各國成功在蘇聯、東歐實現了瓦解體制的作戰，趁著在冷戰中獲勝的勢頭，中國被當成下一個目標。

有個例子可以很好地說明這一點，就是一九九九年五月美國轟炸中國駐南斯拉夫大使館事件和中國的相關應對。北約（北大西洋公約組織）介入南斯拉夫內戰的紛爭，而中國反對北約；就在北約轟炸南斯拉夫期間，位於貝爾格萊德的中國大使館被來自美國本土的轟炸機「誤炸」，中國大使館有多名工作者死傷。美方致歉並解釋說，是使用了錯誤地圖導致的「誤炸」。但中國共產黨領導層強烈抗議，認為不可能是「誤炸」，而是試圖顛覆中國體制的陰謀與挑釁。在政治局緊急會議上，共產黨領導人的發言中到處能看到「陰謀」二字，「這是一個精心策劃的顛覆陰謀。國際反華勢力狡猾地利用了國際、國內環境中的種種不利因素」（李鵬），「不難看出，美國悍然使用導彈襲擊我駐南使館，是美國對我……對國際危機和衝突的反應和所持立場的試探……空襲……可能蘊藏著更大的陰謀。」（江澤民），可以看到領導人們都是以陰謀為前提來理解國際政治的。

而像②這樣的強迫觀念，自清末以來，中國的知識分子就將之與成為精神支柱的社會達爾文主義相結合，如今仍根深蒂固地存在著。這種世界觀認為，適者生存、優勝劣敗不僅適用於生物進化，也可以適用於全社會。在中國，人們常常把「落後就要挨打」掛在嘴邊。這是史達林在戰前（一九三一年）說過的話，後來被毛澤東繼承，如今習近平也時常引用，可以說這是中國領導人至今仍然抱有的心態。

至於③則可視為，近代中國的歷程和經驗已成為「血債」，並被現代所繼承；眼前發生的關乎國家權益的事件，其解決方案、成敗、教訓，都要從歷史中尋找。比如鄧小平因鎮壓民運而在G7會議上受到制裁時，曾這樣反駁：

我是一個中國人，懂得外國侵略中國的歷史。當我聽到西方七國首腦會議決定要制裁中國，馬上就聯想到一九〇〇年八國聯軍侵略中國的歷史。6

相同的反應，在前述南斯拉夫大使館爆炸事件之際《人民日報》的社論中也能見到：

這是一九九九，不是一八九九。……不是西方列強任意搶掠故宮、燒毀圓明園、搶占香港澳門的時代。……中國人民不可侮。……中國人民的血管裡流淌著的是一百五十多年來反帝志士的熱血。7

在對歐美先進國家發起某種復仇時，將之視為跨越屈辱歷史的日子加以紀念，這種方法也包含在③之中。比如，二〇〇八年召開的北京夏季奧運會上，中國奪得了大量獎牌，在中國的敘事中，這意味著從前被蔑稱為「東亞病夫」的可悲民族，如今創造了新的輝煌。*

在一九九〇年代江澤民執政時期，朝著民族主義方向傾斜的趨勢開始變得顯著；在其延長線上，胡錦濤政權打出了「中華民族的偉大復興」的口號，現在的習政權更是大張旗鼓地宣揚。只是，這種必然從過去歷史中尋求正當性依據的民族主義，始終需要外部敵人的存在。既然如此，就不可避免某些副作用，亦即與鄰國或歐美的摩擦，並促進了人民對這些國家高漲的民族主義對抗情緒。其結果是民族主義的回擊擴大化、激烈化；共產黨若試圖控制和安撫，反而會被民眾攻擊說太過軟弱，甚至被逼著採取不必要的強硬措施。

* 註四：「東亞病夫」是西方各國將原本形容鄂圖曼帝國的「病夫」（Sick Man）一詞用於遠東中國身上。原本比喻國家的病弱，後來在中國頻繁使用的過程中，與形容肉體的意味相結合，意味著國民在運動和體育等方面的落後。

這和過去毛澤東時代的觀點及做法有很大的區別。在毛澤東時代，基於立足階級鬥爭的歷史觀，歷史敘事主要著眼於和國內敵對階級的鬥爭，以及領導大家走向勝利的共產黨（毛澤東）何等偉大；黨慎重地避免把與鄰國的關係解釋成國與國的競爭與鬥爭。另外，在情報管理方面，毛澤東時代有共產黨的一元輿論引導，因而不可能發生偏離黨意志的民族主義暴走等情況。我們知道，在中日恢復邦交（一九七二年）之前，共產黨為了讓仇視日本的民眾接受和協助此事，曾展開一系列的宣傳和說服工作，但這種做法如今已不適用。二〇〇五年及二〇一二年，中國各地爆發了反日運動，其中一部分原因是共產黨無法有效控制，讓暴動與掠奪進一步升級，這如實反映了不受控制的民族主義所擁有的巨大能量。這也說明了，當共產黨領導層內部出現不和或對立時，這種能量可以被利用於排除黨內異己、掌握主導權。

民族主義的問題，也與中國國內的少數民族問題密切聯動。中國總人口的絕大多數（九二%）是漢族，其餘八%是五十五個少數民族。加起來統稱「中華民族」，構成了大家族一般的人民共和國，但漢族在政治和經濟方面擁有壓倒性的優勢地位。而少數民族大多居住在對國家領土和安全保障十分重要的邊疆地區，不一定都過著定居的農耕生活。因此在毛時代，所謂民族問題，結果只被當成了階級問題；少數民族的宗教和文化，甚至連民族性都被抹殺了。

進入改革開放時代之後，調整這種極端政策的同時，也加強輿論引導，強調「中華民族」

的一體性。在改革開放時期，有許多漢族人移居少數民族自治區或做生意；結果，少數民族地區的漢語需求也變高，逐漸從少數民族和漢語的雙語教育，轉向實質上以漢語為中心的學校教育。與此同時，文化方面的民族生活，特別是宗教生活，也因種種規定而發生改變，少數民族群體因此有很多不滿。二〇〇八年的西藏、二〇〇九年的新疆維吾爾地區發生的大規模暴動，正是在這樣的背景之下蔓延開的。

至於西藏、新疆的歸屬和獨立問題，有著遠比中共歷史更悠久和複雜的前史；但近年，由於中共對伊斯蘭原教旨主義極端警惕等因，甚至對新疆的維吾爾族群體實施了隔離收容政策，美其名曰職業技能教育（再教育營），並有組織地推進漢族文化的同化政策。共產黨往往不問具體經過，就將少數民族地區爆發的反漢族、反共產黨動亂視為暴亂分子勾結外國勢力，企圖分裂國家和「中華民族」的恐怖行動。

同樣的傾向亦可見諸對臺和對港政策。對共產黨來說，臺灣是「中華人民共和國領土不可分割的一部分」，臺灣人自然是中國人，而臺灣人也應當有這種自覺。這種意識是建國以來一直堅持的根本理念；在改革開放政策時期，對於同樣堅持「一個中國」的國民黨，共產黨從未停止過呼籲兩岸推進統一的會談。但是，對於共產黨呼籲的回應，在進入本世紀後，發生了很大的動搖。過去一百二十年的臺灣歷史中，兩岸事實上有一百一十五年處於分隔狀態，其中孕育出來的強烈的臺灣本土認同感，使得臺灣對中華民族主義的共鳴逐漸消失。

二〇〇〇年臺灣總統大選，民進黨的陳水扁擊敗國民黨的候選人，結束了長期以來國民黨在臺灣的統治，可謂意義重大。因為，這場政權交替可說是朝著臺灣本土認同轉向的象徵，而且還是透過大陸沒有的民主選舉而實現的。在政治體制層面，兩岸的鴻溝也更為顯著。之後，雖也有國民黨暫時奪回政權、兩岸貿易往來頻繁的時期，但不久又回到民進黨政權（蔡英文總統），兩岸關係趨於冷淡。對此，中國在二〇〇五年制定了〈反國家分裂法〉，嚴厲打擊臺灣獨立的主張和活動，明文規定在臺灣宣布獨立的情況下，將可能採取「非和平方式及其他必要措施」。

此外，香港和澳門分別在一九九七、一九九九年回歸中國，結束了殖民統治，生活在那裡的人被視為「同胞」，生來就是「中華民族」的一員。但是，這裡的「中華民族主義」等同於順從共產黨統治，政治取向為「非民主」，這招致了以青年為中心的群體強烈反抗，他們拒絕與大陸保持一體性。二〇一九年以後，通過二〇二〇年施行的〈維護國家安全法〉，共產黨強行壓制增加抵抗的香港民主派。在那之後，這樣的主張更為強硬，即香港的統治必須交給「愛國者」。這種邏輯的源頭，是對香港居民的「香港人」認同感毫無理解，並懷有厭惡。與看待臺灣的視角一樣，依然是二選一的絕對狀態：國家和民族要麼統一，要麼分裂。

專欄⑫ 天安門廣場上唱起的歌——〈血染的風采〉

在被武力鎮壓之前，一九八九年的天安門廣場上，高喊民主自由的學生們和支援他們的人們唱響了許多歌曲。五月，搖滾先驅崔健也來到廣場，探望了絕食抗議的學生，並為他們唱了歌。當時，搖滾樂在中國剛剛開始流行。天安門事件時，在廣場上留到最後的人們當中，也有六年前移居中國大陸的臺灣歌手侯德健。他和日後獲得諾貝爾和平獎的劉曉波等人一起，加入了支持民主化的絕食抗議。在戒嚴軍隊逼近之際，他們勸說誓死堅守廣場的年輕人們，與戒嚴軍隊的現場負責人展開交涉，成功讓學生們撤退。六四過後，侯暫時到澳大利亞大使館避難，之後回到了臺灣。他身為中國人的自我探索，就這樣畫上了句號。

抗議武力鎮壓、支持民主化的運動在世界各地傳播開來。與此同時，在中國也能看到追悼犧牲者的動向。當然，不能大張旗鼓，而是經過了巧妙偽裝。人們用來寄託哀思的一首歌，就是〈血染的風采〉（作詞：陳哲，作曲：蘇越）。這原本是一首安魂曲（一九八六年發表），寫給一九八〇年代中越戰爭中陣亡的中國士兵，歌詞是這樣的：

也許我告別將不再回來，你是否理解，你是否明白？
也許我倒下再不能起來，你是否還要永久的期待？
如果是這樣，你不要悲哀。共和國的旗幟上，有我們血染的風采。

曾經對戰死沙場的年輕人們的哀悼，就這樣成為對因追求民主而獻出生命的人們的追悼。挪用的結構類似專欄①寫到的〈國際歌〉，唱這首歌的話，應該是不要緊的。不過，當政府意識到其中的含意，一段時期內就不再允許播放〈血染的風采〉。於是，這首曾經上過春晚的歌曲，在一九八九年之後成了禁歌。與此同時，人們在香港經常唱這首歌，每逢六四紀念集會，慣例就是眾人在燭光裡齊聲合唱。

崔健演唱會場景

崔健在六四之後也暫時停止了活動，一九九〇年起，他開始了名為「新長征路上的搖滾」的全國巡演，成為聞名海外的搖滾明星。一九九一年發行了第二張專輯《解決》。收入其中的〈最後一擊〉是非常特殊的作品，曲子大部分都是槍聲，令人聯想到「六四」，在當時頗引物議。巡演上演奏新歌〈一塊紅布〉時，崔健用頭帶狀的紅布蒙住雙眼，吹起小號，這些做法都說明了他的反骨精神。

不過，若問我崔健的歌是不是流行歌，我卻沒有自信說是。上個世紀末，包括崔健、唐朝樂隊、北京雷鬼、重金屬在內，各類型的音樂宛如潮水般湧入中國。聽眾的趣味、傾向和播放的媒體快速呈現多元化，某種特定歌曲將人們的心吸引到一處的現象急速減少。正如昭和年代結束後，日本人也逐漸不會一起聚在客廳聽電視裡放的歌曲那樣，隨著數位化和電子設備的快速流行，越來越多中國人也開始用自己的音樂播放器或手機聽歌。就算除夕夜大家聚在一起，除了看春節聯歡晚會，大家也都是看著自己的手機。在這樣的時代，很難再出現人人都會唱的流行歌了吧。

通過歌唱共通的經歷，可以培養做為近代民族國家一員的意識。按道理講，流行歌正是在有這類要求的特定時代與地方綻放的花朵。當這種條件不復存在，又或已然實現，那麼流行歌就消失了。不論日本還是中國，都是如此。

4 經濟發展的前方——中國模式的價值

進入二十一世紀後，中國的經濟發展並未衰退，無視坊間的「危機論」、「崩潰論」，持續驚人地發展。二〇一〇年，中國ＧＤＰ超過日本，躍居世界第二。

百年前共產黨剛成立時，中國的經濟水平如何？很遺憾，沒有留下能夠正確計算出ＧＤＰ的統計材料。也就是說，當時的政權連搜集那些治理國家基本材料的能力也沒有，共產黨是在這樣的年代誕生的。能根據一定程度的數據算出經濟指標，要從建黨十餘年之後的一九三〇年代開始。我們來比較一下一九三〇年代中期，中國的ＧＤＰ總額、人均ＧＤＰ和二〇二〇年的數值，前者增長了一百六十倍，後者增長了七十五倍。考慮到八年抗戰和之後的國共內戰，這個數字可以說是共產黨統治時期的成績。

更進一步說，人民共和國時期也有大躍進和文化大革命這樣的停滯期，因此不難看出，改革開放時期的經濟增長率是何等耀眼。眼下的新冠疫情時期，ＧＤＰ世界排名第一的美國已出現負增長，而中國在二〇二〇年仍保持一定增幅。最近公布的英國民間公司調查預測，中國的ＧＤＰ可能在二〇二八年超過美國。中國ＧＤＰ世界第一的寶座被美國奪走，是十九世紀的清末；經過了一個半世紀，中國又將回歸世界第一經濟大國的地位。要知道，這是「復位」，而不

圖 5-6　中美日 GDP（名義）歷年變遷

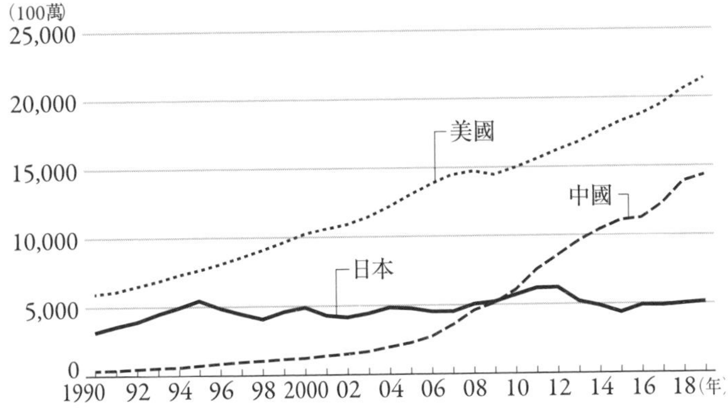

出處：GLOBAL NOTE（聯合國）

是小國的飛躍發展；這也是共產黨高舉「中華民族偉大復興」旗幟的原因。

二〇一一年一月，中國GDP躍居世界第二的消息傳遍了世界，中國國家通訊社新華社發布了一篇報導，話題關於一首美國的詩歌。報導稱，「美國《華盛頓郵報》上發表了一首英文詩〈你們究竟要我們怎樣生存？〉（What Do You Really Want From Us），隨後在互聯網上熱傳並引起中西方網友熱議。[8] 這首詩表達了許多美籍華人長期以來內心的壓抑和憤慨，因此被評論為是多年來受到雙重標準困擾的海外華人向西方偏見『射出的一記利箭』」。這首詩寫道：

> 當我們是東亞病夫時，我們被說成是黃禍；
> 當我們被預言將成為超級大國時，又被稱為主要威脅。

當我們閉關自守時，你們走私鴉片強開門戶；
當我們擁抱自由貿易時，卻被責罵搶走了你們的飯碗。
……
當我們推行馬列救國時，你們痛恨我們信仰共產主義；
當我們實行市場經濟時，你們又嫉妒我們有了資本。
當我們的人口超過十億時，你們說我們摧毀地球
當我們限制人口增長時，你們又說我們踐踏人權。
……
當我們發展工業時，你們說我們是污染源；
當我們把產品賣給你們時，你們又說造成地球變暖。
……
你們究竟要我們怎樣生存？
回答之前請仔細想一想，因為你們的機會是有限的。
……

內容相當辛辣，傾訴了對近代以來中國受西方各國種種不公平對待的不滿。詩裡說，從前西方列強不請自來，強迫和中國貿易，走私鴉片，訴諸戰爭，因為中國沒有文明開化，所以不把中國當成國際社會平等的一分子。然而，當中國一躍實現了近代化，國力大增，做了和西方同樣的事，卻被說是威脅，標準發生了改變，中國遭受了毫無道理的排斥。因此，「你們究竟要我們怎樣生存？」

當時，報導剛一發出，就引起中國社交媒體上的熱烈轉載和討論，各大媒體也紛紛轉載。這首詩理直氣壯地控訴中國和歐美的關係長期以來被置於不利地位，網民一致表示贊同，一時到處都是「如今正是展示中華文明有多偉大的時候！」「西方的標準根本不懂我們的情況！」云云。

不過，當中國讀者嘗試檢索原詩出處、聯繫原詩作者時，一切都顯得很可疑。被認為是作者的林多梁表示自己並沒有寫過這樣的詩；《華盛頓郵報》也很奇怪，「我們只是轉載了網路上的詩，而且那已經是三年前的事了」。也就是說，詩原本是二〇〇八年不知道由什麼人發布在網上，後來被一位華人教授在《華盛頓郵報》上發表、並引發美國讀者熱議云云。由於消息來源不可靠，最後新華社只好撤回這篇報導。

這篇報導彷彿是配合中國成為僅次於美國的經濟大國而發表似的。會出現類似這種批判西方的大合唱，不僅說明縈繞在中國人心中根深蒂固的民族主義——對西洋中心主義的反抗、對自身所處國際位置的不滿——或許也說明，終於成為了世界大國的中國也在苦苦探索，自己今後應當扮演什麼樣的角色：「你們究竟要我們怎樣生存？」從這個角度來說，就在這首詩引發熱議的第二年，習近平接任了最高領導人的位子，這個問題等於拋給了他。他會給出什麼答案？

如今的黨總書記習近平就任之初，就被說成是「太子黨」的代表。所謂「太子黨」，即通過共產黨領導人後代的人脈形成的某種政治團體，也叫「紅二代」。實際上這些後代並非組織了什麼派別，但他們有強烈的繼承者意識，認為必須守護父輩構築的政治體制。習的父親是曾經擔任過國務院副總理的習仲勳。曾被視為太子黨有力競爭選手的薄熙來（薄一波之子，重慶市黨委書記）在二〇一二年被檢舉濫用職權和巨額貪污受賄，其妻也捲入其中，薄從此離開了政治舞台。習近平接替了胡錦濤，成為新一任總書記。此前，習從河北正定縣書記起步，在廈門、福州、浙江、上海等地累積了政績。

一開始，也有聲音說習在黨內的根基非常薄弱，但他後來以強權手段揭露政治局常務委員序列的大人物周永康收受巨額賄款、濫用職權（二〇一三年）等等，打擊大量貪腐高官，獲得了人們的支持。連同此前打掉的薄熙來，很久都沒有大人物以這種方式「下台」，對我們來說都記憶猶新。若是從前，大人物「下台」的罪狀大多是祕密，而薄、周二人的情況也沒有公開太多；雖說如此，還是可以說明，進入中央領導層能得到何種程度的特權與利益。據說薄熙來殺害了外國商業夥伴，貪污受賄金額超過二千五百萬元人民幣；而周永康的受賄金額據說有一億兩千九百萬餘元人民幣。

但應注意的是，對這些高層領導違法犯罪行為的調查、拘捕和起訴，都是由黨的特殊機關——中央紀律檢查委員會執行，採取超越法規之上的措施。比如，日本對這類貪污受賄或者高層人物牽涉的大案，是由法務省管轄的特搜部展開搜查；在中國，調查對象若是共產黨幹部，則不是出動國家監察機構，而是先由黨的中央紀律檢查委員會進行調查、搜查和拘捕，到起訴內容確定的階段，再移交法院。換言之，為黨幹部準備了另外一套法規和處罰體系，有別於通常的法律。中紀委是黨在奪取全國政權之前的一九四九年，為了揭發瀆職幹部而設置的機構，是繼承了「鐵的紀律」的DNA。後來，在共和國初期的「三反」、「五反」運動中也被充分利用，到了習近平政權時代又大展身手。

另外，關於外界一直指出的中國最大的課題——政治改革，習只在就任之初強調過「憲政」的重要性，但態度漸漸變得消極，或者說轉向了完全相反的方向。當維權律師嘗試用憲法和法律做為抵抗權力濫用的武器而展開活動時，二〇一五年，政府突然對這些法律人士實施了大規模的抓捕行動。

在此前的胡錦濤時代，有關「民主」、「自由」等西方政治理念和基本的人權思想，還是有不少關於其普遍性的討論。一九八九年，時任中央辦公廳主任的溫家寶曾陪同趙紫陽，一起探望過天安門廣場上絕食抗議的學生們；溫擔任總理時也曾呼籲「政治改革」的重要性，並認識到當時不斷深刻的貧富差距等問題，說過「解決人民的怨氣，實現人民的願望就必須創造條件，讓人民批判和監督政府」（二〇一一年三月）。但這些主張僅止於零碎式的報導。同樣地，胡錦濤總書記訪美時在白宮與總統歐巴馬會面（二〇一一年一月），曾提及「人權的普遍性原則」，但後來在國內的報導中被刪去。黨內對西方理念有根深蒂固的敏感，甚至連總書記的話都要封鎖。

在習近平時代，圍繞普遍性價值，雖也有過一時的討論，但最終定局，還是言論管制一方獲勝。也就是說，二〇一三年，中央辦公廳發布「七不講」通知（〈關於當前意識形態領域情況的通報〉，在大學課堂或公開場所「不得討論的七項內容」）＊，禁止就普遍性價值發表和共產黨不同的意見。由於將傳達這項規定的內部文件轉發給境外媒體，記者（高瑜）遭到逮捕，她也參加過八九民運。伴隨著這種管制，對報導和出版也加以種種有形無形的壓力；若書籍的內容或標題有政治敏感的部分，即使已交給印刷廠，也會以審查為名而遭無限期擱置，從此出版遙遙無期。二〇一三、二〇一四年之後，這類情況顯著增加。

習政權不接受「普遍性價值」，取而代之大加發展的，是最大限度地利用巨大的經濟力量，超越周邊地區，宣示中國的存在。其中值得留意的一點是，有關中國在世界所處的位置，習時代比之前的時代（江澤民、胡錦濤）更為明確地提出，要以中國自己的基準來決定。有關中美關係，中國提出的「新型大國關係」（不衝突、不對抗，互相尊重，合作共贏）就是其中之一，中國主導的亞洲基礎設施投資銀行（ＡＩＩＢ，二〇一三年提出，二〇一四年設立）也是。在更老牌的亞洲發展銀行（一九六六年設立），日、美等主要國家對重要方案擁有否決權，挑選融資方案時會考慮人權、環境等因素；對此，ＡＩＩＢ放寬條件，以迅速的融資和充裕的資金能力，提供大型基礎設施配備。在改革開放政策下，中國取得長足進步的尖端技術領域——比如資訊通信設備之類，把中國企業的規格和產品打入世界市場，讓這種全新經濟國際型結構的打造得到很大發展，如今，以中國規格引領世界的領域絕不在少數。

引進由互聯網代表的ＩＴ技術革新，並應用和安裝，以及其擴展表現出的高度獨特的商業模式，只是中國經濟驚人發展的動力的其中一項而已。比如，二〇一〇年代飛快發展的電子支

* 註五：不得討論的七項內容是「普世價值」、「新聞自由」、「公民社會」、「公民權利」、「中國共產黨的歷史錯誤」、「權貴資產階級」、「司法獨立」。

付系統，基於各方面的個人資訊（學歷、職歷、交友關係、資產、收入）將信用數位化，並通過大規模的共享和利用，飛躍性地提高了經濟活動的便利程度。自前近代以來，這種「信用」的保障並未在中國得到充分發展；因擔心壞帳或不履行契約，也是使經濟活動無法擴大或大範圍發展到一定規模之上的原因之一。這種信用數據，通過電子支付服務（比如支付寶）加以蒐集和保障，使得確切安心的商業交易成為可能。二〇一七年，政府平台整合了騰訊等八家民間企業的信用分信息，這些企業保有大量個人和企業的信用數據，顯示出進一步提高便利性的構想。由於目的和利害關係等原因，整合這些信用得分並不容易；但互聯網有很高的可能性，把共產黨的統治引向非同尋常的高度；因此，關於這種利用互聯網的社會管理，必須說明其概要。

稍微想一下就明白，將信用得分所代表的個人資訊大規模數位化，以及相關服務，都與中國政府的維穩掛鉤——通過網路空間的支配、社會動向的調查與分析、監控與監聽，一切都是為了開拓徹底的社會控制。有關互聯網，在胡錦濤執權時期，曾暫時用於檢舉貪污腐敗或濫用職權。與市民的合作、確保獨特的資訊網，在這些意義上曾備受肯定。但到了習近平時代，管理變得極為嚴格。近年，中國特別強調「網絡空間主權」，在此思路之下，「互聯網的本質是跨越國境」這一既定概念已完全不能通用。很多人都知道「金盾、防火長城」，這是國家規模的網路資訊管理、審核系統。通過過濾被判斷是危險或不安全的關鍵詞檢索、屏蔽境外網站的訪問，讓強力的管制和監控成為可能，無一遺漏、高效管理著近十億人的中國網民（二〇二〇年十二月數據）。

關於網路上的各種服務，若以國內外自由互相通訊為前提，就要加以限制；因此在中國國內，谷歌、臉書、YouTube 等網站，原則上都無法使用。但是，也出現了供本國企業運作的代替服務，比如搜索引擎有百度，社群平台有微信（WeChat），動畫網站有愛奇藝、優酷之類。漸漸地，人們也不覺得有什麼不滿或不方便。不僅如此，這些 IT 企業，比如微信，還可以提供與本人信用情況相關聯的切實服務，所以用戶會覺得比海外服務更加方便。

圖 5-7　微信支付和支付寶，中國代表性的電子支付系統。二者在日本都可使用。

過去，就算是收集個人資訊（包括個人檔案資訊），也因過於龐大而難以管理。如今，以電子數據的形式加以積累，某人何時何地做了什麼，見了誰，說了什麼，這些詳細資訊的收集和分析都已成為可能。這意味著，某人即便沒有單位或國營企業那樣的所屬組織，政府也可以直接逮捕或管理此人。這也不是僅限於中國的事：我們在搜索引擎輸入的檢索詞，正親手暴露了我們的內心世界，暴露了我們想什麼、要什麼。因此，這些數據若與行動軌跡、經濟狀態、信用得分等個人資訊相掛鈎，加以管理和監控（人臉識別技術），那麼人就近乎完全赤裸。事實上，由極少數領導率領的組織，一手握著強大的治安維穩和軍事力量，另一手握著建黨時的初心（DNA）「布爾什維克」，君臨十四億人之上——這幅圖像，正是韓博天（Sebastian Heilmann）所云「數位列寧主義」（Digital Leninism）的世界。[9] 但是，以高度的數位技術實現的這個統治體制，若單以為是要監控人們，而扮演恐怖統治道具的角色，那就太過於片面了。這不僅用於防止人們作惡，信用得分就像攢積分那樣，關鍵時還可以當作勸導行為向善的系統來用。因為附加了類似獎勵機制的服務，可以讓人們更安心生活，也起到促進社會安定和繁榮的作用。的確，在二〇一四年國務院頒布的「社會信用體系建設規劃綱要」中，提出以「增強社會成員誠信意識、營造優良信用環境」為目的。不僅通過打擊和監控潛在的反體制派維護社會秩序，對建設和諧社會作出貢獻的人，也有和提高信用得分掛鈎的「獎勵」。

本書並非是關於這類數位技術和統治的專門論著，不打算展開更多探討，但不論是監視器還是網頁瀏覽歷史，守護與監視，形同硬幣的正反面。受此服務的一方若覺得安心，那就是守護；若感到不安或壓力，那就是監視。是非曲直通常交給社會判斷。但在中國，卻是黨站在「決定一切」的立場上，為人們做這個判斷。因此，不知是說意外，還是說當然如此，生活在監控社會裡的中國人，都高度評價個人資訊與種種社會服務關聯的數位管理社會，讚賞共產黨的統治。事實上，對於街頭隨處可見的監視器，大多數人都稱許說，多虧了它，違反交通規則的危險行為才變少了。

日本某個研究中國的大學教授，曾在一九九七至二〇一〇年以天津居民為對象，就現政權的統治作了問卷調查，「黨和政府是否知道，對於人民來說什麼是最好的」。不論哪個年齡層都有超過七成或八成的人回答「非常同意」或「同意」。[10] 支持率非常高。實施問卷調查時，用的是和網絡監控系統無直接關聯的方式，這個數字可以說明，大多數中國人都對共產黨寄予了信賴與期待。雖然沒有以同樣形式收集最近的數據，但從人們對習近平做為領導人的高度評價來看，如今這個支持率應該更高了吧。「我們國家做得很好。」「共產黨非常努力了。」這些話裡包含著對英明領導人和高科技的信任，轉化為對更加全方面的體制的強烈肯定，逐漸被認定為如今值得自豪的某種模式，即「中國模式」。也就是說，中國的學者和黨幹部認為，從更宏觀的角度來看，做為不同於西方的近代化模式，這樣的國家運行體制與發展模式，在以開發中國家為主的許多國家和地區，都將是有效的制度。這種觀點正穩健地傳播開來。

不依靠「民主主義」這種很麻煩的方法——自由選舉或多數統治，不同政見者透過議會協議、決定政策——而是由少數英明領導集團迅速作出必要的決定，雖然基本上沒有選舉、討論、表明及持續主張反對意見的權利等等，但這些省去的社會成本，可以用來期待低成本但高效能的政治。世界上有一些地區依然認為，比起花費金錢和手續的西方體制，還是採取像中國這樣能夠乾脆地決定政策的威權主義更為必要。因為，就算是民主主義、依法治國、人權、三權分立，孕育出這些的也只是西方各國，以及極少部分接受這些觀點的國家和地區。沒道理要世界各國都必須遵守這些準則。進一步來說，這也可以視為對「你們究竟要我們怎樣生存？」的一個回答。

不過，省略掉民主主義，以比較節約的方式實現了近代化的「中國模式」，在今後的世界，是否會因其體制之優秀，而得到廣泛的認可與支持呢？固然不能否定這種可能性，但如今必須考慮到的一點是，「中國模式」得以成立和實行，是因為相對來說，中國所處的國際環境尚屬良好。如今，隨著中國實力增強，其所處的國際環境已完全改變。其中，中美關係在川普執政時期險象環生，拜登上台後，這種所謂的「新冷戰」依然在持續；中國和歐盟、澳洲的關係也困難重重；這些情況對「中國模式」而言都是很大的挑戰。「中國模式」能否真正廣泛具備有效性，得取決於即使對中國而言國際環境很不利，該模式是否依然能夠支持中國與世界。

中國共產黨成立以來的百年間，世界規則發生了巨大改變。經濟的結構與運作方式，人、物、資訊的流通模式等等也發生了變化，對民主主義和社會主義的價值及普遍性的叩問更是依然持續。在全世界範圍內，西方的發展模式是否可以通用，或者說，中國模式有無超越的可能性？現階段雖然還不能回答，但可以肯定的是，既然存在感比過去都高，那麼共產黨領導人應當思考的，已經不是中國一國要走向何方，而是中國與世界要走向何方。

由十四億人民中脫穎而出的九千萬先進分子構成的組織，已然高度發達，驅使著遍布全國、世界一流水平的科學技術，監視著人們，守護著人們——這個國家就是中華人民共和國。如今，黨的最高領導人所擁有的力量，是毛澤東和過去任何人都不曾有過的；可以說，他是史上最強大的統治者。對於這個完美的社會管理體制而言，二〇二〇年中國蔓延的新冠疫情，正是在全世界的關注之下，展現其力量的一場實戰。

專欄⑬ 再次思念祖國——〈我的祖國〉的重新流行

以一九八九年前後為分界，中國流行歌曲所處的狀況發生了劇變。伴隨人們的意識與價值觀急速多元化，很快地，特定某首歌曲強烈匯集起人們的思念與共同經歷——這樣的情況似已消失。那麼，所有中國人懷著共通的情感唱響的歌曲，如今是否就不存在了呢？

二〇一九年，國家通訊社新華社通在網路上發起問答活動：「新中國成立七十年來，有沒有一首歌，讓你聽了就熱淚盈眶。」〈歌唱祖國〉〈參考專欄⑨〉、〈我和我的祖國〉等歌頌「祖國」

的作品排名很前面，其中的第一名，是〈我的祖國〉（作詞：喬羽，作曲：劉熾）。很多歌曲主題是祖國，主要原因是這一年恰逢建國七十週年，唱愛國歌曲做為官方活動的一環，網路上有很多宣傳。當時製作了許多中國風的快閃視頻，許多人揮舞著小國旗，唱著歌頌祖國的曲子，出現在全國各地。趁此風氣，甚至還製作了以〈我和我的祖國〉為主題曲的同名電影。

但不論宣傳手法有多高超，光憑政府一方的誘導，要讓男女老少都唱這些祖國的頌歌，並沒有那麼容易。人們接受了這首歌，一定也有某種共通的心理狀態。我想到的是，二〇一〇年，中國驚人的經濟增長與不斷加強的存在感，導致出現了中國威脅論和中國崩潰論，由此蔓延出某種不安感。在我看來，「祖國」的強盛，正如諷刺一般喚起了這種難以說清的不安感：自己是不是被全世界人排斥了？在這樣的情況下，出現了以「祖國」為核心的凝聚力。如果說交織著自豪感的危機感使祖國主題的歌曲廣為流行，那麼寄託了對「祖國」思念的歌，今後無疑會越來越多——這對中國而言是不是值得高興的事，則又是另一個問題。

這首最感動人心的〈我的祖國〉，原本是一九五六年電影《上甘嶺》的插曲。電影裡有一幕，被送去朝鮮戰場的志願軍在野戰醫院裡唱起歌。先是寧靜悠揚的獨唱，描述著我們故鄉波浪寬闊的大河，兩岸稻花的香風，穿上飄來聽慣的艄公的號子，緊接著是一段合唱：

這是美麗的祖國，是我生長的地方。在這片遼闊的土地上，到處都有明媚的風光。

身處異鄉戰場的士兵們，都回想起各自故鄉的風景。為什麼在那麼多描述祖國的歌曲裡，〈我的祖國〉如此受歡迎呢？〈歌唱祖國〉是歌頌祖國本身，〈我和我的祖國〉是歌頌做為祖國一員的自己（海和浪花一朵）；與這些相對，〈我的祖國〉將對故鄉的愛和對生活在那裡的人們的愛，與對祖國的愛相連在一起。歌詞第一段中「美麗的祖國」，在第二第三段分別是「英雄的祖國」、「強大的祖國」，雖然也強調了祖國的強大，但比起〈歌唱祖國〉中的「東方太陽，正在升起」、「我們領袖毛澤東」、「誰敢侵犯我們就叫他滅亡」，這首歌還是將更多深摯的感情投注於故鄉和人身上。總之，雖說是老歌，〈我的祖國〉可以更深刻地包納不同世代的人們對祖國的種種感情。就算不是共產黨或人民共和國熱烈的支持者，也有很多人會喜歡〈我的祖國〉。這首歌受歡迎的理由，或許正因為這種包容力。

1——馮客（Frank Dikötter）著、谷川真一監譯《文化大革命——人民の歴史　一九六二～一九七六》下卷，人文書院，二〇二〇年，一一五～一三二頁。繁體中文版為向淑容、堯嘉寧譯《文化大革命：人民的歷史一九六二～一九七六》，聯經出版，二〇一六年。

2——李海文〈黨中央最高領導稱謂的歷史沿革〉《黨史文苑》二〇〇七年第三期。

3——趙紫陽《改革歷程》香港：新世紀出版社，二〇〇九年，一八九頁。

4——〈要反對動亂〉《陳雲文選》第三卷（第二版），人民出版社，一九九五年，三六八頁。

5——中共中央黨史研究室第一研究部《中國共產黨第七次全國代表大會研究》上海人民出版社，二〇〇六年，二六五頁。

6——鄧小平講話（一九九〇年四月七日），《鄧小平年譜》下，中央文獻出版社，二〇〇四年，一三一二頁。

7——〈中國，不是一八九九〉，《人民日報》一九九九年五月十二日第四版。

8——新華社二〇一一年一月十二日報導。

9——Sebastian Heilmann, "Leninism Upgraded: Xi Jinping's Authoritarian Innovations", *China Economic Quarterly*, vol. 20, no. 4, 2016.

10——園田茂人〈第九講 社会の変化：和諧社会実現の理想と現実〉（高原明生等編《東大塾　社会人のための現代中国講義》東京大學出版會，二〇一四年）。

結語

百年之際的試煉

二〇一九年十月，建國七十週年大慶，舉行了閱兵式等一系列活動。沒過多久，武漢華南海鮮市場發現了不明原因的肺炎病毒感染病例。感染者出現發燒症狀，醫院陸續收治患者，但到年末，感染人數持續增加，甚至出現了死亡病例。在那之後，不明原因的傳染病從武漢市擴散至湖北省，又擴散至中國全境。如今，全世界的 COVID-19 仍在持續蔓延中。這場大流行對於中國共產黨而言，是迎接建黨一百週年之際迎來的巨大試煉。如今，平息國內疫情，並對全世界解釋傳染蔓延的經過與原因，是比紀念建黨百年更重要的責任和義務。

這不是共產黨第一次應對未知的呼吸系統傳染病。二〇〇二至二〇〇三年，中國國內曾爆發 SARS（非典型性肺炎），後來擴大至全世界，當時也曾震驚國內外。而與這次新冠的感染對策相比較，可以如實看到這些年來中國的應對和危機管理的變化。當年 SARS 爆發時，中國國內出現五千多名感染者，三百五十多名死者，蔓延至全世界四十個國家；但 SARS 的患者是在重症化之後才成為感染源，因此隔離患者是很有效的對策，大概半年過後疫情就得到了控制。加上當時中國人的出國頻率、規模，乃至與世界經濟的關聯，都比如今小了不少，因此差不多就這樣解決了問題。

但是這一次，中國共產黨未能有效控制疫情蔓延，特別是資訊的不透明，招致了國際社會的強烈抗議。WHO 得知中國有意隱瞞感染者等事實之後，措辭嚴厲地批評了中國政府：「國際社會完全不相信中國的統計……現在必須開始建構信任體系。」以北京市長、衛生部長為首，受到處分的黨和行政幹部，人數幾乎和感染者一樣多。早期防堵傳染失敗還有一個理由，那就是農村的醫療保障體制還很落後，感染病毒的農民擔心醫療費太昂貴，遲疑不去就醫。可以說，SARS 的蔓延，是黨和政府的祕密主義，以及堅持市場經濟的社會保障體制造成的。

這次 COVID-19 的傳染擴大，批評中國的聲浪和 SARS 時一樣，或者說看起來遠比那時候嚴厲，但中國還是從 SARS 中學到教訓，採取了整體應對措施。比如農村居民可適用醫療保險，又比如將城市的「社區」積極納入衛生行政（胡錦濤時代依次實施）。雖然早期應對太遲被嚴厲批評，但對人口匹敵東京的武漢、人口相當於英國的湖北省實行「封鎖」，是人類公共衛生史上前所未有的做法。禁止居民外出，突擊建造大型隔離措施「方艙」，持續調配人員集中支援，這一系列的應對措施，無不是活用了從 SARS 中獲得的教訓。中國用這些方法控制了疫情，不久後世界其他國家都望塵莫及。這就是為什麼共產黨將抗擊疫情當作展示中國模式有效性的實例，自詡疫情應對得當，在海內外大力宣傳的緣故。

然而，有一位武漢的醫生曾注意到早期的傳染蔓延，雖然及早敲響了警鐘，卻被派出所警告和訓誡，說他傳播謠言。他就是李文亮，一位眼科醫生。不幸的是，他自己也很快感染了新冠，不久病逝。去世前他在微博上說，「健康的社會不應只有一種聲音」。這句話很沉重。反過來說，他認為被一種聲音支配的社會是不健康的，是病態的。後來雖然撤銷了對李醫生的訓誡書，但他已不在這個世上。李文亮醫生的死訊，給知曉前後情況的武漢人帶來了巨大的衝擊。撰寫了《武漢封城日記》的二十九歲社工郭晶點燃了蠟燭，用手機反覆播放〈國際歌〉，放聲大哭，以此悼念李醫生的死。*

武漢疫情平息後的二〇二〇年十月，中國舉辦了宣示勝利抗擊疫情的「武漢抗疫成就展」。共產黨展示了在「抗議狙擊戰」的勝利當中，英雄們是如何勇敢地戰鬥。其中有個展廳，專門表彰這場戰鬥中犧牲的醫護人員，稱他們為「烈士」。李醫生也在裡面，展出了他的照片，但只

* 註一：《武漢封城日記》聯經出版，二〇二〇年，一二一頁。唱〈國際歌〉意味著什麼，可參考本書專欄①。

附了極簡單的經歷，一個字都沒提他早早發出警示、並因此受到訓誡的事。他留下的遺言「健康社會的聲音」，自然也被無視了。

當然，就算李醫生的提醒有效傳播，應該還是會爆發疫情大流行。但是，像他這樣發起提醒、被指造謠、刪帖、受訓誡的情況，也很可能發生在別人身上。在得到消息的人向上司或有關部門匯報的各個階段，每一步都會被當成「異見」封鎖。嚴格來說，意識到可能會發生威脅社會的情況，呼籲大家提高警惕，這並不僅限於傳染病對策。問題在於：生活在某個社會的人，能不能把自己看到的、聽到的、和想到的說出來。

有關最一開始新冠疫情的發生和擴大，基於科學的調查，最終可能會有結論，也可能不會有。不過，就算因調查所限，無法搞清楚最早的傳染情況；但只要願意，還是很容易明白，為什麼李醫生的提醒會被當成謠言封殺。因為那不是病毒搞的鬼，而是人，或者說組織幹的。

公安機關發給李醫生的「訓誡書」指出，他「發表不屬實的言論」、「嚴重擾亂了社會秩序」，屬於違法行為。這真是太顛倒黑白了，但對發布謠言的人應採取法律手段，這種想法恐怕不是公安機關獨有，生活在中國的大多數普通人應該都這樣認為。如今，人們都認同李醫生提醒的重要性，但在不能判斷其是否正確的狀況下，多數中國人都會覺得，還是不要引起社會秩序混亂為好。是否正確，交給共產黨做決定；就算「特地多嘴」，不但沒什麼用，反而會是對黨有所懷疑的表現。在出現新冠病毒之前，多數人都是這麼想著的：支持黨的領導，過著充分幸福的生活。「黨領導一切。」史達林的蘇聯共產黨這麼說，毛澤東這麼說，如今習近平也這麼說。總之，這是黨長期以來流淌在血液裡的、最重要的DNA。

看看現狀吧。世界上許多國家的防疫政策都左支右絀，反覆封城，死亡人數居高不下，而我們中國採取最嚴格的防疫政策，將犧牲控制在最低程度。所有國民都在手機裡安裝防疫軟體，行動履歷、定位等個人資訊都做為大數據統一利用，關係到控制社會整體的傳染，最終關係到每個人的健康與幸福。只是稍微犧牲一點隱私而已，不要抱怨個沒完；只有自己反對還是別說了，給大家添麻煩；和其他國家比起來，中國和共產黨已經做得夠好了。正因為是在中國，這樣想的人占壓倒性的大多數，因此公安部門發覺了李醫生的不同聲音，當然要處理他。

但不能忘記的是，李醫生的話，曾經是共產黨公開表達的理想。「健康的社會不應只有一種聲音」，這句話說得更平實一點，就是「社會上有各種意見，因此有必要交換意見，自由討論」。其實，這句有點老生常談的話，在半個多世紀以前，共產黨自己就親口說過。一九五六年七月一日，建黨三十五週年紀念日那天，《人民日報》刊出了社論〈致讀者〉，關於自由討論，有這樣一段：

在任何一個社會裡，社會的成員不可能對於任何一個具體問題都抱有同一種見解。……報紙的編輯部無論憑著什麼名義，總不能設想自己是全知全能的……活像對於任何問題可以隨時作出絕對正確的結論。

但遺憾的是，這並不是黨的真心話。因為這是為了等待有誰相信了這話，真的為了自由討論而發言，之後就給他們扣上「右派」的帽子，放逐到社會邊緣。二〇一九年末，李醫生因發出了不同的聲音而被訓誡，正說明那篇社論到今天，仍然只是空頭支票。「健康的社會不應只有一種聲音」，這句遺言竟與那篇「引蛇出洞」的社論所用措辭旨趣相同，實在是諷刺極了。

為了平息疫情，中國採取的一系列對策，具備高度的組織性，做得非常徹底，其他國家的確無從模仿。對一千萬人的巨大都市實施極嚴格的「封城」，為了禁止居民外出，設置監視器的無人機到處巡航，究竟還有哪個國家能做到這些呢。當然，今後少不了有哪個國家會引進部分或降低標準，來實施這種做法。但是，將絕對正確交給黨、「監視」和「守護」兩方面都照單全收、對黨的判斷予以全盤信任，這一切對生活在沒有「黨」的世界裡的別國人來說，完全是天方夜譚。

在這樣的世界裡，中國的焦慮愈來愈深。雖然用了比西方先進國家的基準更嚴格、更科學的方法，努力控制疫情擴散，但來自各國的譴責並沒有減少。若放任不管，就要被譴責不負責任地在全世界傳播病毒；若嚴格管制，又要被譴責這是權力濫用，是非人道的。若提供口罩和疫苗援助，這下要被懷疑說是「防疫外交」——究竟要我們怎樣生存？最近在中國能聽到很多這樣的聲音。第五章介紹的詩〈你們究竟要我們怎樣生存〉，也可以當成新冠版的叩問。距離這首詩喚起中國人的愛國情緒，剛好過去了十年；可以看到，中國和中國共產黨正努力對此作出回答。二〇二一年三月，持續加深對立的中美兩國在阿拉斯加舉行高層會談，在開場白激烈的交鋒中，中方的楊潔篪（中央政治局委員、外事工作委員會祕書長）用了這類級別的會談上一般不會說出口的露骨措辭：「美國沒有資格居高臨下同中國說話」；「難道我們吃洋人的苦頭還少嗎？」

從這種態度可以推導出，中國的回答是「已經受夠了，往後我們就用我們自己的方式來」。假設說中國不滿鴉片戰爭以來西方文明的基準，要提出不同的基準，向世界宣告，這當然也可以；而這還可能關係到歷史悠久、傳統深厚的中國文明的復興，或者說東方文明的復興。但願在這樣的重要關頭，自己身為世界第二的強大力量，千萬不要用錯了地方。大家想想看，大約百年前，不正有某個國家努力富國強兵、要與「文明」的西方列強為伍；一舉成功後，又成為西方的威脅，遭到西方的排斥和警惕嗎？這個國家把對西方文明扭曲的反抗轉化為能量，提倡「西洋近代的超克」，不久它做了什麼，最後的下場又是如何，中國應該都非常清楚。

無論如何，走過百年風雨歷程的共產黨應當有的目標，顯然已不僅止於「中華民族的偉大復興」。習近平總書記近年一方面致力於解決國際社會的課題，提出了「構建人類命運共同體」＊的口號；另一方面反覆強調「中華民族的血液中沒有侵略他人、稱王稱霸的基因」。他說的話究竟是否值得信任，是否能得到全世界人們的支持與共鳴？對於自詡能夠影響人類命運的共產黨而言，今後還應當繼續堅持黨的基因（DNA）嗎？黨帶給中國人種種的幸與不幸，越過了風雲激盪的二十世紀驚濤駭浪；在此過程中，黨也很好地順應了變化，終於順利迎來了一百週年的關頭。正面迎擊這一系列問題，將是這個巨大政黨必須完成的重大課題。

＊ 註二：二〇一七年一月，習近平在聯合國日內瓦總部的演講中提出了這一構想，後刊於共產黨的理論刊物《求是》二〇二一年新年第一期。

後記

二〇〇一年四月，我出版了《中國共產黨成立史》，這是有關中國共產黨早期歷史的研究，從此，我進入了中國現代史研究的世界。當時剛好是中國共產黨成立八十週年，在那之後我依然繼續研究黨的歷史。光陰荏苒，如今到了建黨一百週年，我得到了總結共產黨整體歷史面貌的機會。雖說是現代史研究者，但能躬逢研究對象的百歲生日，自己還搞清楚了它的誕生過程，可說是非常幸運的事。而且，中國共產黨既不是苦心才保住命脈迎來了這一天，也不是做為歷史遺產，被當成曾經存在過的政黨，置於博物館展示櫃；而是成了這個世界上最強大的政黨，如今也在變化中不斷增強存在感，在全世界的眾目睽睽下迎來了百歲誕辰。

不過，我雖說是從事中國共產黨的歷史研究，但並不是對黨的百年歷程都事無巨細地清楚明瞭。特別是一九四九年中華人民共和國成立之後黨的歷程，相關重要資料很少公開，但也不像戰前日本那樣有特殊的調查記錄或資料，因此，我自己也不得不在半信半疑中寫完了這本書。我必須跟讀者諸君坦白的是，本書第四章之後的書寫其實相當困難。不過，文革結束之後的時代，也就是當代中國，是我自己近距離接觸和觀察到的，因此庶幾可以稍稍在感覺上獲知各個時期黨的特徵。

我與中國的直接關聯，從大學三年級時開始；當時我是北京大學歷史系的普通進修生，在中國度過了兩年留學時光。從一九八四年到一九八六年，改革開放剛剛進入正軌，中國社會整體充滿了希望，洋溢著樂觀的氣氛，人們都覺得世界會一點一點變好。我留學的動機，是想在這個有著神奇魅力的巨大國家到處看看，而這裡從前發生的革命也留下了很多謎團。因此，留學的兩年間，差不多有二百五十多天，我都在中國各地旅行，努力增廣見聞。旅程中雖多有不便，但絲毫不覺得辛苦，這些親身體驗是我理解中國的原點。

但是，由於一九八九年的民主運動和隨之而來的鎮壓，還有後來驚人的經濟發展，中國社會和國家的實際情況也發生了急遽變化。我彷彿被某種感覺擊中，不僅是北京，中國本身也逐漸成為了和我沒有多少關係的地方。從前有過的共鳴，或者說不能當成和自己無關的那種感覺，不知不覺間已然變淡。特別是過去十年，對我而言，中國已成為單純的研究對象。

就在這樣的心情裡，大約三年前，筑摩書房的編輯石島裕之先生建議我，要不要趕在中國共產黨成立百年的時候，寫一部黨的百年史？經過準備，我在二〇二〇年初正式動筆。當時新冠剛剛出現，開始我只覺得「中國又有非典了啊」，不以為是大事。但隨著書稿的進展，疫情也越來越嚴重，很快成為世界規模的巨大災難，直到今天。武漢封城的時候，我曾想著，這可不是慶祝建黨百年的時候；但寫完最後一章，中國已成功控制疫情；脫稿時，中國已恢復日常生活，百年慶典一定會如期舉行，現在正進入了倒數計時。

於是，在一百週年到來之際，本書的結構就成了探討黨面對的危機和相關對策的意涵，這是當初構思時沒有預料過的完結方式。撰寫過程中，隨著外界事態的變化，書寫的內容也應該發生變化，這種體驗對我來說當然是第一次；因此越接近尾聲，寫作速度就越來越慢。如今總算完稿，真是鬆了一口氣；但這個變化劇烈的中國，不論怎麼拼命追趕，本書的內容也難免變成明日黃花。只願這一刻來得稍微遲一點。在那一日到來之前，希望能吸引盡可能多的讀者寓目，懇請讀者不吝批評與指正。

最後，請允許我鄭重感謝石島先生。從本書構思階段開始，我就向他請教種種問題，沒有他背後的大力支持，本書也不會如此順利地完成。

二〇二一年五月　石川禎浩

1991）

專欄⑫　蒙著雙眼吹奏小號的崔健（橋爪大三郎『崔健：激動中国のスーパースター』岩波書店，1994）

平まで』文春新書，2019）

2-4　出席魯迅葬禮（1936 年 10 月）的宋慶齡。（張磊等編《孫中山與宋慶齡》，廣東人民出版社，1997）

2-5　抵達陝北後的中共中央幹部們（1937 年 12 月）（張培森主編《張聞天圖冊》，中共黨史出版社，2005）

2-6　朱德、彭德懷等人的照片（中國革命博物館編《紀念朱德》，文物出版社，1986）

2-7　描繪延安風景的版畫（李小山、鄒躍進編《明朗的天——1937-1949 解放區木刻版畫集》，湖南美術出版社，1998）

2-8　沈霞和她的丈夫（蕭逸）（沈霞《延安四年（1942-1945）》，大象出版社，2009）

2-9　天安門城樓上掛著的毛澤東的肖像（山西省圖書館編《開國第一天》，北岳文藝出版社，1999）

3-1　斯諾鏡頭下的毛澤東（Snow, *Red Star over China*, Grove Press, 1968）

3-2　毛澤東的族譜（張民、胡長明主編《毛澤東家事圖系》，中央文獻出版社，2003）

3-3　董希文作〈開國大典〉的三個版本（ウー・ホン著、中野美代子監訳『北京をつくりなおす——政治空間としての天安門広場』国書刊行会，2015；中國革命博物館編『中國革命博物館藏品選』，文物出版社，2003）

3-4　歌頌文革領導人的宣傳畫（秋山孝『中国ポスター：Chinese Posters』朝日新聞出版，2008）

3-5　中南海毛澤東的臥室兼書房（龔育之等《毛澤東的讀書生活》，中央文獻出版社，2003）

3-6　毛澤東親筆所書〈沁園春・雪〉（《毛主席詩詞墨跡》，文物出版社，1973）

3-7　正在編輯《毛澤東選集》的毛澤東和祕書們（龔育之等《毛澤東的讀書生活》，中央文獻出版社，2003）

3-8　習近平著作集（『習近平 国政運営を語る』外文出版社，2014）

3-9　毛澤東筆跡（齊得平《我管理毛澤東手稿》，中央文獻出版社，

圖版一覽

陳永發《中國共產革命七十年》修訂版，臺北：聯經出版事業公司，2004
杜斌編《毛主席的煉獄》，香港：明鏡出版社，2011
唐寶林《陳獨秀全傳》，香港中文大學出版社，2011
楊奎松《毛澤東與莫斯科的恩恩怨怨》第 3 版，江西人民出版社，2005
李海文〈黨中央最高領導稱謂的歷史沿革〉《黨史文苑》2007 年第 3 期
李燚勝〈一九二七年武漢「婦女裸體遊行」真相〉《黨史文匯》2001 年第 10 期
林蘊暉《國史札記　事件篇》，東方出版中心，2008

Heilmann, Sebastian, "Leninism Upgraded: Xi Jinping's Authoritarian Innovations", *China Economic Quarterly*, vol. 20, no. 4, 2016.
Chia-lin Pao Tao, "The Nude Parade of 1927: Nudity and Women's Liberation in China", in: Shanshan Du and Ya-chen Chen (ed.), *Women and Gender in Contemporary Chinese Societies: Beyond Han Patriarchy*, Lanham, MD, Lexington Books, 2013.

——『中国の夢：電脳社会主義の可能性』花伝社，2018
楊海英『独裁の中国現代史——毛沢東から習近平まで』文春新書，2019
楊絳著、中島みどり訳『お茶をどうぞ——楊絳エッセイ集』平凡社，1998
ワン・ジョン著、伊藤真訳『中国の歴史認識はどう作られたのか』東洋経済新報社，2014

安廣祿〈北伐時期武漢裸女遊行風波〉《文史天地》2008 年第 4 期
何建明《奠基者》，作家出版社，2010
何方《黨史筆記：從遵義會議到延安整風》，香港：利文出版社，2005
郭晶《武漢封城日記》，聯經出版，2020
郭瑞廷主編《中國共產黨黨內統計資料彙編 1921-2000》，中共中央組織部信息管理中心，2002
《建國以來毛澤東文稿》全 13 冊，中央文獻出版社，1987-1998
《胡喬木回憶毛澤東》第 2 版，人民出版社，2003
高華《紅太陽是怎樣升起的：延安整風運動的來龍去脈》，香港中文大學出版社，2000
——《革命年代》，廣東人民出版社，2010
高文謙《晚年周恩來》，香港：明鏡出版社，2003
齊得平《我管理毛澤東手稿》，中央文獻出版社，2015
師哲《在歷史巨人身邊——師哲回想錄（修訂版）》，中央文獻出版社，1995
趙玉明主編《中國廣播電視通史》第 2 版，中國傳媒大學出版社，2006
趙紫陽《改革歷程》，香港新世紀出版社，2009
中共中央黨史研究室《中國共產黨歷史》第 1-2 卷（各分上下卷），中共黨史出版社，2011
——編《中國共產黨的九十年》全 3 卷，中共黨史出版社，2016
中共中央文獻研究室編《鄧小平年譜》，中央文獻出版社，2004
——編《毛澤東傳》第 3 版，6 卷本，中央文獻出版社，2013

──「永久革命者の悲哀──「もし魯迅が生きていたなら」論争覚書（下）」『慶應義塾大学日吉紀要言語・文化・コミュニケーション』36号，2006
──『陳独秀』山川出版社，2015
日本現代中国学会編『新中国の60年』創土社，2009
野村浩一他編『現代中国研究案内（岩波講座現代中国別巻2）』岩波書店，1990
狭間直樹・長崎暢子『自立へ向かうアジア』世界の歴史27、中公文庫，2009
バーメー、ミンフォード編、刈間文俊等編訳『火種──現代中国文芸アンソロジー』凱風社，1989
馬場公彦『世界史のなかの文化大革命』平凡社新書，2018
深町英夫『中国政治体制100年』中央大学出版部，2009
福本勝清『中国革命への挽歌』亜紀書房，1992
堀和生、木越義則『東アジア経済史』日本評論社，2020
益尾知佐子『中国の行動原理』中公新書，2019
丸川知雄『現代中国経済』有斐閣，2013
丸田孝志『革命の儀礼──中国共産党根拠地の政治動員と民俗』汲古書院，2013
水羽信男『中国近代のリベラリズム』東方書店，2007
光田剛編『現代中国入門』ちくま新書，2017
村田忠禧「毛沢東の文献研究についての回顧と課題」『横浜国立大学教育人間科学部紀要 III 社会科学』7号，2005
毛里和子『現代中国政治を読む』山川出版社，1999
──『現代中国政治：グローバル・パワーの肖像』第3版、名古屋大学出版会，2012
矢吹晋『文化大革命』講談社現代新書，1989
──編訳『チャイナ・クライシス重要文献』蒼蒼社，1989
──『毛沢東と周恩来』講談社現代新書，1991
──『鄧小平』講談社現代新書，1993

ソールズベリー著、岡本隆三監訳『長征――語られざる真実』時事通信社，1988
高橋伸夫『党と農民――中国農民革命の再検討』研文出版，2006
――編著『現代中国政治研究ハンドブック』慶應義塾大学出版会，2015
高原明生他編『社会人のための現代中国講義』東京大学出版会，2014
高原明生、前田宏子『開発主義の時代へ（シリーズ中国近現代史⑤）』岩波新書，2014
高山陽子「英雄の表象――中国の烈士陵園を中心に」『地域研究』14巻2号，2014
武田泰淳、竹内実『毛沢東―その詩と人生』文藝春秋，1975
田中仁『1930年代中国政治史研究』勁草書房，2002
――ほか『新図説 中国近現代史』法律文化社，2012
――編『21世紀の東アジアと歴史問題――思索と対話のための政治史論』法律文化社，2017
谷川真一『中国文化大革命のダイナミクス』御茶の水書房，2011
田原史起『二十世紀中国の革命と農村』山川出版社，2008
張良編、山田耕介、高岡正展訳『天安門文書』文藝春秋，2001
陳力衛「「主義」の流布と中国的受容：社会主義・共産主義・帝国主義を中心に」『成城大学経済研究』199号，2013
鄭浩瀾、中兼和津次編著『毛沢東時代の政治運動と民衆の日常』慶應義塾大学出版会，2021
ディケーター著、谷川真一訳『文化大革命 ―― 人民の歴史 1962-1976』人文書院，2020
徳田教之『毛沢東主義の政治力学』慶應通信，1977
中純子「文革音楽の研究動向」(『中国文化研究』28号，2012）
中村元哉『対立と共存の日中関係史：共和国としての中国』講談社，2017
長堀祐造「永久革命者の悲哀――「もし魯迅が生きていたら」論争覚書(上)」『中国文学研究』31号，2005

奥村哲『文化大革命への道——毛沢東主義と東アジアの冷戦』有志舎，2020
小野寺史郎『中国ナショナリズム』中公新書，2017
蒲豊彦『闘う村落——近代中国華南の民衆と国家』名古屋大学出版会，2020
加茂具樹ほか『党国体制の現在——変容する社会と中国共産党の適応』慶應義塾大学出版会，2012
加茂具樹、林載桓編著『現代中国の政治制度：時間の政治と共産党支配』慶應義塾大学出版会，2018
川島真・21世紀政策研究所編著『現代中国を読み解く三要素』勁草書房，2020
川島真・小嶋華津子編著『よくわかる現代中国政治』ミネルヴァ書房，2020
韓鋼著、辻康吾編訳『中国共産党史の論争点』岩波書店，2008
久保亨『社会主義への挑戦（シリーズ中国近現代史④）』岩波新書，2011
——『日本で生まれた中国国歌——「義勇軍行進曲」の時代』岩波書店，2019
——ほか『統計でみる中国近現代経済史』東京大学出版会，2016
——ほか『現代中国の歴史——両岸三地100年のあゆみ』第2版，東京大学出版会，2019
高文謙著、上村幸治訳『周恩来秘録』文藝春秋社，2007
小島朋之『中国現代史建国50年、検証と展望』中公新書，1999
佐藤公彦『陳独秀——その思想と生涯』集広舎，2019
師哲著、劉俊南・横澤泰夫訳『毛沢東側近回想録』新潮社，1995
朱鵬「文革歌曲の分類とその時期——その一・毛沢東の語録歌について」(『中国文化研究』28号，2012)
シュラム著、北村稔訳『毛沢東の思想』蒼蒼社，1989
スノー著、松岡洋子訳『中国の赤い星（増補決定版）』筑摩書房，1975

主要文獻一覽

浅野亮・川井悟編著『概説 中国近現代政治史』ミネルヴァ書房，2012
阿南友亮『中国革命と軍隊——近代広東における党・軍・社会の関係』慶應大学出版，2012
天児慧『中華人民共和国史（新版）』岩波新書，2013
——『「中国共産党」論——習近平の野望と民主化のシナリオ』NHK出版新書，2015
アンダーソン著、白石隆・白石さや訳『定本 想像の共同体』書籍工房早山，2007
飯島渉『「中国史」が亡びるとき——地域史から医療史へ』研文出版，2020
石井知章編『現代中国のリベラリズム思潮：1920年代から2015年まで』藤原書店，2015
石川禎浩『中国共産党成立史』岩波書店，2001
——『革命とナショナリズム（シリーズ中国近現代史③）』岩波新書，2010
——『赤い星は如何にして昇ったか』臨川書店，2016
——編『中国近代の巨人とその著作——曾国藩、蔣介石、毛沢東』研文出版，2019
衛藤安奈『熱狂と動員：1920年代中国の労働運動』慶應義塾大学出版会，2015
岡本隆司『近代中国史』ちくま新書，2013

國家圖書館出版品預行編目 (CIP) 資料

中國共產黨百年史：革命、開放到專政，共產黨特質的世紀追尋／石川禎浩著；瞿艷丹譯——初版——新北市：臺灣商務印書館股份有限公司，2023.01　面；公分（歷史・中國史）
譯自：中国共産党、その百年

ISBN　978-957-05-3467-2（平裝）

1. 中國共產黨　2. 歷史

576.25　　111019605

歷史・中國史

中國共產黨百年史

革命、開放到專政，共產黨特質的世紀追尋

原著書名　中国共産党、その百年
作　　者　石川禎浩
譯　　者　瞿艷丹
發 行 人　王春申
選書顧問　陳建守
總 編 輯　張曉蕊
責任編輯　洪偉傑
封面設計　盧卡斯工作室
內文排版　薛美惠
版　　權　翁靜如
營 業 部　王建棠、張家舜、謝宜華
出版發行　臺灣商務印書館股份有限公司
23141 新北市新店區民權路 108-3 號 5 樓（同門市地址）
電話：（02）8667-3712　傳真：（02）8667-3709
讀者服務專線：0800-056193　郵撥：0000165-1
E-mail：ecptw@cptw.com.tw　網路書店網址：www.cptw.com.tw
Facebook：facebook.com.tw/ecptw

局版北市業字第 993 號
2023 年 1 月初版 1 刷
印刷　鴻霖印刷傳媒股份有限公司
定價　新台幣 500 元

法律顧問　何一芃律師事務所